从化农村社会工作服务模式

CONGHUA NONGCUN SHEHUIGONGZUO FUWU MOSHI

李锦顺　刘晓雯　等著

中国社会出版社

国家一级出版社·全国百佳图书出版单位

图书在版编目（CIP）数据

从化农村社会工作服务模式 / 李锦顺等著．—北京：中国社会出版社，2022.6

ISBN 978-7-5087-6756-7

Ⅰ．①从…　Ⅱ．①李…　Ⅲ．①农村—社会工作—服务模式—研究—中国　Ⅳ．①F323.89

中国版本图书馆 CIP 数据核字（2022）第 064690 号

出 版 人：浦善新　　**终 审 人**：李　浩
责任编辑：朱赛亮　　**封面设计**：火石图文设计中心

出版发行：中国社会出版社　　**地　　址**：北京市西城区二龙路甲 33 号
邮政编码：100032　　**编 辑 部**：(010)58124842
网　　址：shcbs.mca.gov.cn　　**发 行 部**：(010)58124841；58124842
经　　销：新华书店

印刷装订：中国电影出版社印刷厂　　**开　　本**：170 mm×240 mm　1/16
印　　张：17.25　　**字　　数**：260 千字
版　　次：2022 年 6 月第 1 版　　**印　　次**：2022 年 6 月第 1 次印刷
定　　价：55.00 元

中国社会出版社微信公众号　　中国社会出版社天猫旗舰店

CONTENTS

目　录

第一章　从化农村社会工作模式的要点、可复制性和复制要点

在乡村振兴实践中，全国出现了一些创新模式。在 2018 年全国“两会”期间，习近平总书记曾两次讲到山东创造的农村改革发展模式[①]。2020 年 10 月，农业农村部、浙江省共建乡村振兴示范省推进会在浙江省德清县举行，会上发布了“浙江乡村振兴十大模式”。广东作为改革开放的前沿，也应该形成具有广东特点的全方位宽领域多层次的乡村振兴模式。

2019 年，在时任广州市从化区副区长谢青梅的直接推动下，从化区人民政府与华南农业大学签订了《实施乡村振兴战略合作框架协议》。华南农业大学公共管理学院党委和从化区民政局，选择在鳌头镇帝田村和江埔街凤二村合作共建两个村级社工服务站[②]，以从化打造全省乃至全国乡村振兴示范区为驱动力，坚持半年出成效，一年出模式，在乡村治理的重要领域和关键环节形成了可复制、可推广的经验做法，为乡村善治之路探索出了新路子，创造出了新模式——从化农村社会工作模式，简称从化模式。

---

① 王金虎．以更高水平打造乡村振兴齐鲁样板［N］．经济日报，2021-6-21（1）．

② 这两个社工服务站由华南农业大学李锦顺副教授担任法人的公益组织广东省惠诚社会工作评估中心负责运行。所承接的项目也由李锦顺担任负责人。

一、从化农村社会工作模式的主要内容

（一）“乡村治理”服务模式

“乡村治理”服务模式即“党建+1234从化乡村社会服务模式”。这是华南农业大学社工专家教授依据专业社工扎根乡村实践总结出来的新时代背景下社会工作介入乡村振兴的服务发展路径，“党建+1234从化乡村社会服务模式”即“一站两堂三平台四基地”。

1.“一站”：乡村社工站（党建工作站）

“一站”即乡村社工站，同时在社工站设立党建工作站。在华南农业大学公共管理学院和从化区民政局的领导下，以乡村社工站和党建工作站为枢纽，派遣专业社工与社会工作专业实习生长期驻站，建立党建引领、问计于民、问需于民的协商合作机制，充分发挥驻地社工真正下沉乡村的优势，为乡村服务发展提供专业力量支持。

2.“两堂”：幸福食堂和乡村学堂

幸福食堂为乡村困难群体解决“用餐难”问题，满足困难群众吃饭的基本生活需求，采取政府补贴、村民共建、慈善助力的模式，用活用好村里留守妇女、德孝乡贤、邻里志愿者、爱心企业等多方力量，实现可持续运营。乡村学堂主要面向村民群众宣传习近平新时代中国特色社会主义思想，依托乡村学堂通过开展政策宣传、田间课堂、文化下乡等活动，丰富村民精神文化生活，提升思想境界，促进村民在互动交流中实现能力增长。

3.“三平台”：爱心地图、如愿行动和社区基金平台

“爱心地图”是发现需求的平台，利用互联网技术，定位每一位困难群体的家庭地址、服务需求、服务跟踪落实情况等，驻村社工定期上门探访、节日慰问，精准帮扶留守困境儿童、留守困境老人等困难群体。“如愿行动”是打造采用信息化手段实现困难群众微心愿、达到众扶互助的平台，采用“互联网+慈善+社工+志愿服务+N”模式，收集困难群体，如贫困户、困境儿童、孤寡老人、残疾人等的烦心事、揪心事，平台收到心愿

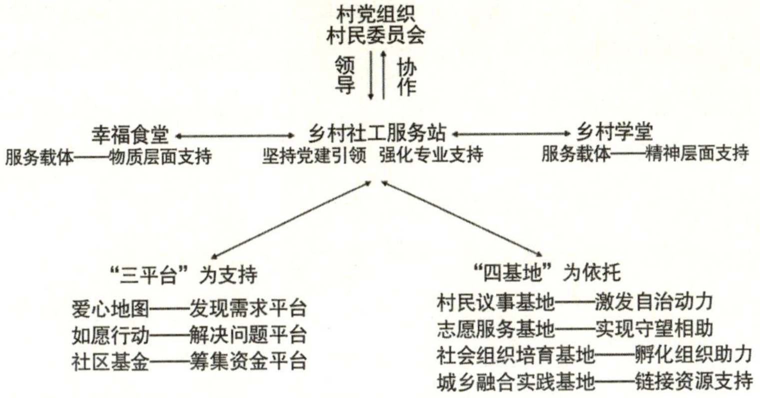

图 1-1 “1234”乡村社会服务模式

后会派驻村社工、志愿者前往核实调查，核实后将通过微信平台发布“微心愿”，向全社会爱心人士众筹款、物，形成乡村自助互助网络。“社区基金”是打造筹集资金的平台，通过面向社区、企业、村民、乡贤等群体，广泛筹集社区发展资金，推动社区基金与社区需求无缝对接。“三平台”实现了“发现需求，满足需求，多方支持”的乡村社会服务路径，形成了细致到位、实在高效的社会服务模式。

4. “四基地”：村民议事、志愿服务、社会组织培育和城乡融合实践基地

村民议事基地，重点是结合乡村社工站，积极开展和推广“乜都倾”议事协商模式，激发乡村自治动力，发挥村民“建设者、管理者、受益者”作用，引导多元主体共同参与乡村治理。志愿服务基地，重点是打造乡村志愿服务平台，动员村民参与社区志愿服务，根据志愿者服务意向和特长，分类组建了志愿服务团队，引进外来志愿服务团队，定期开展志愿服务活动，实现社区守望相助。社会组织培育基地，依托乡村社工站和党建工作站，充分运用优势视角服务理念，动员乡村留守群体积极组建乡村自治组织，激活激发乡村内生动力，从而孵化乡村自治组织助力乡村振兴。城乡融合实践基地，社工和志愿者采取“走出去”和“引进来”策略，通过进城“摆地摊”、搭建线上助农平台、定期开展主题工作坊等一

系列举措，链接城市爱心资源，实现资源共通、价值共创、利润共享，把城乡距离缩减到“最后一米”。“四基地”全方位、多层次、宽领域地创建乡村自治的活力品牌项目，也为新时代乡村治理和专业服务提供实践模式，打通专业服务下沉到乡村的“最后一站”。

（二）“幸福食堂”社区养老模式

“幸福食堂”社区养老模式，即党建+12345 幸福食堂模式。“幸福食堂”是华南农业大学公共管理学院党委与广州市从化区民政局在从化区鳌头镇帝田村、江埔街凤二村设立的共建项目，大力发挥社会工作的专业优势和驻点枢纽作用，以服务有需求的长者等服务对象的配餐助餐服务为抓手，深入丰富具有农村特色的“幸福食堂”内涵，在实践中不断探索从化乡村的农村社会工作专业服务出新出彩的品牌模式，探索形成以“幸福食堂”为核心，社会协同、互助共建一揽子解决农村互助养老的工作模式。

1. 一个幸福食堂：夯实社区老年幸福的基石

解决老年人的就餐是社区养老服务最核心的民心工程，建立幸福食堂是社区养老的基石。这是农村社会服务一个简单而又深刻的结论。

在华南农业大学公共管理学院党委和从化区民政局的共同指导下，以幸福食堂为核心，派遣党员专家教授、党员研究生、党员社工，从弄清农村留守老人对幸福食堂的需求着手，指导建立食堂档案，做好精准民生需求，发挥幸福食堂带动服务核心功能。幸福食堂由乡村社工站（党建工作站）负责具体运营，通过调动各方力量，发动村委会、村社会组织、志愿者及热心村民，尤其是村民领袖、杰出乡贤等乡村多元治理主体的能动性，统筹农村各种资源，探索“幸福食堂+”的模式。从而引导村民开展自助互助服务，通过社会协同、互助共建等方式提供助餐配餐服务，激发社区乡村活动，营造幸福村居的浓厚氛围。在坚持党建引领下，秉持村民自治的理念，从策划到建设到实施运营，充分盘活乡村各项资源，实现场地、资金、人员“三共建”。

2. 两个服务平台：建立“幸福食堂+美丽超市、社区基金”

建立“幸福食堂+美丽超市、社区基金”两个服务平台，就是实现政府补贴、村民共建、慈善助力的发展模式。美丽超市是凤二村整合乡村公益资源，凝聚公益慈善力量，打通公益资源流通渠道，打造的一个以村民为主要受益对象的爱心共建互助平台——“幸福食堂+美丽超市”，村民既可以提供农产品交换食堂的就餐券，也可以待超市销售后返现。社区基金旨在打造幸福食堂可持续发展的资金筹集平台，通过面向社区热心群众、爱心企业、德孝乡贤募捐筹集慈善资金，定期公开慈善资金使用情况，探索出了幸福食堂可持续发展之路。

3. 三支社区力量：凝聚“幸福食堂+邻里互助、德孝乡贤、巾帼建功”

凝聚“幸福食堂+邻里互助、德孝乡贤、巾帼建功”三支社区力量，就是激发乡村自治内生动力，实现多元主体共同助力幸福食堂运营。德孝乡贤是乡村治理的中流砥柱，巾帼妇女是乡村自治的“半边天”，充分动员激发乡村巾帼妇女、德孝乡贤参与乡村公共事务的管理，从而营造出邻里互助的浓厚和谐氛围。

4. 四大持续机制：做强经费保障、安全保障、协同共建、褒扬激励机制

做强经费保障、安全保障、协同共建、褒扬激励四大机制，就是以机制促发展，实现幸福食堂可持续运营。坚持经费、安全、协调、褒扬“一盘棋”理念，建立健全的服务机制、管理制度，专项经费有支持、食品安全有保障、共建力量有协同、奖惩功过有褒扬，为幸福食堂的良性运营保驾护航。

5. 五项民生服务：开展“幸福食堂+党建服务、社工服务、健康服务、乡村助学、乡村节庆”服务

坚持党建引领，以幸福食堂为阵地，促进乡村不同群体、居民之间的互动融合，实现村民从满足“午晚两餐”的温饱到精神需求的富足。驻村社工充分发挥自身专业优势和纽带作用，鼓励并组织有劳动能力、志愿服务精神的儿童、妇女和老人积极担当“幸福食堂”的社区志愿者，成立一支村属常态稳定的社区志愿服务队伍，以“幸福食堂”为社区公共志愿服

务载体，链接社区志愿服务力量，定期提供如个案管理、精神陪伴、配餐协助、爱心集市、健康义诊、乡村节庆等服务。从 2020 年 8 月至 2021 年 4 月，帝田村、凤二村幸福食堂累计服务村民超 17000 人次。“党建+幸福食堂”成为推动农村老年人互助养老问题，有效解决高龄、空巢及用餐困难，努力构建“老有所养、老有所学、老有所乐”工作体系的新探索。

（三）“人才智库”服务模式

在时任从化区人民政府副区长谢青梅的推动下，华南农业大学公共管理学院与从化区民政局充分发挥高校共建的优势力量，共建产学研实践基地，共同推动慈善力量、社工力量、志愿力量助力乡村振兴与发展。广州市从化区首批村级社工服务站——凤二村社工站和帝田村社工站，除了专职乡村社工以外，还专门聘请华南农业大学研究农村的专家教授组建“从化乡村治理人才智库”，专门指导开展乡村社会服务项目。以“强强项、补短板、提思路”为参与乡村振兴方向，每个专家教授带一个社会工作专业硕士研究生，坚持“六个一”的社工专业下乡模式，即围绕一个社工站、走遍一个村落、写好一本故事、做好一批服务、健全一套服务手册、提炼一项服务模式，共建产学研基地，指导完成两个站点的社区报、夏令营活动策划，为乡村善治之路探索新路子、创造新模式、提炼新亮点。

1. 围绕一个社工站

社会工作专业硕士研究生是实习生，“从化乡村治理人才智库”里面的专家教授是硕士生导师。他们要立足农村，最重要的就是找到自己的根据地，然后以此为据点，不断地开拓进取。社工站就是这样一个据点。

导师和学生就要熟悉社工站的愿景和规划。规划来源于愿景，是对愿景的具体化和解读。还要掌握社工站的年度计划、月度计划、周计划。

2. 走遍一个村落

就是导师和实习生通过走访了解社区，熟悉了社区的“人”“文”“地”“产”“景”，与村委（居）会、社区乡贤、相关组织、企业机构交流，全面了解社区的方方面面，为营造社区互助氛围，为推动建立公共参与、生计发展、邻里互助、文化多元、环境友好的美好社区格局打基础。

导师和实习生通过听取村领导、社区骨干、村志愿者队伍的意见和建议，并脚踏实地进村入户去探访，了解社区情况、资源状况，通过现状、社会原因分析，理解中国现代化离不开农业农村现代化，农业农村是我国现代化建设的关键，农村是充满希望的田野，是干事创业的广阔舞台，我国高等农林院校大有可为。

3. 写好一本故事

帝田村和凤二村都有深厚的历史文化底蕴。帝田村在人文历史方面，德孝文化突出，现存门楼5个，古祠堂6座（1座龙船脊、四架轩式的徐君松公祠，始建于清代），古井5个，古庙1个，古树2棵，风景山石1个（企石壁）。凤二村建于明末清初，是纯客家村，有舞狮、舞龙、舞春牛、对山歌之传统。一直以来传承着客家人吃苦耐劳、克勤克俭、勇于开拓、不断进取、尊老爱幼、互相合作等质朴品德。唱山歌正是这座小山村得以传承下来的文化。

导师指导社工专业学生，通过从村庄老人、县志乡志、期刊网等途径，收集民风民俗、历史往事、社会变迁以及本村的风土人情、名人轶事，宣传乡贤故事，传播德孝、热爱家乡、奉献精神等正能量，用乡中能人和贤人的人生故事影响村民，形成相互学习的文明氛围；向人们展示村庄的历史变化，在内心深处留住永世难忘的乡情，为子孙后代留下一份宝贵的精神财富。

4. 做好一批服务

在社工站的支持下，导师指导学生通过“点对点”的服务平台，迅速摸清服务对象的基本信息，链接统筹村委和社会力量，制订不同类型的服务方案，设计、推出一批服务。

服务包括恒常服务，也包括特色服务。探访慰问老人和留守儿童、留守妇女和残疾人服务属于恒常服务。特别是要对社区的独居、高龄、子女不在身边以及身体和精神状况较差的老年人开展探访服务，主要对他们的身体的健康状况、精神状态、家里的安全情况、卫生环境和居住环境，家里乱不乱，杂不杂，会不会随时绊一个跟头等情况进行巡视探访，并进行记录、汇总和处理，对老人的情况有全面的了解和评估，并根据老人的不同困难程度、不同需求，制订不同的“精准”服务方案。

特色服务包括针对村庄的传统文化和传统节日等开展的活动。比如帝田村的“月行一孝”德孝行动。儿女按要求完成对村庄老人的德孝任务，可获得相应的奖励，以促进儿女陪伴关怀父母；开展透过儿童的眼睛探寻，把德孝事迹以墙绘、手绘、比赛等形式展示出来。比如凤二村中秋节活动，组织学生策划服务，培训节目主持人，节目制作，社工服务站联合凤二村村委以及各经济合作社、花木兰艺术团等单位，举行凤二村全民活动暨“迎中秋·庆国庆”乡村联欢会。现场热闹非凡，吸引了上千位村民群众的观赏，凤二社工还利用“凤二社工”的抖音直播平台，为在外打拼奋斗的村民分享村中的晚会与欢乐，使节日氛围更加浓厚。

5. 健全一套服务手册

服务手册是针对农村社会工作人员规范服务的实用读本，是农村社会服务的经验总结。它的内容主要从实用的角度出发，将理论和实践紧密结合，总结服务的理念和服务规范要求，且与农村具体实际状况紧密结合。

在导师的带领下，研究生完成了《志愿者培育手册》《志愿者管理手册》《幸福食堂运营手册》《社区社会组织培育手册》《村民议事手册》《城乡融合服务手册》《主持人培育手册》《长者服务手册》《乡村大型会议筹备手册》《直播助农服务手册》《服务风险管理手册》《项目管理制度手册》《项目评估指导手册》等手册。

这些手册着重突出了如下几个特色：第一，系统性强，结构合理。本书根据不同的服务类型，全面系统地介绍了农村社会工作服务规范的基本知识，并提出了独到的见解。第二，实用性强，通俗易懂。这些手册以实用为中心，注重理论与实际相结合，在阐述各项具体内容时，穿插具体案例并附有相关图表，使具体操作程序一目了然。

社工的流动性很强。有了这些手册，就能保证在社工离职时，专业性不至于中断，给后续的社会工作服务以理论和实践上的指导，是农村社工服务人员不可多得的经验读物。它将帮助农村社工提高专业服务水准，使服务质量达到一定水平。

6. 提炼一项服务模式

模式是服务内容、技巧最简洁最高效的概括，具有新颖、性能强、定制化、可达性、便利性等特点。从化针对整个从化农村社会服务，经过有品质、规范性强、可复制性突出的服务沉淀，整个服务体系便形成了服务模式。整体服务模式同样需要次级模式的支撑。在从化次级模式的寻找、描述和升华过程中，智库中的导师和研究生发挥了突出的作用。

从化农村社会工作模式可以用“一站两堂三平台四基地”来进行概括，但是还有一些服务方式和技巧可以用模式进行概括。比如，帝田和凤二都面临着基层治理压力大、任务重的困境，需要协同。协同就是指协调两个或者两个以上的不同资源或者个体，一致完成某一目标的过程或能力。当服务和技术从边缘逐渐成为社会治理的核心，“协同”概念就具有了很深刻的含义，它不仅包括人与人之间的协作，也包括不同应用系统之间、不同资源之间、不同终端设备之间、不同应用之间、科技与传统之间等全方位的协同。面对众多社会治理问题，我们也总结提炼出了“一核九联”的基层治理协同模式，即构建“村委党委—社工站党支部—跨邻党小组”组织体系动力核心，推动形成组织联建、党员联管、人才联用、工作联合、服务联促、阵地联建、活动联办、资源联享、管理联抓的基层治理新格局，有效破解了服务落实难、社区管理难、群众满意难等基层棘手问题。

提炼出检查社工站服务的“六问六看”模式，每月对社工站的“六问六看”，即问联系服务对象（项目）的频次和服务质量，看社工工作作风和服务对象（项目）新变化；问服务对象（项目）问题解决情况和新的需求，看服务（项目）的具体成效和社工介入度；问服务对象（项目）的问题诉求，看服务与服务对象（项目）的匹配是否科学合理；问服务对象（项目）的支持性政策有哪些，看惠及政策服务对象（项目）的落实情况；问支持服务对象（项目）的发展规划和下步措施，看社工的帮扶建议、协助落实情况；问服务对象对服务（项目）的满意情况，看社工对党委政府的需求和建议。

另外，在导师的支持下，还提炼了为民服务“零距离”、微信公众号的运行和管理模式，等等。

二、从化农村社会工作模式的成效

在华南农业大学公共管理学院和从化区民政局的直接指导下，驻村专业社工、社工实习生自进驻农村开展社会服务以来，立足发展实际，大胆创新，促进了农村社会工作出新出彩，推动了从化区乡村治理体系和治理能力的现代化，更好地解决了乡村治理的难题。一是聚焦特殊困难群体，着力解决了留守老人、妇女及儿童的需求，为开展兜底服务提供鲜活样本；二是聚焦村民内生力量，着力培育了参与社区治理的主体力量，为激活乡村自治活力提供精品佳作；三是聚焦推动城乡融合，着力链接了多元城市资源满足乡村发展需求，为推动城乡一体化发展提供经验做法；四是聚焦共建共治共享出新出彩，着力总结了社会建设规律性成果，为打造新时代乡村治理提供实践模式。

（一）解决了社区自我教育、自我管理、自我服务等困境，村民更爱家乡

在华南农业大学公共管理学院的专业技术支持下，在从化区民政局的政策引领下，凤二村、帝田村社工服务站根据村民内在需求，依托村民议事基地、志愿服务基地、社会组织培育基地、城乡融合实践基地“四基地”发动村民参与社区事务。社区自我教育、自我管理、自我服务、自我提高体系运行良好，社区自治水平提升，村民对自己的家乡更加热爱了。

“四基地”作为乡村的内生服务载体，整合帝田村和凤二村的各种资源、动员多元主体共同参与乡村社会服务。在实际服务中培育出多支服务队伍。其中在帝田村，社工站培育和组建了花木兰志愿服务队、小哪吒志愿服务队、夕阳红志愿服务队 3 支志愿队伍。在凤二村，驻村社工打造从化区首家社区社会组织培育孵化基地，培育出花木兰志愿服务队、小哪吒志愿者队、青年志愿者协会、花木兰艺术团和金凤凰协会 5 个本土社区社

会组织。截至 2021 年 3 月，挖掘领袖骨干达 25 名，志愿者百余人，累计志愿服务总时数达 2868.5 小时。

社工站链接民政、社会组织、企业等资源，为不同的社区社会组织提供相关培训，提升组织成员的综合素质与能力。并在此基础上，推动村民实现自我治理、自我管理、自我服务、自我提高。

驻村社工培育的志愿服务队能够积极参与社区的志愿服务和社区公共事务。如花木兰志愿服务队每月定期上门探访社区长者，帮助长者清洁卫生、购买生活用品和陪伴长者聊天，煮解暑汤饮给长者喝，协助开展社区活动等；小哪吒志愿服务队积极参与和宣传社区活动、探访长者，为长者表演才艺等；夕阳红志愿服务队协助社工了解帝田村历史，协助社工撰写帝田村村史等。花木兰艺术团协助挖掘传承唱客家山歌的传统文化，吸引了 60 多位留守妇女加入，并成功举办了 2020 年广州市客家山歌邀请赛、2020 年中秋节全民联欢晚会、2021 年元旦文艺会演等大型文艺活动，打响凤二客家山歌品牌，促进了传统文化传承和发展，进一步提升了客家文创小镇知名度。

自 2020 年 7 月以来，驻村社工以邻里花园共建项目为契机，在共建、共治、共享的社会治理思想指导下，通过召开邻里花园共建议事会、讨论设计花园草图、联动小哪吒志愿服务队、青年志愿者协会和花木兰志愿者服务队等村民志愿者参与到社区建设中来，历时一个多月打造出了社区的邻里花园，并通过邻里花园，引导村民群众参与乡村公共事务的管理，推动乡村和谐共治。

金凤凰协会开展电商培训助农课程，广泛动员和组织村民参与培训课堂，帮助村民变身卖货“网红”，力求拓宽农副产品销路和增收致富的渠道，实现乡村传统农业与新型互联网经济的紧密融合，开拓城乡沟通互动的新渠道。首先，驻村社工与金凤凰协会积极联动，动员当地村民拿出自家种植、养殖以及编织的特色产品作为 2020 年 6 月 12 日至 6 月 22 日广州正佳广场举办的“Young 城 Yeah 市——Night In 正佳·趣造夜精彩”活动摊位产品，累计在摊位咨询和购买农副产品的爱心人士约 800 人次，售出农产品金额累计超过4000元。同时组织搭建了60余名成员参与的从化“城乡融合”公益助农交流群和打造从化乡村公益助农微店平台，长期持续地为凤二村、帝田村当地特色农产品搭建线上的销售平台，不断探索新时代下乡村服务“地摊增收+乡村定制”的城乡融合发展新模式。其次，与广州市互联网协会签订协议，为农村留守妇女开展“农村电商助力乡村产业发展”培训，以帮助村民掌握直播带货的系统知识和实操技能，让村民有能力实现农产品自销售、自运营、自品牌的体系化发展。随后联动了新浪广东·桔子公益，携手正佳文旅集团旗下正佳极地海洋世界、正佳自然科学博物馆、正佳雨林生态植物园开展了公益活动“点亮童梦行动”；链接广州市互联网协会、MCN机构、广州市华软学院等民办高校培训资源，针对性开设了“田野”电商培训助农课程，开办了乡村直播带货培训营，不仅让村民学习了短视频制作技巧，还协助困难村民直播销售农产品。

关爱农村留守老人，开展如愿行动实现微心愿，并提供个性化和专业化的服务。自项目启动一年时间里，驻村社工通过建立低保、五保、困境老年人的档案，定期对农村留守老人进行探访，在此期间先后为560余位农村留守困境老人建档立卡，借助爱心地图精准定位了每一位困境老人家庭住址，累计电话、入户探访慰问超2000人次，精准了解了困境老人的基本需求。为帮助困境老人实现微心愿，满足其基本生活需求，驻村社工在华南农业大学公共管理学院和从化区民政局的指导下，联合从化区慈善会和从化区志愿者协会开展如愿行动，快速筹集慈善资金，建立社区基金，依托如愿平台，采用信息化手段完成困境老人的微心愿，让困境老人得到及时有效的帮助。截至2021年3月底，筹集社区慈善基金35255元，如愿平台为农村困境老人实现了37个微心愿，成功链接了37件物品，有轮椅、风扇、木柜、床等爱心物资。为了满足困境长者个性化需要，驻村社工组织志愿者定期入户探访，与长者促膝长谈；定期帮助有需要的长者采购生活物资；对于经济困境长者，缺少必备的生活物品的情况，在村庄节庆之际链接花生油、米、面等爱心资源提供物质帮助，让困境长者感受党、政府、社会的关怀、关注、关心。

（二）解决了留守老人的吃饭、洗衣等生活困境，形成敬老爱老的社会风尚

“幸福食堂+”模式开启，留守群体在家门口就能吃上“热乎饭”。自凤二村、帝田村幸福食堂正式揭牌运营，驻村社工协助200余名农村老人登记助餐配餐服务，享用助餐配餐服务90人，其中享用送餐服务15人，实实在在地满足农村老人的用餐需求。截至2021年3月，凤二村、帝田村幸福食堂助餐配餐累计服务达17493人次。驻村社工坚持在党建引领下，以幸福食堂为阵地，结合凤二村、帝田村长者的现实需求，定期开展让农村广大长者喜爱的活动，如制作香囊活动、观看客家山歌视频、长者生日会活动、义剪、观看老电影、歌唱老歌曲等活动，满足长者情感支持需求、健康检测需求、娱乐需求等；如开展母亲节活动、春节敬老活动、定期链接南方医科大学第五附属医院医生给长者进行义诊、开展健康讲座等。不断延伸出多样化的养老服务，提炼一揽子解决农村互助养老问题的工作模式，形成“幸福食堂+”模式，满足长者多层面的需求，促进乡村不同群体之间的互动融合，实现村民从满足温饱到精神富足。

全省首个面向农村留守困难人员的“幸福衣坊”寒冬启用，从此留守老人“洗衣无忧”。“幸福衣坊”是在华南农业大学公共管理学院和从化区民政局指导下，由从化区慈善会新推出的面向农村留守困难群体的公益洗衣项目，乡村社工服务站负责运营管理。驻村社工、志愿者将承担上门收取衣物、查验洗涤物品、操作洗涤烘干设备、分送清洗物件、台账登记等“一条龙”服务，为农村留守困难老人尤其是高龄老人解决烦琐、枯燥的洗衣难问题，让他们不必为衣物、被褥的洗涤而烦恼，有更多时间享受幸福生活。2021年1月，在凤二村建立全省第一家村级“幸福衣坊”，先后为60余位留守老人免费提供洗涤、消毒、烘干一体化的洗衣。

通过微心愿平台、幸福食堂和幸福衣坊，吃饭不再让留守老人烦心了，洗衣需求也得到解决了，敬老爱老的社会风尚又重生了。

（三）解决了留守群体自卑、情绪低落等孤寂困境，村民越来越自信

红色文化进乡村，打造家门口的“精神粮仓”。驻村社工以党建工作站为依托，联合党员志愿者，深入留守儿童和留守妇女，深入其精神文化需求，在凤二村凤宴广场、帝田村文化广场播放红色影片。从精选红色影片，到传播红色影视，再到宣传时政热点、红色传承、典型事迹、传统民俗等信息，旨在把更多红色资源送进乡村，打造党史学习教育新阵地，进一步推动新时代文明实践在凤二村、帝田村开花结果。2020 年 6 月 24 日至 2021 年 2 月 28 日在凤二村、帝田村社工服务站陆续播放了《建党伟业》《红海行动》《建国大业》《建党大业》《战狼 2》《哪吒之魔童降世》《我爱我的家乡》等爱国主题题材教育影片。用“红色”情节触动观影的每一位留守妇女、留守儿童的心灵，把留守妇女、留守儿童带到那个艰难而又催人振奋的岁月，感受着波澜壮阔的革命历程，缅怀远去的革命先辈，珍惜今天来之不易的幸福生活，进一步增强了留守儿童和留守妇女的爱国主义情怀和集体主义观念，为乡村振兴提供源源不断的精神动力。

驻村社工充分挖掘村庄内外的服务资源，尽可能满足农村不同年龄、不同性格留守妇女和儿童的需求。开设了多元化、多层次的留守儿童、妇女学堂服务，如链接了正佳集团的导游为儿童开展生动的海洋生物课，并为儿童赠送了学习礼包；链接了从化区关工委的资源为儿童开展生动有趣的生态教育课；组织村里的长辈、乡贤带领儿童挖掘村庄传统文化，如帝田村祠堂文化、德孝文化、凤二村客家文化等；驻村社工组织留守儿童开展了广播员培训小组、魔方小组、艺术团小组、摄影小组等；开展了留守儿童参与社区公共事务的志愿服务，如派送报纸、宣传垃圾分类等，累计服务了 1658 人次。2020 年 3 月至 2021 年 3 月，凤二村、帝田村社工服务站针对留守儿童共开展了 10 期的乡村学堂，共服务了 2374 人次。针对农村留守妇女，开展了健身操课堂、香囊制作课堂、歌唱课堂、智能手机学习等，丰富了农村留守妇女的乡村农闲生活，提升了健康意识。驻村社工还组织开展了广场舞课堂、茶话会等，让留守妇女在业余时间得到放松，并在互动交流中获得精神的减压。

这些服务，解决了农村邻里关系走向淡漠、缺少文化交流载体平台的痛点，留守儿童和留守妇女的内心不再自卑、不再孤寂，情绪不再低落等问题，提高了自我幸福感，增强了生活自信心。

三、从化农村社会工作模式的可复制性

成功的模式缩短了社会服务探索的距离。社会服务进入乡村拓展新业务时，通常情况下，其风险性、复杂性、不确定性倍增，先期探索的模式，能够帮助决策者尽早识别出即将出现的变革，能够帮助决策者更好更快地做出决策。

要复制从化模式，必须要清楚这种模式的复制性主要表现在哪些方面。

（一）基本工作方法和工作内容，具有强烈的可复制性

从化模式所展现的深度解决农村三留守问题、推动农村社会治理的基本工作方法和工作内容，具有强烈的可复制性。

长期以来，如何对农村留守儿童和妇女、老人等群体开展人文关怀、精神慰藉和心理健康服务，如何推动乡村社会治理，存在着工作方法、工作内容、参照标准的欠缺，基层没有具体的抓手和具体手段。有了“党建+乡村 1234 服务”从化模式，可以大大加强基层政府服务的水平，提升农村公共服务在基层落实的力度与水平。

从化模式采用多元主体参与乡村治理的工作方法，链接民政、社会组织、企业等资源，一来回应农村社区发展需求和问题；二来为不同的社区社会组织提供相关培训，提升组织成员的综合素质与能力；三来逐步推动村民实现自我治理、自我管理、自我服务、自我提高。如借助民政的爱心地图等资源，社工一方面能熟悉民政兜底对象的定点位置以及服务的布局，另一方面也能让更多有爱心的人关注民政兜底对象的情况和资助方向，有助于实现更加精准帮扶。在借助社区社会组织等资源方面，则是依靠社工自主培育的志愿服务队积极参与社区的志愿服务和社区公共事务，如花木兰志愿服务队每月定期上门探访社区长者，帮助长者清洁卫生、购买生活用品和陪伴长者聊天，煮解暑汤饮给长者喝，协助开展社区活动

等；小哪吒志愿服务队积极参与和宣传社区活动、探访长者，为长者表演才艺等；而且还在链接企业等外部资源方面，关注村中发展的整体利益和潜力，与本土经济性质的社区社会组织沟通、整合资源，广泛动员和组织村民参与电商培训助农课程，帮助村民变身卖货“网红”，力求拓宽农副产品销路和增收致富的渠道，实现村落传统农业与新型互联网经济的紧密融合，开拓互联网经济、电商时代、农业现代化的新渠道。

（二）农村内生动力培养和可持续性策略，具有强烈的可复制性

从化模式的可复制性还表现在注重培养农村内生动力，解决了服务可持续性困境。

从化模式注重助人自助，发掘社区内部力量，通过赋权、培力、增能，培养受助对象自身以及周围社区民众的主体意识和责任意识，传授社区参与的方法技能，建立村民议事基地、志愿服务基地、社会组织培育基地、城乡融合实践基地，培育出小哪吒志愿服务队、花木兰志愿服务队，建立社区基金，解决了资金池的问题，从而构建有效的社区治理多元主体。如此，既动员组织了居民，又协助基层政权，发挥出政府和居民间的桥梁和纽带作用。

从化模式聚焦村民内生力量，积极开展和推广“乜都倾”村民议事协商模式，驻村社工动员村民参与到乡村志愿服务活动中来，孵化乡村自治组织助力乡村振兴，坚持“走出去”和“引进来”引领城乡融合发展，全方位、多层次、宽领域地创建乡村自治的活力品牌项目，为新时代乡村治理和专业服务提供实践模式，打通专业服务下沉到乡村的真正“最后一米”。

（三）提供实实在在、真真切切的扎实服务，具有强烈的可复制性

从化模式服务基础扎实，不搞形式主义，不来虚架子，所提供的是实实在在、真真切切的服务。

派遣社工驻村，和农民同吃同住同劳动，解决社区问题，成绩实在；档案、文书保存完整；模式已经成型，已经有了视频、专著。在服务执行过程中，华南农业大学公共管理学院与从化区民政局通力合作，善用电视

台、报刊（帝田村和凤二村的社区报、季刊）、网络媒体（学习强国、从化民政、广州日报大洋网、羊城晚报等）、自媒体（广州从化乡村和凤二青年微信公众平台、村民微信群）、入户宣传等线上线下宣传方式进行活动宣传。截至2021年3月，据不完全统计，各类各级媒体报道本项目93次，其中学习强国报道8次，其中南方日报、羊城晚报、广州日报、南方农村报、信息时报、南方都市报、大洋网、广州政府网等媒体都均先后报道本项目。

四、从化农村社会工作模式复制的关键

复制模式是要复制其主要核心内容，复制过程需要把握一些关键点。这些内容是复制从化模式的最基本的出发点和落脚点。

（一）领导是否在乡村振兴上重视社会服务

要获得正确把握物质富裕和精神富裕关系的领导支持，坚持政府购买服务的方式。坚持物质和精神相统一的全面富裕，是社会主义现代化建设的基本要求。人的全面发展和社会的全面进步离不开精神富裕。有的领导把社会服务看作是乡村振兴可有可无的事情，就不会政府购买服务。中国特色社会主义已进入了新时代，踏上了新征程，人民群众对美好生活的追求已经从单一的物质满足到物质与精神双满足，而优质的社会服务恰好可以填补幸福感不足的缺口，是乡村振兴的重要一环。

（二）政府购买服务至少需要两年

印度文学家泰戈尔曾经说过，“任何事物都无法抗拒吞食一切的时间”。阿根廷当代作家贝尔纳多·科尔顿说，“时间是真理的挚友”。英国散文家、哲学家弗兰西斯·培根则说，“时间乃是最大的革新家”。模式的沉淀、涵养是需要一定的时间的。比较理想的状态是，要有适宜的时间进行沉淀，即服务运行的目标是半年见成效、一年出模式、两年成品牌、三年本土化。“三年本土化”是指从第三年开始，本土化机构、人才、能力已经成长壮大，资金来源多元化，不再主要依赖当地政府；在当地政府领

导下，独立自主地开展服务。培育模式的形成并非“一蹴而就”，要经历提出、实践、完善、推广等过程。

（三）高校服务乡村振兴的独特优势在于有一批能够扎根乡村的教师

在服务乡村振兴方面，高等农业院校具有天然的师资优势、学科优势和教学资源优势。但是同时也符合懂农业、爱农村、爱农民，愿意经常待在农村、真真切切地帮助农民的教师却并不多。高校教师依然缺少深入基层、潜心田地、服务村民的内生动力。当前的高校评价体系，一定程度上影响了教师深入服务乡村振兴的积极性、持续度。对于在乡村振兴事业中长期耕耘的老师，高校在职称评聘、职务晋升、绩效考核等方面应给予适当的政策倾斜。

（四）乡村要有教师长期服务乡村振兴的基本条件

目前，像华南农业大学深入农村社区的农村社会工作服务，在全省是很少的。老师要做给社工看，带着社工干，需要提供全方位、全视角的技术指导和服务，这可能至少需要几天时间，打一枪就走，肯定作用有限。老师来到乡村，解决不了吃穿住问题，服务就成了不可持续的服务。至少要有临时的住房和做饭的地方。

（五）乡村振兴要能吸引外部优秀人才，培育出本土专业人才

乡村社会服务人才是打造乡村服务模式最关键的要素之一，尤其是乡村服务人才。历来各级党政机关特别重视吸引年轻人才参与到乡村振兴中，但若能将乡村社会服务人才培育与“三支一扶”“西部计划”等基层就业服务项目同等对待，在工资补贴、就业升学等方面给予同等的待遇和政策保障，必能吸引较多青年乡村服务人才的加入，也更能吸引本土人才回流，参与乡村振兴。人才也是社会人，也需要养家糊口，不能只靠情怀来驱动。乡村振兴不是一句口号，重视人才更不是一句口号，在日新月异的新时代，只有实实在在地把人才放在第一位，坚持以人为本，将重视人才的政策落到实处，才能滋生出肥沃的人才土壤，进而培育出更多优秀的本土社会服务人才。

五、从化农村社会工作模式的打造经验

从化农村社会工作模式的打造经验是华南农业大学社会工作系、从化民政局和社工站在时任从化区副区长谢庆梅和民政局局长汪中芳的具体领导下，在打造一站两堂三基地四平台等工作过程中，形成的关于模式现象和外部联系的认识。打造经验是在农村社会实践中产生的，它是模式形成的客观规律在人们头脑中的反映，也是认识模式规律的开端。这些经验有待深化、升华。

（一）以村民需求为核心，精心遴选服务村庄

2019 年 12 月，时任民政局局长汪中芳找到我，商讨开展从化农村社会工作服务。谢青梅副区长多次带队开展调研，足迹遍布从化区吕田镇、鳌头镇、江埔街的村庄，这些村庄之间路途遥远，一天能达到两个村庄很是不易，调研很是辛苦。遴选村庄的标准首先考虑的是村庄的需求，把矛盾大、问题多的村庄作为遴选村庄的第一选项，着力推动解决农村发展面临的一系列突出矛盾和重大问题；其次考虑的是当地干部的干劲以及当地的资源；最后精心遴选出帝田村、江埔街凤二村作为服务对象，先行先试。

（二）立志高远，精心设计服务模式

心中有信仰，脚下有力量。项目一开始，心胸开阔、志存高远，确定以从化打造全省乃至全国乡村振兴示范区为驱动力，在乡村治理的重要领域和关键环节形成可复制、可推广的经验，为乡村善治之路探索出了新路子，打造新模式。

从立足实际，精心设计载体，突出特色，创新活动形式，广泛开展形式多样的真真切切服务当地村民的主题活动出发设计服务模式。帝田村很快选定办公地点开始服务，凤二村则是边服务、边盖社工站办公用房。在建立社工站之前，谢青梅副区长、汪中芳局长强调要有模式意识；在开始服务之前开始围绕服务方式，针对要达成的目标，进行了详细、认真的探

讨；在服务之中，高度关注创新问题，如何出新出彩。

（三）高标准严格要求，服务追求卓越

在服务中要求社工攻坚克难、勇往直前。强调服务要敢于啃硬骨头，敢于涉险滩，敢于向积存多年的乡村服务顽瘴痼疾开刀，坚决打好全面深化乡村社会服务攻坚战。

在服务中要求抓住重点、抓住关键。随着改革深入推进，农村社会服务牵涉的体制矛盾和利益关系越来越复杂，服务抓重点、抓关键的必要性和紧迫性更加突出。社会服务要牵住农村社会问题的“牛鼻子”，既抓重要问题、重要任务、重要试点，又抓关键主体、关键环节、关键节点，以重点突破带动农村社会服务全局的高质量发展。

一是精准对接。华南农业大学社会工作专业是国家级一流本科专业建设点。老师和专业社工建立对接联系，指导收集基本信息，了解工作需求，研究提出工作方案，提前介入、超前谋划。

二是精确把脉。社工结合分工，深入乡村，与两个村庄的党员、群众代表座谈访谈，以参加村委会的会议等方式，对社会服务内容全面“体检”。

三是精密会诊。社工站采取集体讨论、共同研究等方式，对社工站亮点做法、优势工作进行梳理，总结提炼，对存在问题逐一分析，明确创新方向和重点。

四是精心督导。建立督导问计于民、问需于民机制，建立督导跟踪辅导持续帮带机制。通过线上线下跟踪、定期沟通联系等方式，推动跟踪督导常态化、机制化，提高社工站的服务水平和战斗力，提升工作成效。

（四）苦练密切联系群众的基本功，有深厚的为农服务情怀

农村社会服务必须和居民打成一片，“要进得去门，聊得了天，说得上话”。农村社会服务是扎根社区的服务，就要深入农村社区和社区居民中去，熟悉居民的语言习惯、思维特点和生活习惯，克服思维定式、文绉绉的话语特点和书呆子作风，用社区居民能听得懂、看得明白的方法和社

区居民交流，用他们认同的方式行事，把自己当作社区的一部分、社区的一分子，“蹲下身子”和社区居民说话，和不同的农民群体交朋友。

做好社会服务必须要有情怀。社区所需要的服务繁杂，各项设施落后，资源水平远不如政府机关和大型公司。没有对社区服务深沉的爱，是难以持续的。如果情淡，一点点挫折，也会数倍放大；如果意浓，面对劳累，对于并不尽如人意之处，也会不在乎，会把这些当作美好的诗歌。

（五）党建引领，画出最大同心圆

党员社工还积极联合村党总支、“两新”党组织开展支部共建活动，组织村里党员开展外出参观和学习活动。在农村社会工作中坚持党建引领，强调党员要走在农村社会工作的最前面，引导各方力量参与乡村振兴服务，与党的宗旨全心全意为人民服务相结合，宣传党的政策，传播爱国爱党红色理念，弘扬爱国主义精神，关注民生福利，推动乡村高质量发展。

党建是凝聚人心的最大公约数，没有比党建更能有效统筹各方资源，激发广大党员干部担当作为的热情，形成乡村治理的强大动力和活力的更大力量了。党建引领是一种精神引领，这种精神包含革命精神、斗争精神、牺牲精神和奉献精神，只有让这种精神贯穿农村社会工作服务的全过程，只有在这种精神的引领下，才能画出最大同心圆。

在农村开展社会工作，是一项崭新的社会实验，如何培养一批爱农村、懂农民、善服务、会管理的社工人才，是社会工作发展的新课题，在书本里面找不到，世界上没有先例可供借鉴。无论是社会工作、乡镇社工站建设，还是社会工作各个环节的深入开展，我们强调党的领导，强调党的建设领航，强调社工机构党支部战斗堡垒和社工党员先锋模范作用的发挥。

（六）勤俭节约，真正把钱都用到项目上

勤俭持家，不搞铺张浪费，能把一分钱掰成两半，就掰成两半花。勤俭节约不是走过场、一阵风，而是一抓到底、善始善终。抓而不紧，抓而不实，抓而不常，等于白抓。

抓住制度建设这个重点，以财务预算和审计、考核问责、监督保障等制度为抓手，建立健全立体式、全方位的制度体系，以刚性的制度约束、严格的制度执行、强有力的监督检查、严厉的惩戒机制，形成节俭作风和习惯。

强调不浪费每一分钱，根据项目的实际需要做预算，不弄虚作假。预算里的每一个数字，每一笔费用都能讲得出道理，能够经得起资助方、购买方或者专家的提问，能够得到他们的认可。

有些费用的标准，如政策文件有规定的，就按照政策文件的规定办。要做有心人，要了解开展项目所需的各种费用，如场地费、授课费用、广告制作费用、专家费用等在当地的价格，包括其他机构做同样项目的费用情况。只有及时、准确地掌握各种费用的信息，心中有数，才能使项目预算做到切合实际，做到节约。

每一笔开支都要写得清晰具体，用在什么地方、什么用途、多少数量、多少金额，都要写清楚。比如搞一个启动仪式需要 1 万元，做预算时不能简单写启动仪式 1 万元。因为这 1 万元钱到底用在哪些方面，具体用多少钱都不清楚。这就要把这 1 万元的详细的用途、数量、金额，如做背景板、海报、易拉宝、场地费、资料费、矿泉水等，每一笔开支清清楚楚地列出来，把节约落到每一环节。

（七）多方联动，要有整合资源的能力

整合资源涉及善于发现、挖掘和管理资源的能力。为了有效助人，需要农村社会工作者具有强烈的整合各种资源的能力。需要联络政府部门、企业、事业单位、社会组织（包括基金会）和广大社会成员，向他们筹集服务对象所需要的资源。整合到资源之后，社会工作者可以将它们直接传递到服务对象手中，也可以将社会资源同服务对象链接起来。

一个社工最大的财富是公众的信任，这种信任是其整合资源的基础。公众的信任是一种无形资产，也是一种重要的专业优势，它可以转化为有形资产。但是，信任不是天上掉下来的，也不是谁授予的，也不是一劳永逸的，信任是赢得的。农村居民对社工的信任，也是一种账户，社工要存入自己的品德，说到做到；要存入信任，言行一致，把事情做好；要存入关心，就是要有同理心，要将心比心，换位思考。正是因为社工的价值观、主人活动和方法等专业特点，农村社会资源的不足以及农村社会的复杂性，要求社工在各个方面更加严格要求自己。如果缺乏整合资源的能力，社工的形象和声誉就会受到损害，就会伤害到服务对象，引起社会公众的不满，失去农民的支持。

整合资源，要有一双慧眼、一张利嘴和一双巧手。一双慧眼是社工要有一双发现资源的眼睛，学会用慧眼看到社区优势，善于发现社区的人力资源、文化资源、服务场地、产业产品、自然景观。一张利嘴是社工要学会用心理学知识、面谈技巧与资源掌握者进行“谈判”，运用专业知识洞悉资源掌握者的需求和动机，耐心倾听，以满足资源掌握者的需求为先，后提服务的需求。一双巧手是社工要学会用一双巧手来记录社区资源和绘制社区资源地图，对每一次走访、每一次交谈、每一次的购买方拜访、每一次的社区活动中把发现的合适资源进行分类分级记录，汇总、更新和共享资源汇总表，做好服务设计和方案。同时也要善于维护资源，保持资源可持续的生命力。

第二章　中国农村社会工作服务模式的研究

一、研究背景和基本概念

（一）背景

农村是中国的根，也是中国的魂。要谈中国发展，必然离不开乡土。社会工作是促进社会和谐进步的专业之一，有效发挥专业优势，助力乡村全面振兴。近年来，农村社会工作越发成为参与中国农村社区建设与发展的重要一环。

站在历史角度而言，农村社会工作早在中国历史长河里“悄然萌芽”。因自然灾害和社会环境的影响，古代中国的封建政权为维护其统治，纷纷采取发放赈款、建立仓储制度和以工代赈等一系列救助措施。种种思想和实践无不彰显救助色彩，同时也在发展着中国传统非专业化的农村社会工作。20 世纪二三十年代，以晏阳初、梁漱溟为代表的爱国知识分子发起的乡村建设运动，其关于乡村社会发展的理念和实践为现代农村社会工作尤其是社区工作的发展提供了借鉴经验。中国行政性非专业化的社会工作的形成和发展阶段主要在 1949—1978 年，国家政府大刀阔斧地面向农村地区开展多方面的反贫困工作，如对生活缺乏依靠的老弱孤寡和残疾对象给予保吃、保穿、保住、保医、保葬的“五保”供养制度，这也是新中国建立的第一个较为完善的农村社会福利制度。20 世纪 80 年代以后，在延续原有发展之余，中国还发展了其他农村服务领域，包括社会保险、救济工作、优抚和福利等。迈进 21 世纪，政府部门、高等院校及各类非政府组织纷纷转至广大农村地域，开展形式多样的中国非行政性专业化社会工作服务。可见，我国社会工作本土化实践的自主探索和经验产物，一直在为中国农村社会工作的建设与发展逢山开路、遇水架桥。

随着时代发展，中国农村社会工作渐显起色。中国农村社会工作实现从“0”到“1”的突破，但也仍要逐一击破。2017 年，中共中央办公厅 国务院办公厅联合发布《关于加强乡镇政府服务能力建设的意见》，明确要求“充分发挥社会工作专业人才在乡镇公共服务提供中的作用”。①2018 年，中共中央 国务院印发的《乡村振兴战略规划（2018—2022 年）》中提出，“推动各地通过政府购买服务、设置基层公共管理和社会服务岗位、引入社会工作专业人才和志愿者等方式，为农村留守儿童和妇女、老年人以及困境儿童提供关爱服务。”② 2020 年，第十三届全国人民代表大会常务委员会审议的《中华人民共和国乡村振兴促进法（草案二次审议稿）》提及“各级人民政府应当采取措施大力培育社会工作人才……”以及“县级以上人民政府应当建立鼓励各类人才参与乡村建设的激励机制，搭建社会工作和乡村建设志愿服务平台，支持和引导各类人才通过多种方式服务乡村振兴。”《中共中央关于制定国民经济和社会发展第十四个五年规划和二〇三五年远景目标的建议》倡导“畅通和规范社会工作者和志愿者等参与社会治理的途径”，大力地将社会工作服务事业发展摆在国家建设的重要位置③。2021 年，中央一号文件敦促“大力实施乡村建设行动和提升农村基本公共服务水平”，中共中央办公厅 国务院办公厅印发《关于加快推进乡村人才振兴的意见》，倡议加强农村社会工作队伍建设④。这无不有效地实现社会工作服务事业同乡村振兴战略的紧密衔接。毋庸置疑，时代的

① 中共中央办公厅 国务院办公厅．关于加强乡镇政府服务能力建设的意见［A/OL］. http：//www. gov. cn/zhengce/2017-02/20/content_ 5169482. htm.

② 中共中央 国务院．乡村振兴战略规划（2018—2022 年）［A/OL］. http：//www. gov. cn/gongbao/content/2018/content_ 5331958. htm.

③ 中国共产党第十九届中央委员会第五次全体会议．中共中央关于制定国民经济和社会发展第十四个五年规划和二〇三五年远景目标的建议［A/OL］. http：//www. gov. cn/zhengce/2020-11/03/content_ 5556991. htm.

④ 中共中央办公厅 国务院办公厅．关于加快推进乡村人才振兴的意见［A/OL］. http：//www. gov. cn/xinwen/2021-02/23/content_ 5588496. htm.

发展、政策的引导、专业的进步为农村社会工作深入中国乡土大地开拓了疆土、打开了局面、创造了可能。因而，笔者认为深耕乡土的服务实践不仅是对时代发展的专业回应，也对建设与发展当代农村社会工作具有深远意义和潜在价值。

可见，中国农村社会工作发展虽整体缓慢，但逐渐成形。就云南、江西、湖南、广东等地的农村社会工作探索敢为人先，形成别树一帜的农村社会工作服务模式。这些服务模式不仅在实务界掀起了较大风浪，也备受学界的瞩目和研讨。当然，以往各地的农村社会工作服务模式的成效不可置否，但也不足以完全代表中国整体农村社会工作服务模式已然成熟。我们需主动从已有的农村社会工作服务模式中不断地去学习、反思和调整。农村社会工作也应当在行动与研究相结合的循环往复中去找寻工作方法和服务模式。是以，笔者立足于对已有的农村社会工作实践等进行梳理、归类和总结，也注重在实际探索中及时总结、反思和提炼，以实践探索和行动研究双结合，推动农村社会工作的建设与发展不忘过去、立足当下，展望未来。

（二）基本概念

1. 农村社会工作

学界对农村社会工作的定义，无论是国外，抑或是国内，众说纷纭、莫衷一是。国外农村社会背景不同于中国，城乡边界模糊且区分不明显。这便使国外农村社会工作与城市社会工作相似且相异不大。而中国乡土情结根深蒂固，普遍认同“农村社会工作是在乡、镇、村开展服务的专业领域”。但实际上，学界对“农村社会工作”的内涵各有说法，未能达成一致。

从诸多学者对农村社会工作的主张、诠释、辨析来看，笔者较认同钟涨宝（2011）对农村社会工作的界定，即农村社会工作是专业社会工作者与其他农村社会工作者合作，以农村社区为基础，在社会工作专业价值观的指导下，运用专业方法，发动村民广泛参与，增强农民和社区的能力，在预防和解决农村社区问题的基础上，提高农民福利水平，最终实现农村社区的稳定与可持续发展①。

2. 农村社会工作服务模式

现有的学术研究中不乏有模式构建、论述、探讨等方面，不少专家学者也有对社会工作通用模式、发展模式、实务模式等相关概念展开论述，但明确对此进行概念界定的仍占少数。文军（2010）将社会工作模式界定为以社会工作理论为基础，贯穿于社会工作实务过程中的一种概念化设计与经验总结，合理地将社会工作理论知识和方法的独特性浓缩在社会工作模式之上②。

本文认为，农村社会工作服务模式是指农村社会工作者深耕农村社区，结合社会工作理论，分阶段、分层次、分步骤地整合专业知识和方法技巧，充分调动社区内外部资源，协同回应农村社区反贫困、社会服务、生计发展、文化建设等议题，从而在行动中总结、提炼和调适具有时代特色、服务普适化的行动策略或行动体系。

3. 培育模式

（1）农村社区教育

1999 年，学者厉以贤在其《社区教育的理念》一文中，将社区教育定义为实现社区全体成员素质和生活质量的提高以及社区发展的一种社区性的教育活动和过程③。2006 年，我国的《社区服务指南第 3 部分：文化、教育、体育服务》指出“社区教育，即在社区中，开发、利用各种教育资源，以社区全体成员为对象，开展旨在提高成员的素质和生活质量，促进成员的全面发展和社区可持续发展的教育活动。”④ 研究者杨育智和李艳莉在其 2017 年的文章中提到，农村社区教育是在农村社区的特定区域内，对农民的身心施加积极影响，依据农业经济发展、农村文化繁荣和农民素质

① 钟涨宝．农村社会工作［M］．上海：复旦大学出版社，2011：16.

② 文军．社会工作模式及其本土化反思——论社会工作模式的形成及其基本类型［J］．社会科学研究，2010，3.

③ 厉以贤．社区教育的理念［J］．教育研究，1999，3：20-24.

④ 中国标准出版社第六编辑室．社区服务及相关标准汇编［M］．北京：中国标准出版社，2010.

提高的需要，充分开发和利用各种资源，促进农村居民的文化提升、观念转变、思想进步、素质提高和农村社区的经济发展、科技进步、生活富足、服务改善等的教育综合活动[①]。

随着时间的推移，农村社区教育的定义不断得到深化。在前人定义的基础上，结合凤二村社工服务站的专业实践，此书将农村社区教育界定为社会工作者基于社会工作的专业理念，依托凤二村的村情，以全体村民为服务对象，从村民的教育需求出发，运用专业的理论与工作手法，整合并利用农村社区内外资源，开展利于提高服务对象生活质量、利于社区可持续发展的教育服务活动，包含但不限于针对儿童青少年的兴趣类教育活动，针对农村妇女参与社区的教育活动，针对老年人的闲暇教育活动等。

（2）幸福食堂

幸福食堂是以农村社区为依托，为村居老年人尤其是高龄、独居、留守老年人以及存在养老困境的老年人提供助餐配餐、社工服务、医养结合、村庄节庆等服务，旨在解决农村老年人吃饭难、活动少、情感缺失以及医疗康复等养老问题的服务。幸福食堂是社区养老服务体系的项目之一，其属于老年人社会福利服务。

幸福食堂与长者饭堂除在实施地域和名称存在不同外，其服务人群和服务内容也有很大不同。在定义上，长者饭堂是为辖区常住老年人提供安全、实惠、便捷的助餐配餐服务，为在本市行政区域内居住的60周岁及以上居家老年人提供制餐、配餐、分餐、就餐、送餐等服务的活动。可见，长者饭堂主要解决的是老年人吃饭难的问题。

幸福食堂作为长者饭堂服务的延伸，除了提供助餐配餐服务外，还提供社工服务、党建服务、医养结合、村庄节庆等多元服务。幸福食堂由当地民政局统筹、当地慈善会提供专项资金帮助、由所属村委会免费提供场地，委托第三方村级社工站进行运营管理，以自建饭堂的形式进行运营。

① 杨育智，李艳莉．改革开放以来我国农村社区教育的研究：现状和趋势——对CNKI“农村社区教育”论文（1990—2016年）的统计分析［J］．中国成人教育，2017，20：23-29.

在服务对象上，除了服务有就餐需求的老年人外，还定向解决乡村留守儿童、困境儿童的就餐问题。幸福食堂不仅面向长者，还面向19—59周岁的重度残疾人和与老人生活或由老人抚养的留守儿童、事实无人抚养的儿童。在服务人员安排上，幸福食堂由驻村社工和当地的村民组成，幸福食堂由村社工站负责运营及管理。

（3）社区社会组织

社区社会组织具有一般社会组织所具有的非政治性、非营利性、自治性、志愿性、公益性、组织性等基本属性。其与社会组织有所区别的是，社区社会组织与“社区”的概念紧密相关，具有“社区性”的独特属性（刘振、朱志伟，2018）。民政部曾出台相关文件对社区社会组织进行定义，即社区社会组织是由本社区居（村）民发起成立，在城乡社区开展为民服务、公益慈善、邻里互助、文体娱乐和农村生产技术服务等活动的社会组织[①]。

二、研究意义

（一）理论意义

1. 深化对社会工作模式构建的本质和规律的认识。本章以发展性视角为切入点，以社区发展为理论视角，基于理论的学理性理解，开展农村社会工作实务探索和研究，探索农村社会工作服务的内在联系和必然规律，深化对农村社会工作模式的理论知识和发展规律的认识。

2. 深化对农村社会工作模式的一般科学方法的认识。本章将社区发展理论贯穿实务与研究的始终，探索符合农村实际、社会工作专业原则的技巧、方法和模式。

3. 丰富农村社会工作模式的基本原理的认识。本章从国内主流的农村社会工作服务模式和当前的农村社会工作服务实践出发，探索更加具有普

① 刘振，朱志伟．民政部关于大力培育发展社区社会组织的意见［J］．中国社会组织，2018，2：25-27.

遍性意义的农村社会工作服务模式的基本规律、理论和行动体系。

（二）实践意义

1. 促进当代农村社会工作服务模式的创新和发展。本章整合中国农村社会工作服务模式的优良成果，提炼农村社会工作服务模式承上启下性的经验规律。

2. 丰富和拓展农村社会工作服务模式的经验成果。本章基于行动研究，对社会工作介入从化农村社区的服务实践过程进行总结、分析和提炼，助力推进农村社会工作服务模式的本土化进程，同时也助力为我国农村社会工作提供科学性、可行性和可借鉴性的实务经验成果。

3. 推动构建当代农村社会工作服务模式。站在新时代发展的背景下，本章充分发挥社会工作专业优势，期望构建一套与时代和本土相契合的、有中国农村特色的、符合中国农村实际的农村社会工作服务模式。

三、研究现状

（一）农村社会工作服务模式及作用研究

1. 关于农村社会工作服务模式发展的研究

西方常将农村社会工作定义为乡村社会工作，强调要从界定乡村着手，有针对性地为农村提供社会服务。简言之，美国的农村社会工作服务模式极具个人主义色彩、临床及个案社会工作的特色。英国的农村社会工作服务模式以社区为本，侧重于社区照顾。澳大利亚的农村社会工作服务模式则以团体为本，发展团体社会工作模式。①

York 等（1989）及 Puckett 和 Frederico（1992）等指出农村地区的社会工作者多数选取社区工作的实践策略。Lynn（1990）和 Cheers（1998）均强调农村社会实践要采取多面的工作策略，即在不同模式下的“通才”服务模式。E. Martinez-Brawley 等（2001）提出通用模式是农村社会工作

① 蒋国河．中国特色农村社会工作：本土化探索与实践模式［M］．北京：社会科学文献出版社，2017：15-16.

普遍的实务模式。Daley 和 Avant（2004）也认可“通用实务模式是最合适农村社会工作的方法”，并指出农村社会工作者并非专家，而是“通才”。Chu 等（2008）指出通用模式与优势视角相结合的实务模式已逐渐成为 20 世纪 90 年代以来西方社会工作实务的主流模式①，由此形成西方农村社会工作模式的基本框架。俨然，这也为中国本土化的农村社会工作服务模式探索和实践提供了借鉴。

显然，中国农村社会工作必然不等同于西方农村社会工作。Bin（2009）指出文化适应性、地方实践的社会工作个案研究正缓慢出现，有效补充中国农村社会工作实证研究的佐证材料。戴利朝（2010）直抒中国农村社会工作模式的建设与发展并没有许多成熟的西方经验可供借鉴，有且仅能依靠本土社会工作者坚持不懈地扎根村落和深入社区去探索、实践和总结②。2001 年，在云南省师宗县人民政府的扶持下，香港理工大学和云南大学社会工作专业师生以滇东北少数民族行政村平寨为项目点，开展“探索中国农村社区发展的能力建设模式”的项目。张和清等总结云南绿寨等地的实践经验，提出以能力建设和资产建立为核心的农村社会工作发展模式。2003 年，湖南省长沙民政职业技术学院社会工作系与古丈县默戎镇、凤凰县山江镇开展合作，以 3 个苗寨村落为试点，探索具有民族区域特色的农村社会工作模式。李迎生等（2013）根据社会工作介入新农村建设的服务经验，进而提炼出“政府主导、多方力量助力、社工引领、群众参与”的模式③。

陈涛等（2018）对现有的农村社会工作发展模式进行梳理，察觉农村

---

① Chu W, Tsui M S. The nature of practice wisdom in social work revisited [J]. International Social Work, 2008, 51 (1): 47-54.

② 戴利朝. 社会工作介入乡村发展的功能和影响研究 [J]. 江西师范大学学报（哲学社会科学版), 2010, 6: 111-117.

③ 李迎生，等. 社会工作服务新农村建设：需要、模式与介入路径 [J]. 学习与实践，2013, 1: 78-89.

社会工作主要承担与农村社会福利、社会救助相关的任务与执行①。陈晓平（2014）以“江西万载”实践为例，提炼出农村欠发达地区社会工作的“万载模式”②。该模式虽是基于政府完全主导达至解决社区经济、政治、文化、社会以及环境等方方面面的目标，但也是符合国际社会工作的传统目标。2010 年，广东绿耕社会工作发展中心承接广州市民政局购买的“城乡合作、公平贸易、共创生态文明与可持续生计”社会工作服务项目，以广州市从化区良口镇长流村为试点来探索农村社会工作发展模式。向羽（2016）以珠海市农村社会工作的实践为例，将城市社会工作的经验复制到农村社区，也将农村社区的专业服务视为城市社会工作服务的扩展和延伸，称之为城镇化背景下的农村社会工作服务的样板③。黄耀明（2020）以福建省“三社联动”的社会工作实践模式为例，构建出“三社联动”服务乡村发展的多元互动架构④。2017 年，广东省民政厅实施广东粤东西北地区“双百镇（街）社会工作服务五年计划”。这是新时代背景下中国农村社会工作职业化、专业化的重要实践，是在镇（街）设立社会工作服务站来连接乡土与城市的村镇相结合的社会工作服务模式。

2. 关于农村社会工作服务模式作用的研究

国际社会工作在社会工作高度职业化的基础上提出“社区发展模式”和“临床模式”两大典型模式。国际上的农村社会工作以社区发展为本，注重建立与外部资源的联系，保持对乡土文化的敏感性，以及获得社区居民和非正式资源支持等。显然，中国农村社会工作本土化实践探索仅有 20 个年头，距离高度职业化仍需很长时间的探索和试点，但相信这丝毫不会

① 陈涛，徐其龙．社会工作介入乡村振兴模式研究——以北京市 Z 村为例［J］．国家行政学院学报，2018，4：73-77.

② 陈晓平．新农村建设中的社会工作创新——以江西“万载模式”为例［J］．江西社会科学，2014，6：218-222.

③ 向羽．回顾与展望：2013—2016 年珠海农村社会工作［J］．广州社会工作评论，2016，2：226-239.

④ 黄耀明．融合与边界：社会工作助力乡村振兴的路径与反思［J］．中国社会工作，2020，7：22-23.

阻碍中国农村社会工作的稳步推进和持续发展。

张洋（2010）提出农村社会工作在和谐农村建设中主要面向个体、人际关系以及社会三大方面发挥作用①。李迎生等（2013）强调社会工作介入新农村建设是必要且重要的，其建设目标与新农村建设的五大目标联系紧密②。杨发祥等（2011）进一步提出构建主体、机制以及行动实践“三位一体”式的整合性治理框架，将其作为纵深推进农村社会工作发展的新范式。③ 学界普遍认同乡村振兴战略的实施将会使社会工作迎来新的重大发展机遇。陈涛（2017）直言“社会工作在乡村振兴中大有可为”④。陈相云（2018）阐明发挥社会工作专业优势既可助推乡村振兴，也可协同乡村振兴突破当前的困难重围和展望未来发展可能⑤。萧子扬等（2019）提议积极建设和发展农村社会工作，在社会工作与民政工作、社会福利、社会保障多得益彰的同时，不断探索“社会工作+乡村振兴”新模式的发展和落地⑥。

（二）已有的农村社会工作服务模式的困境及挑战研究

1. 关于已有的农村社会工作服务模式困境的研究

Brian Cheers（1992）在对美国、英国以及澳大利亚的比较研究中，发现服务成本、可及性和可得性、相关性和认受性是农村社会工作服务模式形成的关键问题，本土化的服务创新更是破题的关键⑦。Briskman（1999）提出社会工作实践需结合具体情况，且在很大程度上会影响农村社会工作专业实践的性质，其中不乏有实践风格、保密性、隐私和个人安全以及对

---

① 张洋．农村社会工作在和谐农村建设中的功能研究［D］．咸阳：西北农林科技大学，2010.

② 李迎生，等．社会工作服务新农村建设：需要、模式与介入路径［J］．学习与实践，2013，1：78-89.

③ 杨发祥，闵慧．中国农村社会工作发展探析［J］．福建论坛（人文社会科学版），2011，1：156-160.

④ 陈涛．社会工作在乡村振兴中大有可为［J］．中国社会工作，2017，34：28.

⑤ 陈相云．社会工作与乡村振兴：实践困境、价值亲和与专业突围［J］．理论月刊，2018，4：151-156.

⑥ 萧子扬，刘清斌，桑萌．社会工作参与乡村振兴：何以可能和何以可为？［J］．农林经济管理学报，2019，2：224-232.

⑦ Brian Cheers. Rural Social Work and Social Welfare in the Australia Context［J］. Australia Social Work，1992，45（2）：11-21.

管理双重和多重关系的专业影响等。Pistella 和 Bonati（2000）发现农村社会工作领域的工作者面临多重挑战。农村社会工作者不仅要承担多重角色，还要独自完成工作任务，因为他们常常是方圆 100 英里唯一的一个社会工作者。Chiotakis（2011）强调社会工作者是美国农村社区中的缺失且急需的商品。

对于中国而言，农村社会工作必然离不开农业、农村和农民“三农”问题。中国农村社区的社会工作实践不断打破重组、调适改善以及转化发展。张和清等（2008）以云南的农村社会工作实践为例，提及农村社会工作如若没有文化敏感性，就会导致社会工作无法被当地接纳且难以真正扎根。[①] 郭伟和（2007）从本土的大学生村官计划和国际援助的社区发展项目的案例比对中，发现乡村社区体制内的行政性体系和体制外的社会工作服务体系存在着制度性的冲突和共识上的差异，因而提出亟须找寻体制内外、行政性与服务性之间的契合路径[②]。文军（2010）也提出农村社会工作在发展过程中表现出“政府控制有余，而民间参与不足”的问题[③]。张华等（2010）指出当前农村社会工作存在社会认可度较低、专业认知理解较差且缺乏政策、机构和民众支持等的发展困境[④]。汪鸿波等（2019）研究发现传统的行政性社会工作服务模式极其依赖行政性力量[⑤]，这不仅没有为专业社会工作服务的嵌入争取到一定的发展空间，还将会出现张翼（2018）所提出的专业优势将被政府科层体制逐步狭隘、消解和异化的现象。这一模式最为致命的便是主政者调离职位，继任者“不认可且再无所

---

① 张和清，杨锡聪，古学斌．优势视角下的农村社会工作——以能力建设和资产建立为核心的农村社会工作实践模式［J］．社会学研究，2008，6：174-193.

② 郭伟和．体制内演进与体制外发育的冲突——中国农村社会工作的制度性条件反思［J］．北京科技大学学报（社会科学版），2007，4：15-21.

③ 文军．社会工作模式及其本土化反思——论社会工作模式的形成及其基本类型［J］．社会科学研究，2010，3：1-8.

④ 张华，李小容．试论我国农村社会工作的现状及其在新农村建设中的作用［J］．西南农业大学学报（社会科学版），2010，4：88-91.

⑤ 汪鸿波，费梅苹．乡村振兴背景下农村社会工作的实践反思及分层互嵌［J］．甘肃社会科学，2019，1：179-185.

为"，农村社会工作发展得再好，也必然会陷入断层的尴尬处境①。类似地，傅彧等（2019）指出政府大包大揽、专业的农村社工机构指导空缺、社工人才难以流入等多重困境，拖慢了农村社会工作建设与发展的整体进程。② 加之，国内社会工作研究大多集中在城市社会工作领域，一定程度上也致使农村社会工作长期处于研究低潮。黄耀明（2020）从基层治理参与和服务中出发，提出社会工作依然面临着边界不清、治理主体与多元力量模糊等问题。③ 在多元主体合作共治框架下的中国农村社会工作实践，服务模式虽已遍地开花，但因多种因素的综合差异，最终致使模式面临着诸多亟待攻克的难题困境。

2. 关于已有的农村社会工作服务模式挑战的研究

国外的社会工作起源于城市社区。农村社会工作实践的知识方法、实务技巧最初也因缺乏专项研究而只能借鉴城市社会工作的实践经验，但乡村社会的自然环境、问题需求和资源状况等使农村社会工作者面临前所未有的独特挑战，更对社会工作者的适应、创造、变革以及激发社区参与等能力提出更高要求。在西方的通用实务模式中，强调农村社会工作者须自觉跳出社会工作专业的常规思维，主动融入农村经济、政治、文化和社会多元复杂的情境之中，灵活地在个人、家庭和社区等各个层面开展专业服务和推动社区发展。

戴利朝（2010）强调扎根于村落的社会工作者面对着远比村落本身更为复杂、更为庞大的社会结构和人际脉络，这必然要求社会工作者和基层政权干部之间建立紧密合作的关系④。李伟等（2012）也主张社会工作与中国特色的政治、文化和社会体制相融合的方式将直接影响中国农村社会

---

① 张翼．乡村振兴重在治理有效［N］．光明日报，2018-10-23.

② 傅彧，俞宁．我国农村社会工作在乡村变迁中的发展路径探析［J］．邢台学院学报，2019，3：85-88.

③ 黄耀明．融合与边界：社会工作助力乡村振兴的路径与反思［J］．中国社会工作，2020，7：22-23.

④ 戴利朝．社会工作介入乡村发展的功能和影响研究［J］．江西师范大学学报（哲学社会科学版），2010，6：111-117.

工作模式的构建①。可见，中国农村社会工作只有妥善回应乡土社会的自身特有命题，才会有“本土气息”和“本土味儿”。李伟（2013）提出中国农村社会工作服务的关键一环在于妥善处理与基层政府的关系②。傅彧等（2019）认为基层政权虽权势范围小，但却是与农村社会工作实务最靠近的一层③。汪鸿波等（2019）强调政府主导型的农村社会工作模式核心在于协调社会工作与体制的关系问题，即需要回应农村社会工作进入体制内的情况、专业介入体制内的工作方法与技巧、体制内为专业发展让与空间情况等问题④。实然，农村社会工作者与基层政权干部的协作关系在推进农村社会工作服务模式的构建中显得至关重要。

就目前而言，农村的建设与发展大多依赖外来专业人才的支援帮扶，这必然会为往后农村社区的持续性发展埋下隐患，因而培育和发展“土生土长”的农村社会工作人才显得尤为重要。农村男性劳动力向城市社区迁移，不断推动农村留守妇女在中国农村社区维持生计和照顾老人儿童方面发挥关键作用。显然，农村社会工作当前最核心的服务对象群体仍是贫困人口和留守人口，但也不妨碍对社会发展投入关注和建设。Bowles 等提倡发展“卫星”模式，通过聘用当地专业社会工作者开展教育工作、加强与农村组织的联系等方式来增强农村社会工作的可持续性，来减少服务可持续性发展受教育问题的制约⑤。此外，袁泉等（2016）强调农村普遍性问题固然存在，但更需要关注农村专业社会工作服务需求结构中现存较高的

① 李伟，张红．中国农村社会工作专业性和行政性的双重悖论研究［J］．社会工作，2012，8：10-15.

② 李伟．中国农村社会工作专业性与行政性的悖论研究［D］．咸阳：西北农林科技大学，2013.

③ 傅彧，俞宁．我国农村社会工作在乡村变迁中的发展路径探析［J］．邢台学院学报，2019，3：85-88.

④ 汪鸿波，费梅苹．乡村振兴背景下农村社会工作的实践反思及分层互嵌［J］．甘肃社会科学，2019，1：179-185.

⑤ Bowles，Duncombe. A Satellite Model for Rural and Remote Social Work Field Education［J］. Rural Society，2005，15（3）.

异质性①。这也与2019年新时代社会工作理论发展与创新论坛的“发展中国本土的、有效的社会工作模式将在未来很长一段时间内成为中国社会工作者的一项重要任务”等观点不谋而合。

杨发祥等（2011）通过对农村社会工作的理论、实务和方法进行梳理和反思，强调农村社会工作未来应当要往理论追求、方法整合、实务拓展三方面深入发展②。向羽（2016）在珠海农村社会工作实践进程中发现，农村社会工作建设发展的方向已然发生转变，不仅从过去的“专业服务”转化为当前的“社区发展”，也更加认同“社区发展”是农村社会工作行进的方向③。王思斌（2017）认为农村社会工作应有品格是不唯书本、不失理念和直面现实问题④。农村社会工作显然不能“为了服务去服务”“为了活动开活动”，而要学会在服务活动中完成满足社区需求、调动社区参与、提升社区建设与参与等目标。郭燕（2018）认为乡村振兴战略的实施让农村社会工作的介入迎来了新发展空间⑤。张和清等（2019）鼓励农村社会工作者要大胆借鉴西方的生态系统理论、优势视角、社区发展等社会工作理论与实务模式，也不忘回归中国农村的实际情况和乡土特色进行创新性探索⑥。朱雨欣等（2020）强调中国农村社会工作应注重对“差序格局”“熟人社会”等特征的农村社区的理解和运用，深入辨析、建设和发

① 袁泉，游志麒．我国农村社会工作的需求特征与推进路径［J］．华东理工大学学报（社会科学版），2016，5：1-7.

② 杨发祥，闵慧．中国农村社会工作发展探析［J］．福建论坛（人文社会科学版），2011，1：156-160.

③ 向羽．回顾与展望：2013~2016年珠海农村社会工作［J］．广州社会工作评论，2016，2：226-239.

④ 王思斌．我国农村社会工作的综合性及其发展——兼论“大农村社会工作”［J］．中国农业大学学报（社会科学版），2017，3：5-13.

⑤ 郭燕．助力乡村振兴：发展性社会工作路向的介入空间与创新［J］．社会建设，2018，5：64-75.

⑥ 张和清，闫红红，尚静．社区为本的农村社会工作实务模式探索——国内外农村社会工作研究文献的综述［J］．学海，2019，2：79-86.

展中国农村社会工作服务模式①。

四、农村社会工作研究模式的特征

（一）国内外农村社会工作服务模式发展历程较短

追溯中外历史，农村社会工作服务模式发展历程较短。于国外而言，国外侧重探索和发展城市社会工作服务模式，农村社会工作服务模式多以城市社会工作服务模式为基础进行借鉴和改良。于国内而言，中国农村社会工作绝不会，也不能照搬照抄西方道路，也正在实事求是地建构符合国情的中国特色社会主义的农村社会工作服务模式。通过对相关文献的阅读和理解，中国农村社会工作现已然在农村社区中开展了一系列的实践探索活动。大多数农村社会工作的实务者和研究者纷纷扎根乡土田野，“细水长流”般地探索农村社会工作服务的路子。值得肯定的是，中国农村社会工作的实务实践在“摸着石头过河”，同时也注重对实务实践进行经验总结和实践反思。

（二）政府力量和高校专业力量是农村社会工作模式打造的主要力量

近二十年来，无论是云南、湖南、江西还是广东的农村社会工作实践探索，笔者发现社会工作专业的高校师生在早期农村社会工作实践中发挥重要作用。伴随着经济社会的发展及农村社会工作发展情境的时代变迁，政府在农村社会工作实践和发展中发挥的建设作用也越发加强，无论是在政策制度层面上强化对社会工作和社会组织服务的法制规范化指引，抑或是在资源扶持层面上加大对社会服务和社会组织的资金及培育的投入力度。政府部门和高校专业的合作力量在农村社会工作作用中日益彰显。

（三）农村社会工作模式与时俱进

农村社会工作不囿于现状，随时代的发展而有所迈进、发展和变迁。

---

① 朱雨欣，郭伟和．中国农村社会工作实践策略的模式分类——基于双层分类框架的透视［J］．社会建设，2020，5：35-46.

当前，农村社会工作领域已有相当丰硕的本土实务经验成果，中国农村社会工作的模式研究已奠定根基。但遗憾的是，农村社会工作的本土化实践仍十分欠缺，且在对实务经验的总结、理论的反思提炼和模式构建等方面仍有待深入探索和研究。

站在前人的肩膀上，反思自身的行动研究，本章提出：农村社会工作服务模式有着什么样的承上启下式的经验性规律？社区发展理论指导下的社会工作介入农村社区的服务项目呈现出什么样的情况？能否构建出可行、科学和可持续的服务模式？所构建的模式又会是什么样的？对此，本章希望在理论与实践相结合的基础上，借助社区发展理论的研究视角和发展性社会工作的实践取向，立足于扎根乡土的社会工作行动研究，一则从国内主流的农村社会工作服务模式开展比较分析；二则剖析运作社区发展理论实践的社会工作介入从化农村社区的和美乡风项目；三则依据前两者的经验成果和学理分析构建新的农村社会工作服务模式。以此，本章期望为新时代农村社会工作理论发展和实务模式带来本土创新和突出发展，主动投身于农村社区有所为，助力乡村全面振兴，同时也让理论回归于实践、服务于实践、作用于实践。

五、国内主流农村社会工作服务模式的比较

农村社会工作的服务模式是丰富多样且处于动态变化的。前有罗思曼（Rothman）以20世纪60年代美国的社区实务为考察对象，构建的地区发展、社会计划和社会行动三种经典的社区干预模式；进而又有韦尔和盖布尔（Weil、Gable）确立社区实践既相关又复杂的特性，构建的8种基本的社区工作模式；后还有国内学者拆分农村社会工作的介入策略为本土性（内生）与专业性（外生）、个体-心理（临床治疗取向）和制度-结构（结构变迁取向）两个维度的实践框架。可见，社区社会工作服务模式一直都处于动态的、发展性的和极具包容性的建设、推行和完善当中。

21世纪以来，中国农村社会工作在各地有着形式多样的实践探索。因

而，笔者选取国内主流的农村社会工作服务模式展开比较分析，其中有2001年香港理工大学与北京大学联办的云南平寨项目衍生的“绿耕模式”、2007年江西省民政厅主导的全国首批农村社会工作人才队伍建设试点项目归纳的“万载模式”、2017年广东省民政厅主办的“双百计划”的五年计划模式，还穿插国内其他农村社会工作服务项目实践。这些实践探索均对中国本土农村社会工作领域的探索与发展作出重大贡献，更是值得被社会工作学界关注、热议和研究的。

对此，笔者选取朱雨欣等（2020）提出的中国农村社会工作的类型学框架对服务模式进行细致分类和比较（见表2-1）。该分析框架是以主体性区分出农村社会变迁的国家主导或社会主导的两种取向，以方向性区分出传统的自我调适和打破重组后的现代化改造的两个发展转向，由此从国家主导的传统取向、国家主导的现代取向、社会主导的传统取向、社会主导的现代取向四个模式分类对国内主流的农村社会工作服务模式进行梳理、归类和分析，找出农村社会工作服务的个性实践中蕴含的共性发展规律。

表2-1　中国本土农村社会工作服务模式一览（笔者编制）

模式类型	实践典型	模式内容	模式特点
国家主导的传统取向	“大学生村官”计划、江西“万载”项目、广东“双百计划”等	主要以国家代理人身份介入农村场域、开展服务	政府购买或定向支持的方式；国家代理人驻地融合；关注普适性公共服务
国家主导的现代取向	“三区计划”、精准扶贫等	一般遵循“问题呈现—诊断原因—确定处方—执行治疗”的治疗逻辑，提供政策调控、资源衔接、社会服务等应对方案	国家或地方资金支持进入农村社区；更多的是为弱势困难群体提供补救性的现代社会福利和社会服务

续表

模式类型	实践典型	模式内容	模式特点
社会主导的传统取向	广东绿耕在云南、广东、四川等地的农村发展项目等	以文化敏感性和在地结构化观察和分析农村问题与需求，探索传统文化保育、农村环境保护、农民生计发展多元结合的服务模式	强调农村社区等的主体地位；反思和探讨农村社会工作知识生产与专业实践中深层次的发展性议题和可持续发展议题
社会主导的现代取向	以蒲韩社区等为代表的社群经济性质的各类农村合作社运动等	以集体行动的方式推动社区建设和农村发展	强调“自下而上”的社会力量主导；国家力量是参与合作的伙伴，且看重经济发展对当地社区的支持和回馈

注：表中的模式类型是引用朱雨欣等提出的中国农村社会工作类型学框架。①

（一）模式的主体要素的转变

在对国内主流的农村社会工作服务模式进行模块主导的因素发展比对后，可见随着时代发展，介入农村社区的社会工作服务主体要素在发生着转变。主体要素是指构成事物发展的必要实践主体的因素。本章提及的主体要素特指社会工作介入农村社区中服务的必然主体，即涵盖人财物以及专业性等因素。近些年来，我国农村社会工作领域有了新突破、新发展和新的一席之地。农村社会工作服务重视发挥政府以外的力量作用，同时不断调整自身专业服务的可及性和可得性，还更为关注农村社会工作服务认受性程度（可接受和认可度）。为此，笔者将在下文逐一展开具体论述。

1. 从政府主导到政社合作的转变

社会工作服务属于社会福利或公共服务体系的内容之一，这便强调国家政府的地位作用和责任义务。在社会工作建设与发展中，政府介入的尺

① 朱雨欣，郭伟和．中国农村社会工作实践策略的模式分类——基于双层分类框架的透视［J］．社会建设，2020，5：35-46.

度是学界和实务界老生常谈的。农村社会工作亦无可避免。社工实务界曾流传，社会工作“城市看上海，农村看万载”。“万载模式”是中国农村社会工作有代表性的实践案例，也是政府深耕农村社会福利服务工作的首创和典范。因其适逢时代发展所需，万载农村社会工作服务的被关注度堪称“前无古人后无来者”，政府全方面、多层次、高效率地整合“人财物”资源，使得项目发展纵横相接紧密，纵向囊括从省、县、乡再到村的资源，横向从主要领导干部、一般干部到员工的投入。“要人给人，要钱给钱，要物给物”，“人财物”都极大地参与到项目的建设与发展中来，成效显著。实际上，中国农村社会工作难以完全复制万载模式，再支配如此之大的人力、物力和精力到某一个农村社区上做类似的尝试和探索，显然是不现实的。

在万载模式中，政社关系严重倾向政府一侧，政府多元角色过度介入，既当行政管理者、服务提供者，也当支持者、关系协调者、资源筹措者、倡导者，这也导致社会工作专业服务机构无从着手、无处下手、无法适从，难以真正发挥专业力量和服务自主性。随后，云南、湖南等地的农村社会工作服务实践仅靠高校或民间团体等的社会力量自主流转的探索，又揭示了国家政府鲜有的介入，会出现难以拓展社会工作服务项目的实践范围、资金筹措渠道不稳定、服务难以保障等问题。而后，广东民政部门尝试推行政府购买社会工作服务的形式。如 2011 年广州市民政局率先推出政府购买社会工作服务的专项项目。这也让社会力量与政府力量的合作关系有了更多可能。2012 年，民政部、财政部联合出台《关于政府购买社会工作服务的指导意见》明确指出，要让社会工作的建设与发展在政府和社会两股力量中更有运作规范。

未来，政府主导将要在农村社会工作服务项目中“成为过去”，“各展其长、各尽其能”的政社良性合作态势油然而生。这不仅充分彰显政府应有的地位作用和责任义务，要求政府明确自身角色定位，减少过度介入，同时也保护社会工作专业建设与发展的业态平衡，让农村社会工作服务的自主性、专业性和本土化更有一席之地。

2. 从社工专干到农村社工的转变

社会工作的建设与发展离不开社会工作者人才队伍的贡献和作用。起初，社会工作职业化发展程度不高，专业实务人才不受重视。全国社会工作实务人才紧缺。2011 年，民政部等 18 部委发布《关于加强社会工作专业人才队伍建设的意见》，明确提出，“要以基层为重点配备社会工作专业人才，在乡镇和有条件的农村社区探索吸纳和使用社会工作专业人才，创造条件和鼓励社会工作专业人才到农村社区开展服务。”①

江西万载的农村社会工作服务项目的主体力量是行政性的专业社会工作者。其借助增量、存量转换和提升两个路径来保障农村社会工作服务的人才队伍建设，也就是著名的“社工+从工+义工”模式。此时的社工不是真正意义上的社会工作者，而是在行政、事业单位或官办社会团体中的具有社工职业资格资质的工作人员。他们以其行政身份的社工角色带领街道、乡镇、社区（村）等民政、卫生、工会、妇联等行政工作人员协同开展农村社会工作服务，再进一步发挥社区“义工”力量。在“万载模式”中，社工专干是政府“临时”工作人员，没有真正驻村，同时还垂直管理从工和义工，这就十分需要检视农村社会工作专业工作者建设作用的实效所在。

实质上，农村社会工作人才队伍的建设与发展大抵经历了几个时期的变化。最初，众多高校社会工作专业的知识分子涌进乡村，实地开展专业服务探索。可惜的是该模式主导的建设主力多为学生，难以长期驻扎乡村，前后服务空当期较长。渐而，民间团体的探索也随之出现，为农村社区带来一些普及性服务和专项领域的服务。但其也渐渐显露出发展后劲不足的态势。随之，政府购买农村社会工作专项服务项目形式应运而生。这不仅为专业服务提供资金保障，还相对稳固了农村社会工作专业人才队伍的建设，明确专业社会工作人才驻扎乡村，与村民“同吃同住同劳动”。

① 民政部. 关于加强社会工作专业人才队伍建设的意见［A/OL］.（2011-11-8）. http：// www. gov. cn/gzdt/2011-11/08/content_ 1988417. htm.

相较于社工“专干”而言，农村社会工作者作为单独的专业岗位被建设出来，替换了特指在政府部门中兼任社会工作的人员，实实在在地提升了工作者的专业身份、服务定位和队伍建设。

农村社工是农村社区服务的中坚力量。2021年，中共中央办公厅、国务院办公厅联合印发的《关于加快推进乡村人才振兴的意见》明确将农村社会工作人才作为专业力量被单列在“加快培养乡村治理人才”之中①。这对中国农村社会工作发展和人才队伍建设来说，可谓是重要一步，不仅是农村社工被“官方”正名和认可，强调社会工作人才对乡村振兴的重要意义，还预示着农村社会工作未来发展的关键主体力量。

3. 从结果导向到结果与过程双导向的转变

农村社会工作服务模式的构建、路径的探索是社会结构因素、专业服务策略等综合交互作用形成的结果，这便要求我们不能单一地观望事情的结果。从国内主流的农村社会工作实践研究中，笔者发现，在学界层面，研究较多围绕农村社会工作服务项目的成效及困境、话语体系建构、实践反思等方面展开，多数“只看开始和结果，不追问过程”，这将难免会存在断层。随着农村社会工作服务实践的深入，研究也渐渐转向行动研究、路径探析、本土化模式的实践和探索等方面。一些农村社会工作实践探索出来的服务模式“浮现于湖面”，如张和清等从优势、资产和能力建设等视角开展农村社会工作探索，概括形成“社区为本的整合社会工作实践”模式，强调“社区为本的社会工作”和“整合的社会工作”两者的重要性。

在政府层面，政府购买农村社会工作服务项目实则是简政放权和发挥社会力量作用于基层社区治理的重要举措之一。过去，服务过程不会是政府部门所关注的，社会组织承接农村社会工作服务项目达至的成效才是政府部门所看重的答卷。但广东“双百计划”打破了常规惯性，政府整体推

① 中共中央办公厅 国务院办公厅印发《关于加快推进乡村人才振兴的意见》，http://www.gov.cn/xinwen/2021-02/23/content_5588496.htm.

进、局部试点地面向特定困境人群购买专项服务。虽然“双百计划”具有一定的区域性，全国大部分地区难以类比广东省借助省级财政或转移支付等为全省镇街全面铺设社会工作服务，但这也是中国农村社会工作服务的一大创新性探索和成就，过程和结果都是值得被记载的。

是在服务对象层面，本土农村社会工作起初是以服务为主、以专业方法为本，服务对象被作为问题亟待被社会工作服务以脱离困境，一味地从问题视角和缺乏视角给予和服务，导致农村社会工作不仅少了社会学想象力，还弱化了服务对象的优势与能力。如若没有与服务对象一同感受服务改变的过程和收获，显然也就会使农村社会工作服务停留在最表面。如江西万载的社会组织和专业社工发展不足，行政性、非专业的社会工作泛滥，虽为服务对象提供了服务，但没有满足服务对象的真实需求，服务对象也没有真正受益，最终导致农村社会工作深陷形式化、一般化和表面化之中。

当社会工作嵌入农村社区中发展时，结果不应是唯一的，还要关注农村社会工作服务的整个过程。社会工作不是治理工具或是支配服务，而是要充分结合中国特色社会主义探索农村社会工作服务的本土化属性和专业属性，跳出国外农村社会工作、城市社会工作发展逻辑的怪圈，主动将农村社区、服务对象置身于农村社会工作服务实践的核心所在，注重结果与过程“两全其美”。

（二）模式的时代机遇的转变

在对国内主流的农村社会工作服务模式进行时间推移的因素发展比对后，每个时代有每个时代的机遇，中国现正迈进新时代。农村社会工作正处于大有可为的新时代发展背景下，农村社会工作的建设与发展必然也要紧抓新时代机遇。这便要求，一则紧跟新时代的新理念、新思想、新战略，在思想同心基础上，达成目标同向、行动同力；二则主动响应新时代的召唤，将专业发展建立在本土耕耘之上；三则多元主体勠力同心，为农村社会工作出谋划策、添砖加瓦。

1. 党和国家高位、强力推动农村社会工作服务落地生根

随着社会主义市场经济的建设与发展，公共服务的需求逐渐呈现出多元性、急迫性和复杂性等特点，政府部门积极应对新时代社会发展与公共服务需求的转变，寻找合理的解决办法。2011 年，政府尝试引入社会工作机构为代表等的社会力量参与到社区治理与公共服务中来。因而，农村社会工作的推进也随之迎来了新的机遇和起色。2015 年，社会工作首次被写进《政府工作报告》。接连多年《政府工作报告》对社会工作发展的指示，强调要从发展、支持再到促进逐步深入，实现推动社会工作参与社会治理和促进社会工作参与民政事业。2017 年，中共中央办公厅、国务院办公厅联合发布《关于加强乡镇政府服务能力建设的意见》，明确指出加强乡镇政府购买服务建设，充分发挥社会工作专业人才在乡镇公共服务提供中的作用①。2018 年，中共中央　国务院印发《乡村振兴战略规划（2018—2022 年）》中提出要在基层投入政府购买服务、设置基层公共管理和社会服务岗位、引入社会工作专业人才和志愿者等方式，为农村弱势群体提供社会服务，积极发展农村社会工作和志愿服务②。2021 年，中共中央办公厅　国务院办公厅印发《关于加快推进乡村人才振兴的意见》强调要加快推动乡镇社会工作服务站建设，加大政府购买服务力度，吸引社会工作人才提供专业服务，大力培育社会工作服务类社会组织③。

党和国家政府立在高位、政策强力来推动当下的农村社会工作服务的建设与发展，推行以政府购买农村社会工作服务项目或农村社会工作者岗位等形式，且也会随着专业实践探索和市场经济的规律不断改良和优化。“政府购买”是政府“放权”和“赋权”社会力量的“长久之计”，政府部门应积极调整自身权力意识，鼓励社会工作机构、工作者紧紧围绕服务

---

① 中共中央办公厅、国务院办公厅．关于加强乡镇政府服务能力建设的意见［A/OL］．(2017-2-20)．http：//www. gov. cn/zhengce/2017-02/20/content_ 5169482. htm.

② 中共中央 国务院印发《乡村振兴战略规划（2018—2022 年）》，http：//www. gov. cn/gongbao/content/2018/content_ 5331958. htm.

③ 中共中央办公厅 国务院办公厅印发《关于加快推进乡村人才振兴的意见》，http：//www. gov. cn/xinwen/2021-02/23/content_ 5588496. htm.

实践的行动与目标，携手推动社会发展与公共服务达至应有之效。

2. 社会工作服务的行政性、专业性与本土性的融合发展

Payne（1995）回望社会工作理论的建构过程，发掘其实质上也是专业化与本土化互构的过程。我国本土农村社会工作践行于此，不断在具体实践中去总结反思和认识背后的内涵、路径和模式。起初，单一的行政性的非专业的农村社会工作是以“问题解决”为主导，关注民政兜底的弱势服务对象群体和政策性服务，农村社会工作无法持续地开展专业服务，也无法真正根植于农村之中。同样地，单一的专业性的农村社会工作进驻农村也显得“单薄无力”，开展之初如火如荼，却难以为继，终而悄无声息结束，宛如是一场梦。无论是偏重于行政性，抑或是专业性，还是本土性，单单倚重于其中一元，必将使得另外两元的作用优势难以在服务实践中凸显出来。

在农村社会工作服务实践中，我们理所应当关注行政性、专业性与本土性三个方面的融合发展。在顶层设计层面上，国家政府发挥力量，为农村社会工作服务制定政策扶持和方针。作为外来者或第三方的农村社会工作者深入本土农村社区，主动与当地政权建立合作关系，为其专业服务开展获得本土的合法性认同和行政性帮助。再者，农村社会工作和农村建设与发展是紧密相连的共生关系，古学斌等学者呼吁农村社会工作者要立足于农村本土的文化脉络，[①] 逐步消解专业知识与本土文化之间的“现实鸿沟”，在服务实践中协调好行动探索与本土文化之间的问题侧重。

种种这些，便是要求农村社会工作者准确把握自身在此中的角色定位与优势作用，协同当地社会力量参与到社会服务中来，发挥多元主体主观能动性，充分利用社区人财物等资源来实现个人和社区的建设与发展，达至行政性、专业性与本土性三个方面的融合发展，这方是实现农村社会工作服务的时代之义。

① 张和清，杨锡聪，古学斌．优势视角下的农村社会工作——以能力建设和资产建立为核心的农村社会工作实践模式［J］．社会学研究，2008，6：174-193.

（三）模式的服务优势的转变

在对国内主流的农村社会工作服务模式进行整体发展比对后，不难发现我国农村社会工作的服务优势“苟日新，日日新”。服务优势是指某一领域的服务工作所具备的有利形势。本章提出的服务优势指的是农村社会工作介入新时代农村开展服务工作时所具备的有利形势。回顾我国农村社会工作服务实践的发展历程、实践探索，不难发现，第一，农村社会工作经历了从隔空、远程到在地、扎根的转变。第二，农村社会工作也经历了从单一、被动、嵌入到双向、主动、融合的转变。

1. 农村社会工作服务扎根农村大地、落地生根

虽说社会工作是“舶来品”，但本土情境对中国农村社会工作建设与发展至关重要。实则，西方的历史文化、社会价值与专业化体系不能完全契合中国的国情村情实际。西方的农村与城市相异不大，但中国农村是“熟人社会”，这就要求农村社会工作者不能像城市社会工作者一般，时常坐在办公室里办公，偶尔才下社区、入户探访。然而，农田之间、田地两头、村庄角角落落都少不了农村社会工作者的身影。农村社会工作者既要调查发现社区及村民的问题和需求，也要主动与村民“搭话、搞好关系”，了解社区权力关系和文化语境，以创造更大可能的专业介入空间。如 2012 年，华南农业大学师生团队承接的“广州市民政局农村基层建设社会工作服务项目”，便是采取“社会—社工—社团—社区”的工作机制，为村民和社区提供农村社会工作服务。2017 年，广东“双百计划”以“落在村居、问题导向和方便群众”三大指导原则来落实粤东西北地区建设运营 200 个镇（街）社工服务站的工作，进而探索本土农村社会工作服务模式。2020 年，“双百计划”规划深入依托村（居）现有的资源场地来建设村（居）的社会工作服务点，从而开展事务性与服务性的农村社会工作服务。

农村社会工作只有落在村（居），驻村入户，同吃同住同劳动，才能横纵向深入了解农村社区以及服务对象的日常生活、人文历史、经济发展的真实情况和需求，才能“具体问题具体分析”，实现社会工作在中国语境下的本土建构，也实现农村社会工作真实落地后的专业协同转变。

2. 农村社会工作服务注重嵌入、融入双向发展

相较于城市社会工作服务而言，农村社会工作服务更难“出成效、见模式”。我国现如今的农村社会工作服务模式不是凭空捏造的，也不是一朝一夕的，而是通过多个项目创造性的、深入的、综合性的专业服务实践实打实干的经验成果。

王思斌（2011）强调中国社会工作发展当属“嵌入式发展”模式，实质是专业社会工作和现行的社会管理和服务体制进行互动建构的过程①。从国内主流的农村社会工作服务实践来看，行政性非专业的农村社会工作的嵌入性发展已成为过去，本土化农村社会工作服务模式“初具雏形”。张和清等（2008）于2001年、2008年、2009年相继在云南平寨、四川映秀以及广东从化三地开展农村社会工作服务，探索形成了独具一格的“绿耕模式”。2007年的“万载模式”是在江西省全县、乡镇以及村落等层面和民政、教育、卫生等多个领域推进农村社会工作，强力推动当地农村社会工作向下、纵深发展。2017年的广东“双百计划”更是针对粤东西北地区开展广泛的农村社会工作服务。2020年，广东省民政厅、财政厅等五部门联合印发《关于实施“广东兜底民生服务社会工作双百工程”的通知》，明确强调要在2022年底实现广东省村（居）社会工作服务站（点）全覆盖、困难群众和特殊群体社会工作服务全覆盖。

中国农村社会工作得益于项目运作等形式嵌入农村社区之中，社会工作的专业属性与农村社区的本土属性也是在服务项目嵌入过程中实现“双向融合”。农村社会工作不是落叶无声，也不再是被“牵制而动”，而是“润物细无声”般地由浅入深，真正地融入农村社区之中，助力农村社会服务与基层治理的多方面，同时也在互动中建构自身的专业价值和实践价值。

（四）当代农村社会工作服务模式的发展趋势

本章所提出的当代农村社会工作服务模式的发展趋势，既是对上文国

① 王思赋. 中国社会工作的嵌入性发展［J］. 社会科学战线，2011，2：206-222.

内主流的农村社会工作服务模式的主导要素、时代机遇以及整体优势三方面比较分析的进一步凝练，也是总结当下社会工作介入农村社区服务与发展的动向趋势。综上所述，可见当代的农村社会工作服务模式呈现出如下三个方面的发展趋势。

其一，政社合作化。我国农村社会工作的发展与西方农村社会工作起步一致，都是依靠民间组织和知识分子自发推动起来的。在政府介入之前，无论是在云南、湖南、江西，还是在广东，社会工作专业的高校师生均为中国农村社会工作实践探索贡献了重要力量。但随着农村社会工作建设与发展逐渐深入，政府的作用也随之越来越突出。社会工作服务本质上是公共服务体系或是社会福利服务体系的内容之一，政府自然要在农村社会工作服务和发展中发挥应有作用。当下，究其政府或高校等社会力量一方的作用已成为过去。我们需要看到在政府购买服务/岗位形式下的农村社会工作服务糅合了政府与社会的协同力量，在保证政府职能不缺位的同时，也能进一步拓展社会力量以及专业力量的参与程度，更是对农村社会工作扮演何种角色、为哪些人群服务、承担哪些工作任务、发挥何种作用等创造更多的弹性。

其二，专业本土化。农村社会工作更加注重“在农村情境之中”。已有的农村社会工作实践要求农村社会工作者贯彻同吃同住同劳动的“三同”驻村原则，且更强调农村社工的身份原则，鼓励更多的本土社工或是回家乡发展的社工人才参与专业服务的开展，致力建成稳定的、本土化的农村社会工作者人才队伍。作为本土化的专业工作者，主动关注并及时回应农村贫困人口和留守人口的问题与需求，为农村社会工作的本土化理论和技术方法的建设与发展铺设了更多的潜在性与可能性。同时，农村社会工作是嵌入、融入双向发展的，还要充分赋权农村社区和社区成员，关注在服务活动中发掘本土人才，参与热情较高的、有一定威望和号召力的、土生土长的农村社区成员是农村社区可持续发展的内生动力。进而培养和发展农村地区本土化的社会工作人才，逐步组建本土社区组织和搭建本土发展平台，探索本土的农村社会工作服务模式，让社会工作的理念与方法真正地在农村生根发芽。

其三，社区发展化。农村社区人口分布散落和问题需求纷杂，且财政能力和服务资源均逊色于城市社区，这均为农村社会工作介入创造了多重困难与挑战。但农村社区发展与农村社会工作是共生关系。农村社会工作作为农村社区和社区成员之间的纽带，农村社会工作应当秉持发展性的行动取向，关注“有什么”“怎么用”，而非“缺什么”“没有用”，聚焦于农村社区及成员的优势、能力和资产，从传统的救助帮扶实践转向现代的综合发展的实践，强调依靠农村内生力量来帮助个人和社区的增权，构建多层次、全方位、强有力的社区支持网络，从而实现社区可持续发展。

第三章　从化农村社会工作服务模式

一、模式的由来

（一）项目缘起

2019年，广东省广州市从化区入选全国首批乡村治理体系建设试点。从化区好比广东实施乡村振兴战略和农村社会工作服务的一块试验良田。2011年，从化区在北部山区良口镇长流村及乐明村启动首个农村社会工作专项服务项目。从化区持续地在探索乡村治理、发挥社会力量助力乡村振兴等方面走出创造性、专业性和科学性的“从化步伐”，也形成多元力量参与乡村治理、乡村振兴战略的多样“从化模式”。

2020年，站在新时代的背景下，从化区敢于走出农村社会工作服务的“常态圈”，立足于本土实际，再度先行先试，力推农村社会工作服务出新出彩，以政府购买社会工作服务的方式设立了“和美乡风”社会服务专项项目，委托社会组织等专业的社会服务力量来共同探索、构建新时代农村社会工作服务的新步伐、新路子和新模式。

和美乡风项目为期1年，采购服务自2020年3月20日至2021年3月19日止。专项调研团队曾以走访座谈等形式多次深入从化区江埔街道F村、J村、鳌头镇D村以及吕田镇S村等村落开展实地调研。结合对村落的地域分布、村情风貌、交通经济、人文历史等情况的综合分析和研判，最终确定试点落在从化区鳌头镇D村和江埔街道F村（见图3-1）。这是从化区农村社会工作服务从成熟的北部区域转向“亟待攻坚”的南部区域的首次尝试。不仅开拓了从化区南部乡村的农村社会工作服务的疆土，也

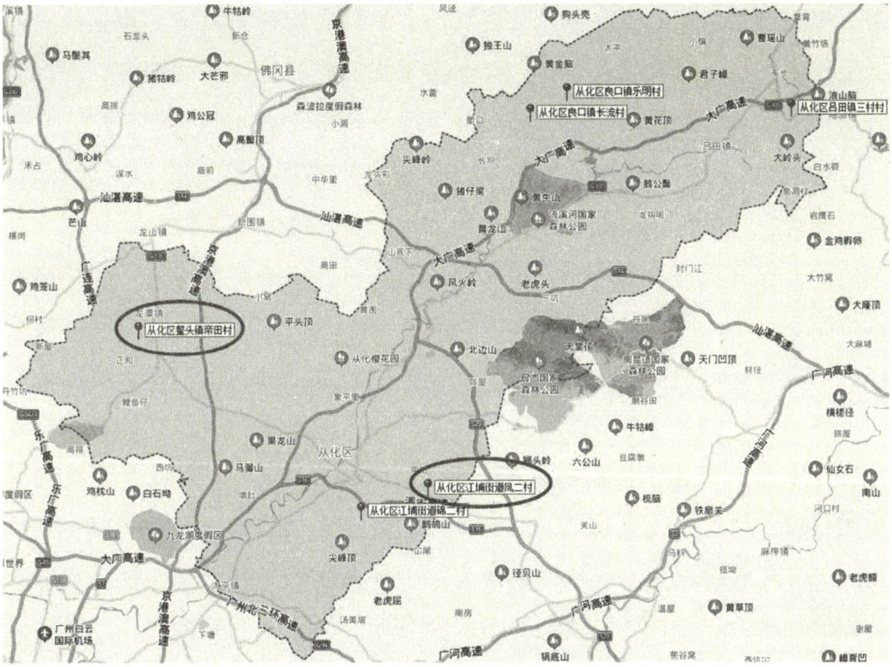

图 3-1　从化区农村社会工作服务调研的相关村落分布

注：圈内为和美乡风项目的两个试点村（居）。

充分拓展了社会力量和专业力量扎根农村的在地作用，让帮扶更多留守困难群体、形成多元主体协同治理局面成为可能，有助于探索和丰富更具有从化特色的、与中国社会发展新的历史方位相接轨的农村社会工作服务模式。

（二）介入计划

和美乡风项目是以促进从化区农村社会工作出新出彩为总发展目标，以“半年见成效、一年成模式”为建设目标，在从化区鳌头镇 D 村、江埔街道 F 村两个村（居）开展为期 1 年的农村社会工作服务实践与探索。立足于村落的发展现状、特点及优势，项目将专业服务真正下沉到基层并延伸到农村社区，派遣 6 名专业社会工作者及至少 1 名社会工作专业研究生扎根农村，拟完成营造文化氛围浓厚的乡村环境、开展社会工作专业服务、提炼符合从化农村特色的共建共治共享社会治理新模式、建立高校社会工作实践基地四大服务内容，整体实现提升农村社区公共服务、提振农民精神文明风貌、提高基层农村社会治理能力和带动当地内源式发展。

《乡村振兴战略规划（2018—2022 年）》中将村庄划分为集体提升、城郊融合、特色保护以及撤并搬迁四大类。[①] 在对从化区鳌头镇 D 村、江埔街道 F 村开展需求调研中，发现和美乡风项目中的 D 村或属于集体提升类村庄。村庄人口基数大，传统色彩浓厚，但人口结构多以三留守人群为主，地理位置较为偏僻，发展规模不够突出。大致分为，一是三留守人群占主体，长者服务需求多；二是内外部社会资源关系相当稳固，趋于常态化合作形势；三是村中闲置场地较多，用途较为单一。F 村或属于特色保护类村庄。现代化改造明显，目前该村的客家文化规划已基本完成，是从化区的文化旅游景点之一。大致分为，一是人居环境建设贴合社区内在文化发展需求；二是社区生计发展衍生新方向、新形式和新内容；三是社区有更多元的发展诉求和意愿。

（三）介入情况

笔者作为和美乡风项目的“农村实习社工”，时值 2020 年全球应对新冠肺炎疫情的特殊时期，2020 年 4 月，开始线上参与到江埔街道 F 村社工服务站的服务与工作中。2020 年 7 月—2021 年 1 月，线下实地到 F 村社工服务站驻村实习，协同站点专职社工，为服务对象提供专业服务。一是边驻村实习，边积极检索、归类整理和阅读思考相关文献资料超过 200 篇。二是边出思路边反思，笔者农村实习的扎根心得有 18 篇，将近 27000 字。基于实务实践和个人扎根笔记，阅读相关专著、学习行业大咖的最新思想，不断地将其融入自身的社会工作介入农村社区的工作模式研究之中。

D 村和 F 村两个村落总人口超 5000 人，其中留守儿童、留守老人和残障人士约 2000 人，约占总人口的 40%。D 村社工和 F 村社工扎根农村开展

① 中共中央 国务院印发《乡村振兴战略规划（2018—2022 年）》，http：//www.gov.cn/gongbao/content/2018/content_ 5331958. htm.

社会工作专业服务，一是聚焦特殊困难群体，着力解决留守老人、妇女及儿童的需求，如分别开展儿童课业辅导、课外艺术培育、长者茶话会、志愿服务培育课堂等多场，累计服务2374人次，实实在在地为开展兜底服务提供鲜活样本；二是聚焦村民内生力量，借助从化区社区社会组织培育孵化基地，着力培育参与社区治理的主体力量，挖掘村民骨干达25人，志愿者百余人，累计志愿服务时数达2868.5个小时，培育出小哪吒志愿服务队、青年志愿者协会、花木兰艺术团、花木兰志愿服务队和金凤凰协会等8个本土社区社会组织，为激活乡村自治活力提供精品佳作；三是聚焦推动城乡融合，双向联动“引进来”和“走出去”，组织搭建从化“城乡融合”公益助农交流群和从化乡村公益助农微店2个线上城乡贸易平台，累计售出农产品金额超过4000元，恒常且持续地为推动城乡一体化发展提供经验做法；四是聚焦共建共治共享出新出彩，着力总结社会建设规律性成果，现已基于新时代背景下，以及农村社工扎根乡村实践行动的总结和反思之上，以期探索出符合农村社会工作发展趋势、新时代乡村建设与发展的服务模式。

农村社会工作进入乡村、社工下乡是“大农村社会工作”和“小农村社会工作”双结合的时代发展趋势，既要重视个体层面的服务对象问题及需求，也要关注组织层面的社区共同体的培育与联动，更是发挥“农村社会工作的想象力”，与时代相结合、协同践行、助力乡村振兴战略全面实现。

二、模式的主要内容

农村社会工作发展显露新机，陈涛等（2020）强调我国基层乡村治理离不开三大主体力量的作用，分别为权力下放的国家政府力量、横向协同的社区服务力量以及自下而上的民众参与力量[①]。同时，我国各地近二十年的农村社会工作服务模式的实践探索既突出了国家政府力量、高校社会

① 陈涛，胡沙，杨欣然．农村社会工作服务机构在乡村治理中的协同作用——基于Y农村社工事务所在Z村的经验分析［J］．学习与实践，2020，1：108-114.

工作专业力量和社区社会力量，又表露了各自在建设、参与和发展之间的平衡关系和作用发挥。农村社会工作进入快速发展的新阶段。

和美乡风项目的社会工作者扎根农村大地，坚守社区发展、优势视角和乡村建设等理念，在村子里“埋头苦干”“认真钻研”。鉴于对国内主流的农村社会工作服务模式实践文本的比较分析成果，结合自身在广东增城、韶关等地的实践与调研经验，再借助在从化农村社区半年之久的行动实践、服务一年多积累的第一手文本资料、当地同工村民们的体验反馈等，笔者对社会工作介入从化农村社区的模式的主要内容归结为四大行动：一是建设乡村社工服务站，保证农村社会工作服务能真正落在村（居）；二是主推幸福学堂和幸福食堂服务，深度回应农村“三留守人群”，精准捕捉老人、儿童和妇女的需求；三是联动爱心地图、如愿行动和社区基金等资源，聚焦农村社区当前和未来的可持续发展议题；四是打造社区参与的村民议事基地、志愿服务基地、社会组织培育基地和城乡融合实践基地的四大发展基地，激发内生发展活力、动力和能力。

（一）落在村（居），建设乡村社工服务站

农村人口众多，层次跨度也多，从县到乡、镇街，再到行政村，再细化到每一条自然村。类似于“双百计划”，诸多乡村社工服务站点设在镇街，公共服务设施也集中在镇街等城镇区域，致使现实中的农村社会工作服务难以真正企及。笔者在与江埔街道社工服务站的一位社工对话中了解到，在建立乡村社工服务站前，F 村平均每两个月能获得 1 次江埔街道的社会工作服务，但这还得视当时镇街社工站点的工作负担情况而左右不定。这就好比兴起之时往大海里抛掷一颗小石子，石子微小到不会在海面上溅起水花，更别谈这还会对村子或是服务对象产生何种改变或是带来何种作用。

和美乡风项目要求乡村社工服务站要切实落点农村社区。F 村是从化区江埔街道辖内的行政村，村域面积约 11 平方公里，下辖 22 个村民小组。D 村是从化区鳌头镇的行政村，村域面积约 4.3 平方公里，下辖 17 个村民小组。由此，F 村充分考虑自然村以及人口的分布情况，综合考量选择人

口较多的自然村之一的祠堂进行改造，虽起初是依靠村委大楼进行办公、宣传和开展服务活动，但在搬迁到独立的乡村社工服务站之后，有了更多服务对象认识到农村社会工作服务，也认知了社会工作者与村委干部是截然不同的“两套人马”。D 村的乡村社工服务站则与村委大楼相距百米之内，设立在村中综合楼内，实则开拓村中已有公共空间，借助村中图书馆、妇女之家、儿童之家等原有资源，为农村社会工作服务“保驾护航”。

蒋国河（2017）强调基层社会工作服务站设在农村社区里是最为理想的模式。[①] 相较于选址在镇街，落地行政村才能更为深入地辐射到村民身边；相较于选择在自然村，落地行政村或能更综观村落发展的全貌，也会将专业服务的作用挥洒得更为极致。

（二）精准需求，主推幸福学堂和幸福食堂服务

农村社会发展不容忽视的庞大群体是农村的“三留守”，即留守儿童、留守妇女和留守老人。《乡村振兴战略规划（2018—2022 年）》明确强调要为农村留守儿童和妇女、老年人以及困境儿童提供关爱服务。[②] 幸福学堂和幸福食堂都是相当直接的农村社会工作服务。顾名思义，幸福学堂是为留守儿童、妇女和长者开设的周末学堂，为服务对象提供健康保健、诈骗预防、社交技能、亲子互动、课业辅导、艺术教育等方面的知识讲座、小组活动，满足“三留守”人群的个性化、多层次、多元化的关于个人成长、能力建设以及社区养老等服务需求。幸福食堂则是为社区特定人群开设的社区饭堂，以社会协同、互助共建等方式为有就餐需求的社区群众提供助餐配餐送餐服务，切实提升社区群众饱腹感、获得感和幸福感。幸福学堂和幸福食堂以儿童和长者为主要对象，满足儿童、长者日常需求，也能为妇女创造一些就业机会和志愿服务活动，释放妇女力量，还能促进妇女的自我认同、自我价值和社区参与。

---

① 蒋国河．中国特色农村社会工作：本土化探索与实践模式［M］．北京：社会科学文献出版社，2017：110-112.

② 中共中央 国务院印发《乡村振兴战略规划（2018—2022 年）》，http：//www.gov.cn/gongbao/content/2018/content_ 5331958.htm.

农村社会工作本就与城市社会工作大相径庭，服务指标固然是检验社会工作服务成效的重要标准，但如何将服务目标、服务对象、服务内容融入农村社会工作服务之中才是发挥社会工作实效的重中之重。显然，这既能实现直接服务，将专业方法中的个案工作、小组工作、社区工作等有效配合，满足不同服务对象群体的多样化需求；也能实现间接服务，以社区发展为本，带动更多服务对象走出家门、走近社工、融入社区之中，让服务更加贴合服务对象、贴近社区，也让农村社会工作服务有更多无限可能和生机活力。

（三）聚焦发展，联动爱心地图、如愿行动和社区基金资源

当前，农村社会工作服务多以基层民政领域关注和重视的问题及需求为切入点。正如和美乡风项目的农村社工在入驻农村社区之后，便主动与村委干部及其民政干部建立良好关系，获取村中最为准确的民政服务对象名单和了解民政服务现状、困境及需求。随后，与政府部门、村委干部建立友好合作的伙伴关系，以资源联动、互助、共享等形式构建政社友好互动和合理分工的新时代农村社会工作服务运作体系。

爱心地图、如愿行动和社区基金均是从化区民政局为新时代乡村社会治理所创立、搭建的资源平台。爱心地图是发现需求的平台，为实现困难群众精准帮扶提供坐标定位、服务需求以及落实追踪等信息支持。如愿行动是解决问题的平台，将各个站点的农村社工收集的困难群众微心愿上传到平台，链接爱心人士、热心群众来为其实现心愿，连接成多元自助互助网络。两个试点农村社区的社工在探访中了解困难群众的真实需求，链接平台帮助服务对象实现微心愿，现已借助如愿行动平台为其实现了20余个微心愿。社区基金则是筹集资金的平台，农村社工在广益联募上发布专项的农村社区基金项目，从而面向社区、企业、村民等群体广泛筹集社区的发展资金。D村社工围绕“德孝”计划筹建专项社区基金，F村社工则以社区长者就餐资助帮扶计划建立专项社区基金，在众多爱心人士、团体和企业的大力支持下，D村和F村两村累计募捐金额高达35255元。

农村社工作为农村社会工作服务的提供者，政府部门作为农村社会工

作服务购买的委托方，彼此之间的关系建立和处理方式则显得尤为重要。政社合作早已成为新时代公共服务、社会福利建设与发展的趋势之一。这要求农村社会工作在入驻时，摆正与政府部门合作沟通的方式与内容。农村社会工作服务要想真正落地，光靠乡村社工服务站点、农村社会工作者扎根乃至服务开展是无法站稳脚跟的。在充分发挥政府公共服务和社会福利等的作用之余，政府还要充分保障农村社会工作的专业自主性和可为性，以及有效发挥政府财政性资金支持、专项投入更为之精准，实现有限的资金服务于最为需要的人群和领域，从而发挥最大效用和社会经济效益，最终当然也会实现农村社会工作的健康良性发展。

（四）内生增能，打造社区参与的四大发展基地

王思斌（2017）重申除了关注反贫困、留守儿童、留守老人关爱服务等的焦点领域之外，农村社会工作应该更加关注社区建设、营造以及发展等重点议题的任务目标和服务实践。① 正如在直接为服务对象提供服务之余，和美乡风项目主动地为社区“搭台唱戏”，注重对社区积极分子的增权、强能，培育社区社会组织和社区自助互助团体，挖掘社区内部资源，激活社区内生动力，增强社区自我发展能力，逐步实现农村社会工作与农村社区及服务对象间互动式、参与式和内源式建设与发展。

村民议事基地、志愿服务基地、社区社会组织培育基地、城乡融合实践基地均是和美乡风项目的农村社工在村中搭建的社区内生建设的发展基地。借此四大发展基地，农村社工依托村民议事基地，逐步引导社区及村民积极共同探讨、商定村中大小事务，小到关爱困境长者服务活动形式，大到参与社区公共空间的规划设计，由内及外激发自治动力；再而依靠志愿服务基地，将村中更多的热心村民收入囊中，培育守望互助精神，有效发扬自助互助的社区志愿精神；进而依傍社区社会组织培育基地，孵化一大批社区骨干、组织力量来有效助力，更是真正实现“助人自助”、内生

① 王思斌．我国农村社会工作的综合性及其发展——兼论“大农村社会工作”［J］．中国农业大学学报（社会科学版），2017，3：5-13.

建设、可持续发展的新引擎；最后依赖城乡融合实践基地，联动城乡互联互通，链接多元资源支持农村社会工作服务的建设与发展，实现更为合理地平衡农村内外部力量作用其中。

农村的发展基地犹如乡村社工服务站的衍生物。一来减少因农村社工队伍“单枪匹马”干的限制，最大限度地发挥农村社会工作服务的效用。仅仅依靠个数单位的农村社工来完全实现村域面积广、服务对象群体多、发展议题广的村落提供全方面、多层次、多样化的服务活动，未免有些不现实。因此，农村社工充分发挥自身引领和指导的角色作用，利用在地优势，以基地为据，关注对服务对象乃至社区的意识培养和能力发展。二来为农村社工离开后，留下可持续留存于本土服务、参与和发展的根基。

终有一天，农村社工会离开农村。现在的农村社会工作服务常态是，许多地方的实践因农村社工的离开便“一夜回到解放前”，常如“雁过了无痕”。这便是当前我国农村社会工作实践所面临的一大困境，许多农村社会工作服务会随着农村社工的离开而终止，使得农村社区也难维持持续动力。但张和清（2021）曾在农村社会工作模式构建讲座中分享道“社会工作的最高境界是没有社会工作”①。为此，农村社会工作服务更要看重自身的内生力量培育、建设与发展。和美乡风项目就是以打造乡村社区内生发展基地，以其建设农村社会工作服务的本土创新和内源动力。或许，未来这能成为破除农村社会工作抽离农村社区发展困境的一大强而有力的介入策略。

三、模式的推动原则

发展为本的农村社会工作服务模式指的是在社区发展理论指导下，农村社会工作者以乡村社工服务站为点扎根社区，关注社区居民发展、人际关系发展、组织规范发展、文化发展以及整体发展等方面，善于运用社会工作专业方法与技巧，多举并行、内行有序，逐步满足社区需求、解决社区问题、推动社区建设与发展的一种具有新时代建设与发展魅力的农村社

① 张和清．新时期中国农村社会工作的专业使命［J］．中国社会科学报，2021，1：5.

区工作模式。

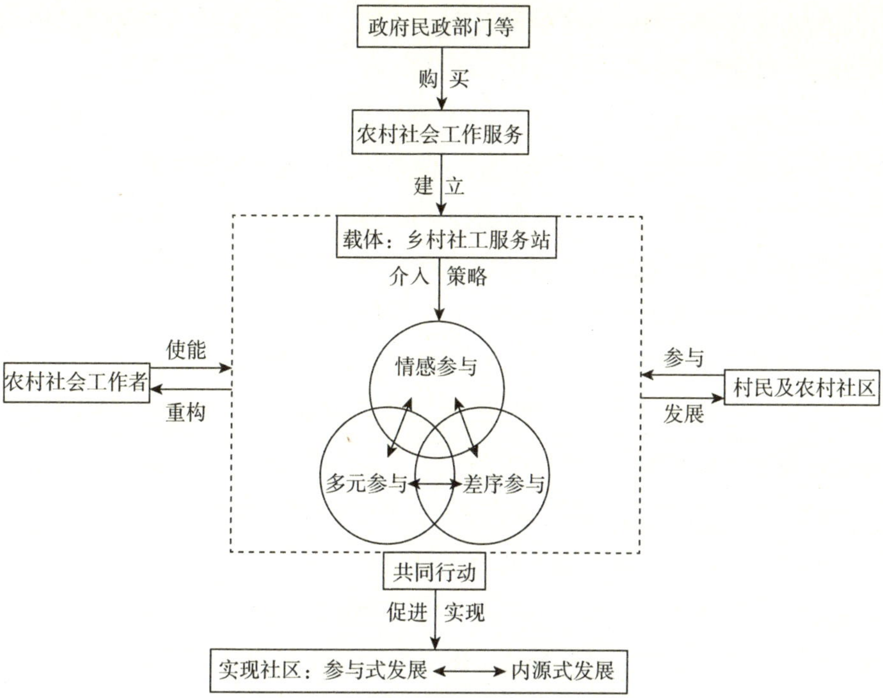

图 3-2　发展为本的农村社会工作服务模式框架（笔者绘制）

整体上看，如图 3-2 所示，发展为本的农村社会工作服务模式依托在政府民政部门购买的专业服务项目之下，农村社会工作者借助乡村社工服务站为载体扎根农村社区的实践探索。在社区发展理论指导下，农村社会工作者重点关注农村困境人群的照料服务、“三留守”人群的关爱服务和社区建设与发展等方面服务，糅合社会工作专业理念、方法和技巧到模式的情感参与、差序参与以及多元参与三大策略之中，以达至目标。

1. 在情感参与层面，农村社会工作者主动向最急需服务的需求人群和领域提供民生政策和资源，在保障兜住底线的同时鼓励、转化和发展社区内生力量。

2. 在差序参与层面，将目光从个体转向群体，从个人转向家庭，从非正式转向正式，动员社区志愿者参与服务，发展社区社会组织，一步步地引导村民参与进来。

3. 在多元参与层面，关注对社区的赋权、培力和发展，借助社区社会组织和社区团体的力量来发掘社区内部资源、全面激活社区内生活力、提升社区整体发展能力。

4. 需要注意的是，服务模式虽包含了情感参与、差序参与以及多元参与三个层面的策略，但并没有强制必须遵循“情感参与→差序参与→多元参与”依次开展专业服务，三个层面的介入应当是同步的、循环往复的，但在每一层面要实现内部的循循有序、稳步推进。

5. 农村社会工作者合理发挥基层政权的国家政府力量、社会工作的专业力量、社区内部的社会力量以及民众多元力量来多向发力，共同行动，才能达至促进和实现农村社区本土的参与式和内源式的双向发展。

接下来，笔者拟重点围绕该服务模式的相关要素展开论述。

（一）农村社会工作要时刻处在情境中

社区发展理论强调要在实践中解决社区所面临的共同问题，促进社区的进步与发展。相较于城市社会工作，农村社会工作自有其乡土气质的独特脉络；相较于不同地域不同发展程度的农村地区，农村社会工作也有其独特性和本土性。

“除了F村、D村，我们也常常到其他乡村走访调研。真正能深入到乡村服务的社会工作者也没有多少个。与双百设立在镇街的社工服务站相比，项目试点的农村社工服务站显然就走得更加扎实，也更有‘真材实料’的乡土气息。我们当初也是需要尝试，想要探索农村社会工作这般方式是否能真正走到村民的心中，更是为了找寻往后的民政工作与服务该侧重往哪边去靠的答案。”（MZ001，202009）

“虽然D村和F村很多方面的农村社会工作服务路径是相似的。但两条村之间呈现出来的效果、特色是不相似的。我们看到，D村是渐渐显露出德孝传统文化的韵味，而F村则是越发显现出传统与现代双融合的风格。”（MZ002，202009）

这便要求农村社会工作者要基于已有的农村社会工作发展基础，审时度势，从农村社区本土出发，严格依据不同的社会发展背景、村落实际情况等对专业服务进行具体设计，不可照搬照抄。在关注农村社区的共性问题之余，也要对异质性问题进行协调和处理；在激发农村社区的内生动力之余，也要充分利用社区本土资源、本土力量，保持乡土意识和特色；在发挥社区本土资产、能力等方面，时刻不忘社区发展的内在情境，在社区中发挥村民、社区自组织的作用，再实现促进农村社区整体发展。

“我们都知道农村社会工作要从‘同吃同住同劳动’三同入手。一开始入驻农村的时候，我们同工花了差不多两个星期的时间，在村子里钻来钻去，不仅是为了‘刷脸’，更是为了了解自然村的分布情况、人口分布以及发展特征。每天走完，我们都会在站点里彼此分享、总结。让我们真正学会了处身于社区情境时，才开始推进下一步的服务计划。”（JG004，202010）

（二）农村社区是村民自己的

社区发展理论的核心要素在于突出社区内各种主体的作用，鼓励他/她通过互动、交流、沟通等形式参与到社区建设中来，不断以自身行动来满足生活、情感和交往等物质、精神和社区所需的发展。农村社会工作始终要向村民强调：“社区是自己的社区，无论是建设，又或是发展，都是需要贡献自己的一份力量。”

“社工没来之前，我们这一群妇女也有跳舞的爱好，也会三五结对地跳。但就是没想过可以组建个队伍一起跳、一起玩。更何况现在还会在村子里面演出，我们姐妹们都表演好多场了呢。”（CM005，202009）

“社工进来了之后，村子里有了很多变化。我们有了村民群，上面经常会发一些活动，有小孩的、老人的，还有社区的。感觉我们的生活越来越丰富了，把大家都从家里拉了出来，好像我们这里边更加热闹了。”（CM018，202009）

大多数在一线的农村社会工作者，要么是外来的专业社会工作者，要么便是隔壁或是相近镇街的“半本土”的专业社会工作者，这便意味着不仅农村社会工作服务项目会有服务期限，农村社会工作者也有服务期限，他/她们不会永远地留在社区里，个人心中追求的跳板也一直在挑战农村服务的现实。倘若农村社会工作服务仅依靠农村社会工作者单向互动，那么再好也只会是昙花一现。因而，农村社会工作者得从一开始便立下服务基调："农村社区是村民自己的，要建设好参与、协作，乃至主导到社区的建设与发展中来。"要主动、鼓励和带领着村民逐渐从旁观者、接受者，向参与者、协作者发展，再向策划者、主导者等转变。

"我也不知道自己能在这个村子干多少年的乡村社工。我想的是，只要在这里，我就多为这个村子、村民们考虑能留下些什么带不走的东西。毕竟我们这些社工总有一天会离开的，只有在这里土生土长的村民们才是最恒久、最值得的依靠。即使村子里也会有离开的人，但他们的根在这里，他们最后也是会回来的。而我们离开了，就是真的是头也不回地离开了。"（SG001，202010）

（三）农村社会工作要"化被动为主动"

当然，社工下乡、服务下乡，这便明确农村社会工作者进入农村社区，不能不劳而食，要化外来人的被动为驻村人的主动。显然，单靠农村社会工作者一方力量来开拓农村社区服务的疆域是薄弱的，只靠在村子里走来走去地"刷脸"来获取村民的信任和拉动村民参与进来也是不可能的。农村社会工作者是被动的，少了农村社区的立场，少了村民们的声音，少了社区内生主体的话语和参与，再好的农村社会工作服务规划和推进更像是社工们自娱自乐、自导自演的一出戏。

"村民一开始大多都是袖手旁观的，我们社工不能就这样被表象挫败。社工要自己学会融入到乡村中去，主动到田间地头里，与父老乡亲们搭搭话，或者向村民们寻求一些微小帮助，如村子哪里有竹子，或是咨询是否有认识村子里做土木的资源。在得到村民的帮助后，社工多用些言语和行动来表达对村民支持的感谢。这样一来一往，自然就会有故事了。"（SG002，202009）

"我们在村子里做服务，很多时候需要村民们给予很多的支持。比如入户探访，我们手上有民政兜底服务对象的信息，知道他/她家地址在哪，

但不一定能找得着家门口，这些地址也不是能靠导航就能找到的，这时候村民的帮助就十分必要了。”（SG004，202010）

农村社会工作者要明确自身是建设新时代中国特色社会主义农村的参与主体之一。一是学会贯彻落实国家和行业专业发展战略，主动地适应新时代、新形势和新发展对于专业服务的要求。二是与服务对象、社区多元主体建立良性互动，关注农村社区自身的问题和需求，也要主动地向有需要的村民提供服务。三是要主动地在农村社区中实现本土化与专业化的可为与有为。农村社会工作要做好将国家政策转化为专业服务的主动，同时也要摆脱外来嵌入的被动，投身于农村社区之中、村民身边，善用社区资源，从而调动村民的积极性、主动性和可为性。

四、模式的形成策略

（一）情感参与：做农村社会工作的精细化服务

乡土中国，离不开血缘、地缘的亲近之脉，更离不开那难以割舍的“人情”。我国农村社会工作服务实践是以农村为场域的本土服务，也是以村民为主体的专业服务，更是以情感为载体的在地服务。农村“熟人社会”更加无法弥散的、无处不在的是那份情。以此，发展为本的农村社会工作服务在个人层面上的实践路径更强调每阶段行动的情感参与程度（见图 3-3），鼓励农村社会工作者在不同的行动实践阶段之中规制出、维系住、发展好不同的专业服务和情感流露。

“情感”一词往往与专业服务“不匹配”，不然两者碰撞就会形成服务不专业的巨大张力。但人的工作本身就是情感的工作，完全割裂开来也是不现实的。且此处的“情感参与”显然不是狭义的乡土人情世故，而是内含丰富感情色彩的多元情感要素，当然也包含人情在内。农村社会工作者不能对乡土情感避而不谈，而要看到作为个体的“每一个人”，也要看到作为群体的“她/他们”，还要看到整个社区的过去、现在和未来，技术理性固然不能丢失，但情感治理则是亟待回应的发展命题。

“如果说我们社工的服务都完全保持价值中立，你敢相信，我都不敢

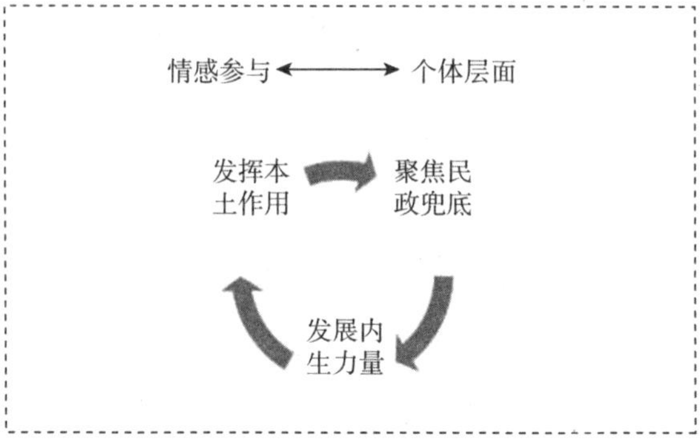

图 3-3 发展为本的农村社会工作服务模式在个体层面的行动策略（笔者绘制）

说出这大话。拿了群众一针一线的服务就不是专业服务了吗，这话就不能套用到我们农村社会工作者身上吧。你不拿，服务对象会觉得你不把他当自己人，反而会不理解你，甚至质疑你。拿了也不是光拿，像我们的邻里花园，村民从自己家里拿一点，花盆、水缸、竹子、石头、废旧轮胎那些都是村民捐过来的。我们后面在宣传以及花园的环境规划上都分别写上了他们这些捐赠者的名字。我们不是白拿，相信这都是社工们花了好久‘感情牌’功夫链接回来的社区资源，也会是未来农村社区治理迈向主体认同、关系重建、情感柔化的很大一步。”（SG004，202010）

发展为本的农村社会工作服务模式强调农村社区服务对象的主体性，同时更加倾向于重构社区治理中的关系惯性，借以对农村社区情感的再生产干预来协调社区成员之间的关系、发展社区建设的无限可能。这主要分为三个方面：一是采取民政兜底服务的“送温暖”的情感策略。农村社会工作者深入农村社区，始终将保障特殊困难群众的兜底服务放在首位，把党和国家政府的惠民便民利民政策落到实处，对特殊困难群体进行重点关怀。二是采取社区志愿服务的“送互助”的情感策略。农村社会工作者更加注重激活村民的公益、慈善和参与的热情，踏着社区志愿服务的脚步，逐渐在服务行动中拧成一股互帮互助的集体力量和社区氛围。三是采取“自己人”服务的“送认同”的情感策略。农村社会工作的“在地”优势，更多在于发挥“同声同气”的本土力量，如熟悉的本地语言等。这对农村社会工作者提出了较高要求，这也是政策从吸纳农村社会工作人才必然优先考虑的因素之一。当村民不断地接受社工传达出来的正向情感之后，自觉或不自觉地被“卷入”到社区服务与发展之中。这不仅会在正向互动激励中增加自身对社区的认同，也会不断地深化自身参与到社区中的行动，最终也能反向实现社区认同感、互助感和归属感等情感因素的与日俱增。

（二）差序参与：助力社区治理与乡村自治落地生根

社区发展的理论内涵及实务实践均注重调动社区民众的力量，鼓励发挥自身参与、协作等的主观能动性和集体力量来解决社区内部的问题与需求，最终达至社区的良性变迁。周晨虹主张要激活社区内在动力，调动社区关键力量与所有资源，更加积极主动地回应和发展社区所需，因地制宜地发挥社区组织的主导作用[①]。因而，发展本土社区社会组织、将社区原有非正式团体转化为正式团体、强化社区组织与社区各年龄层之间的互动与联系是发展为本的农村社会工作服务模式不可或缺的关于组织层面上的实践路径（见图 3-4）。

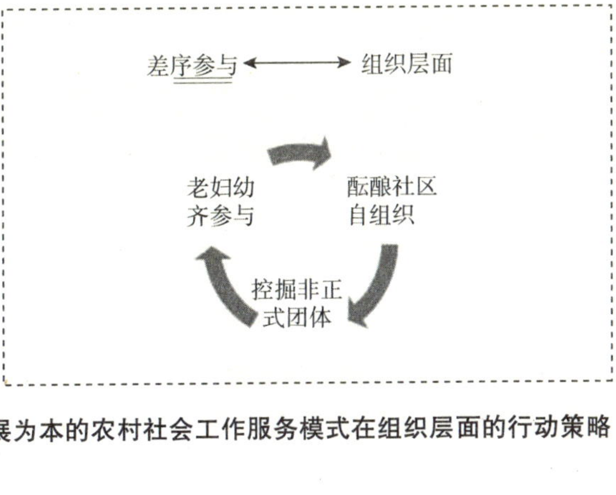

图 3-4　发展为本的农村社会工作服务模式在组织层面的行动策略（笔者绘制）

① 周晨虹．内生的社区发展：“资产为本”的社区发展理论与实践路径［J］．社会工作，2014，4：41-49.

以差序参与一词来简要概括组织层面的行动策略，主要表现在三方面。一是群体差序。社区发展注重内生动力，这就需要为社区内的长者、妇女、儿童等不同类型群体提供机会，通过享用服务、参与活动、志愿协作等形式走进社区，建立自信，并积极参与到社区建设与发展中来。二是领域差序。社区发展理论的核心要素包含着促进社区政治、经济、文化的全面发展。虽说农村生计发展是我国农村社会工作的核心议题，但不代表着其他领域就需要排着队“后发展”。我国农村社会工作聚焦社区内部建设与发展，充分盘活社区力量和资源，以实际行动，与农村社区的内生发展主体携手打通社区发展的政治、经济、文化等多处脉络。三是制度差序。社区发展理论强调政府与民众的共同参与，要依靠多元主体参与乡村自治来促进社区治理。这就要求我国农村社会工作所培育的本土社区社会组织不能仅作为项目的产出而存在、所作为，而是要进一步将其引导到基层社区治理的制度性建设之中。如在本土社区社会组织制度规范到一定程度时，鼓励引导本土社区社会组织领袖及成员们积极向上递交申报组织等材料，更多活跃在农村社区大小公共事务之中，不断在参与中稳固、探索和发展本土社区社会组织的根基。

（三）多元参与：共建、共治、共享农村社区可持续发展

张和清教授曾在《新时期中国农村社会工作的专业使命》一文中指出，社会工作的两大专业方向之一是社区发展。① 而社区发展理论的内涵又在于参与式发展与内源式发展的统一、微观与宏观的统一。我国农村社会工作要注重意识与行动的双重建构，将发展建立在农村社区内部现有元素与结构之上（见图 3-5），寻求社区生活不同群体、不同领域、不同系统之间的平衡，推动农村社区形成具有内生动力、可持续发展的有效机制。建立共建、共治、共享的发展机遇和空间不仅是回应新时代发展的专业举措，更是推动农村社区向积极、有力的方向发展的专业选择。

---

① 张和清．新时期中国农村社会工作的专业使命［R/OL］．（2021-1-5）．http：//ex. cssn. cn/zx/bwyc/202101/t20210105_ 5241827. shtml.

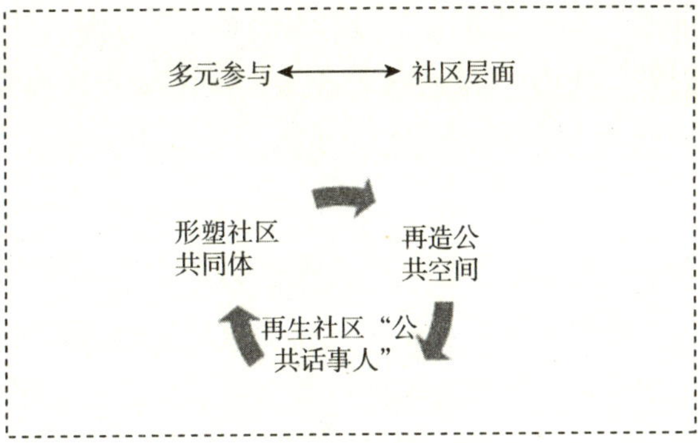

图 3-5　发展为本的农村社会工作服务模式在社区层面的行动策略（笔者绘制）

发展为本的农村社会工作服务模式在社区层面上的实践路径更加着重于营造社区公共空间、发展社区“公共话事人”，进而形塑共建共治共享的社区共同体意识和力量。多元这一词隐含社区发展的内生可塑在于，一是平台多元：农村社区内外部有形和无形的社区资本都是农村社会工作者为社区“牵桥搭线”的发展契机。农村社会工作者发挥在地性智慧，不断营造农村社区公共空间，不断创造农村社区公共议题，不断传播农村社区公共人物事迹，激发社区内部公共资源、文化等活力来促进社区主动发展；二是主体多元：农村社会工作从来就不是独角戏，村民是农村社会工作和农村社会发展的主体力量，农村社会工作者要“以人为本”，引导村民走出家门，凝聚社区长者、妇女、青壮年，乃至儿童们散落各处的力量，搭建起各具群体特色的社区社会组织，以志愿服务为先导，渐渐创造更多平等参与公共事务的机会，培养“他们”成为社区“公共话事人”，增加农村社区自身发展的社区社会资本；三是发展多元：王思斌（2017）指出农村社会工作主要还是经济、社会-文化和政治三大方面的问题[①]。农村社会工作早已不是单一的专业服务，而是一个综合的“多面体式”的专业服务。农村社会工作者面对整个农村社区的综合性、发展性情况，就必

① 王思赋．我国农村社会工作的综合性及其发展［J］．中国农业大学学报（社会科学报），2017，1：5-13.

须要做好“扩展性”农村社会工作的思想准备，系统地关注、判断整个农村社区的经济因素、社会-文化因素乃至政治因素交织发展情况，将个人、家庭和社区联系起来，在有所侧重的实践中综合推进农村社区的可持续发展。

“第一场村民议事会，是我们社工发起的关于社区公共空间的打造。村民代表也是社工通过邀请热心村民，再让村民拉上村民的形式。整个议事过程，社工做了很多引导和鼓励，村民们才表露自己的意见，推进也花了不少时间。第二场村民议事也是社工先发起的，是关于社区困难群众的探望方案制订的。从空间改造转变到入户探访，可能是议题更接地气了，参加的亲子家庭多数都是自愿报名的，协商议事过程也变得流畅。大多亲子都很积极地表达自己的看法和建议，社工后面也带着亲子家庭一起实践了商议敲定的方案，他们纷纷表示真实地感受到社区参与的魅力和力量。”（SG007，202009）

五、模式成效

无论是在介入到农村社区弱势群体需求服务当中，还是参与到基层社区建设与发展之中，抑或是协同到基层乡村治理探索与实践里来，农村社会工作者始终是新时代农村建设与发展中必不可少的“黏合剂”，既可以强有力地联结国家政府力量、社区社会力量以及民众多元力量；也可以为乡村建设与发展提供精细化、专业化和科学化的服务支持和保障，不断拓展和丰富在地服务项目的内容和形式。

在农村社区中，和美乡风项目的农村社会工作者综合扮演照顾者、协作者、陪伴者及同行者等多个角色，助人自助，满足服务对象的需求，为服务对象建档立卡、精准帮扶，同时还主动积极地引导服务对象参与到“助人”中来，凝聚社区共同体意识，从而逐渐地影响农村社区的建设与发展，促使农村社会工作逐步实现从嵌入、参与到发展，再慢慢并入到农村社区治理、建设与发展多举并行的多重格局中。基于对和美乡风项目的农村社会工作服务实践的情况，笔者呈现项目在末期评估报告中的指标完成情况（见表3-1），进而笔者再将社会工作介入从化农村社区的服务成效进一步细分为个体、组织、社区三个层面，以此展开总结、阐述和分析。

表3-1　和美乡风项目服务实践的指标完成情况

项目站点	指标类型	站点全年指标数量	末期完成指标数量	完成比例
D村	电/探访	300人次	302人次	106.6%
	个案工作	5个	5个	100%
	小组工作	6个	9个	150%
	社区活动	8个	28个	350%
	挖掘社区领袖	3名	6个	200%
	发展社区志愿者	50名	50名	100%
	培育社区社会组织	2个	3个	150%
	督导	12次	12次	100%
	专业培训	4次	4次	100%
F村	电/探访	200人次	202人次	101%
	个案工作	4个	4个	100%
	小组工作	5个	5个	100%
	社区活动	10个	37个	370%
	挖掘社区领袖	5名	12个	240%
	发展社区志愿者	50名	50名	100%
	培育社区社会组织	3个	5个	166.7%
	督导	12次	12次	100%
	专业培训	4次	4次	100%

资料来源：和美乡风项目2020—2021年度社会工作专项服务-项目评估工作末期自评报告。

（一）个体层面：满足农村社区村民需求，增强内生参与动力

1. 聚焦特殊困难群体，着力满足留守老人、妇女及儿童需求

民政服务、农村社会工作与农村社区发展自当是交互相融的。兜底性服务不仅是农村社会工作服务至关重要的一项服务内容，更是推动农村社会工作“脱虚入实”和服务民生到“最后一米”的关键所在，也是社区建设与发展的核心任务。

F村和D村的留守老人及留守儿童、残障人士约占总人口的40%，聚焦村中特殊困难群体自然成为驻村社工的首发之选。农村社工落地乡村、进村入户、直面服务对象，充分借助当地民政干部的工作优势，已为农村残障、五保、低保、低收、困境儿童、事实困境家庭等分类建立弱势群体档案，以及利用区民政局的爱心地图平台，定期对特殊困难群体进行入户探访，链接社区志愿者100余人次协同提供服务活动，累计电话、入户探访慰问超2000人次，其中登记探访记录超过500人次。

2. 转化服务对象为内生优势，活化社区内生发展的存增量

服务对象本就不是“烫手山芋”。学界和实务界曾主张留守老人、妇女及儿童是农村社区建设与发展的问题所在，但也早已成为过去。和美乡风项目的农村社工主张采用发展性的工作策略，借下文例子1花木兰志愿服务队培育的实践来说明农村社会工作可以以何种方式手段来实现在帮扶村中困难群众中发挥个中的优势作用。他们也是一步步地将零散的五六个妇女个体发展培育成成员有十几位的妇女团体，逐渐激活社区内生发展的“存量”和“增量”动力，转化留守老人、妇女及儿童参与社区的发展优势，达至人人齐心协力，共同助推社区建设与发展，最终助力社区可持续发展。

例子1：以F村培育社区社会组织——花木兰志愿服务队为例。F村留守妇女有445人，约占总人口的13%。在驻村不久，F村社工便发现村中妇女亲和力强、感情细腻且富有爱心，还发现她们对参与村中大小事务有着极高的积极性和主动性去付诸行动。于是，F村社工决定以发展的视角来重新定义农村妇女，尝试用时代的话语和策略激活农村妇女的内生活

力——一场春耕摄影比赛活动。农村社工鼓励妇女们慢慢地在参与中找寻其在社区建设与发展乃至于公共事务参与的地位作用和独特魅力。而后，在社工支持和指导下，个别妇女骨干、巾帼党员作为核心成员组建了花木兰志愿服务队。在自家姐妹的榜样作用和影响下，后来有了更多妇女加入队伍中来，一起投身到社区志愿服务和社区建设中。（根据项目文书 HC-FE-2020-A-06 整理而成）

3. 培养本土社会工作者，让专业实践发挥本土有所为

农村社会工作要从农村自身的本土出发，来制定符合村情、贴近村民所需、适合农村发展的专业服务规划和方案。和美乡风项目尝试性地培养本土农村社会工作人才。本土农村社会工作者相较于外来专业社会工作者，其有着天然的血缘、地缘基础优势，首先可破除语言不通或是语言受阻（地方性话语总有些偏差和地域口音）等的障碍，搭建服务畅通的沟通桥梁，在面对服务对象时充分发挥语言优势；其次有着较强的农村社区人际关系基础，对于村民来说，散发着由内而外的亲切感、信任感，这更加有助于开展相关服务活动。我们可在农村社区本土上关注更多普通村民，无论是妇女群体，还是在乡青年，抑或是离退休职工等，都可成为盘活本土农村社会工作者的参考性发展对象，同样我们也需要逐步培训和引导本土社会工作者加持一定的专业知识和实务能力。F 村的社工助理就是一位本土社会工作者，她没有社会工作的专业资格，也没有相关专业知识储备，但她现在也在专业社工的带领下慢慢成长为一名本土专业社工，这也是本章列出例子 2 作论证的根本所在。

例子 2：F 村社工服务站有 1 名本土的社工助理。该本土农村社会工作者的出现和参与实属“偶然”，也很难得。她的身份特殊，是当地村委书记的千金；学历也特别，是行政管理专业刚毕业的大专生；年纪也特小，方才二十出头。意外的是，这位不熟悉“业务”的年轻本土“农村社会工作者”为专业服务带来了极大助力。一是近乎人人都认识的她，一声“××叔、××姨”一下子便拉近了与服务对象的关系，让服务对象放下戒心，对着社工倾述家常和心中烦闷之处；二是自小跑遍村里角角落落的

她，熟悉村中的人物关系脉络，了解村里鲜为人知的故事，貌似又是社工安插在村子里的“底细”；三是身处村中大大小小的资源网络，小到每家每户，大到各种店家商铺，为社工链接社区骨干力量和内部资源力量“搭上了顺风车”。她便是鲜活的例子。（根据笔者与社工助理 SG006 访谈记录整理而成）

（二）组织层面：培育农村社区社会组织，提升内生发展能力

1. 结交社区积极分子，酝酿社区社会组织

学界戏称农村不再是熟人社会，最多可称其为“半熟人社会”。究此，熟人依然是农村社会工作服务的关键因素。于农村而言，“熟人”手里掌握着本土资源脉络，对风俗习惯、人情关系了如指掌。本文根据项目的青年志愿者成长小组（见例子 3）来阐明农村社会工作服务项目若能在扎根农村社区之初便获得农村本土“熟人”（村中的积极分子、乡亲“话事人”、青年人才、乡贤等）的帮助，服务工作将会事半功倍。在实践的过程中，农村社工发觉了青年志愿者的突出作用，便开始酝酿培育 1 支青年志愿者服务团队，将活跃的 11 名大学生志愿者收入囊中，与他们一同商定协会章程，设立策划部、宣传部、办公室等不同部门，还组织了“义路有你”青年志愿者成长小组，在培训和实践中帮助青年志愿者不断提升自身的志愿服务水平和质量。这些行动，不仅有效支持社工专业服务活动的开展，也为后续社会工作服务的安排提供可靠根基。

例子 3：因新冠疫情所致，村中不少在校大学生无法返校。村中“滞留着”一大批“在家大学生群体”，他们不能外出打工，也不能外出聚会，只能待在家中。这让社工在盘查社区资源时惊喜万分。社工在入户时结识了村中一位大学生，也发现她乐意参加村中的志愿服务活动，在校也曾有过志愿服务经验，更是校内的志愿服务队骨干人才。于是，社工抛出“橄榄枝”，向其提出邀请，参与到社区的幸福学堂服务中来，也欢迎其邀请村中的三五好友加入其中。就这样，1 位村中大学生成为最开始的点，从 3 月到 7 月，“滚雪球式”地从 2 人发展到 6 人，渐渐集结了 11 名村中大学生青年志愿者轮流担任课堂导师，对村中留守困境儿童开展了 5 期有关于

艺术、生活与运动的兴趣课堂，服务惠及儿童720人次。（根据项目文书HC-FE-2020-G-03整理而成）

2. 挖掘社区非正式团体，积储社区内生发展力量

农村社会工作本就不是一板一眼的，我们要学会用发展的视角，甚至在某些情境或某些时候用不那么专业的方法去处理问题，有时反而会带来相当可观的服务效应。社区的潜在团队形式多样，诸如农村社区中的“妇女广场舞队”“客家山歌队”“文化导赏队”“手工编织队”等民间自发的小团体，这都是农村社工可以进一步积蓄和培养的社区潜在的内生发展力量，因而积极、主动地去发掘、动员村中现有的不成形的组织或团队，这是新时代农村社会工作服务必然要迈过的一道门槛，也是建设和发展社区内生力量的旁门捷径，更是运用多种方法、动员多种力量解决社区问题和参与社区发展的行动范式之一。广场舞造势满天的今日，农村社区自然也不甘落伍城市社区。农村社工偶然发现了村中喜爱跳广场舞的几位妇女，但她们也只是自娱自乐，没有想过“独乐乐不如众乐乐”。在分析了培育队伍的可行性之后，社工决定将社区这一群广场舞妇女们培育起来，妇女们也渐渐在参与和投入中感受和认可组织的存在和魅力，便是下文所引用例子4的缘由。

例子4：虽是社工偶然发现了她们，但自然“宁可杀错也不可放过”，主动提供了一个外放型音响给一位领舞妇女，美曰其名是为乡村舞蹈发展贡献一份力量，实质上是借助外放音响的媒介将这么一群妇女拉到社区广场上来。起初，依旧是那么零星几个参与者。社工也跟着在旁扭动，许多围观妇女“取笑”社工蹩脚的舞姿，但也不断接收社工的“怂恿”。慢慢地，越来越多的妇女加入到广场舞跳舞大军中。约莫到人员和数量趋于稳定时，社工便向妇女骨干们提议在培育的社区社会组织花木兰艺术团里单独再成立一支舞蹈队，后来骨干们就领着大家商议了此事，还制定了相关规则和约束，组建了专门联络通知的交流群。社工后来得知原先的音响坏了，妇女领队自行在群里发起购置新音响的方案和集资，获得了队员们的响应和出资，为村里的舞蹈队购置了集体筹资的、更给力的大音响。（根

据项目文书 HC-DT-2020-G-04 整理而成）

3. “一妇”带动“一老一小”，“386199”多元主体参与到社区中

社区发展理论强调社区群众的参与。农村社工要充分调动多元主体力量为己所用，才是有效回应农村庞大服务对象的多元服务需求的必然之策。来自基层政权一方的村民委员会、来自外部资源的社会企业协会等主体力量固然重要，但或许，内生于社区的服务对象群体力量更容易被激活。“386199”部队曾被视为农村社区最为牢固的阻碍力量。妇女的力量在我国早期的农村社会工作服务实践中就已备受关注，但老年人和儿童这两大群体仍然是块“难啃的骨头”。但和美乡风项目的社工“不认命”，正如下文例子 5 引用的 D 村社工香囊计划，在幸福食堂项目开展之余，D 村社工收获了许多长者口腹之欲满足后搭建而成的信任关系，且 D 村的长者主动表示愿意奉献自身力量协助社工开展服务活动。D 村社工自然要将其好好利用起来，还坚称让“老人和孩子”参与到社区服务中是十分简单的一件事情。这启示着农村社工要学会以优势视角、发展视角来看待“三留守”人群的意识和能力，无论是老幼，还是妇孺，他们不仅是被服务、被关爱的服务对象群体，还应是参与社区服务和乡村治理的服务提供者、建设者和传承者，如从特殊群体的某个她/他开始，逐步将服务和作用延伸至家庭，带动更多的她/他进来，终而构建出她/他的社区参与的多元协作格局。

例子 5：为了 D 村的德孝服务会演顺利开展，众多长者自愿报名参与 D 村香囊编织计划，每天在幸福食堂饭点前便到了，然后相伴而坐、自觉地拿起了原材料编织香囊，有些长者更甚是提前一个多小时就来编织香囊了。在这一群“提前到岗、义务劳动、潜心编制”的 D 村银龄社区长者志愿者的大力支持下，社工的“德孝香囊”计划不仅早于计划时间完成，还充满着长者一针一线浓浓的爱。（根据项目文书 HC-DT-2020-G-08 整理而成）

（三）社区层面：建设农村社区共同体，发展社区支持网络

1. 营造社区公共空间，搭建社区互动新关联

农村社区的公共空间多集聚于村委办公大楼、大榕树底下、社区花园、广场篮球场等，这些都是农村社区人流较为集中的区域，也是村民们约定俗成的社区公共空间。在此，社区公共空间较多的是满足村民们议事、娱乐或是闲聊等的功能，集聚时间较为闲散且短暂，人员流动变幻莫测，难以同时满足空间可达性、场所开放性、活动集体性和功能集合性等基本特征。实然，并非所有农村社会工作服务实践都得再造社区公共空间。农村社会工作者在进入社区后，考察原有的公共空间，深入了解该场地资源发挥着何种作用，又是在哪些方面有所欠缺，进一步思量能否在原公共空间上规划和设计使之兼顾"空间性"和"公共性"，又或是再造新公共空间更能触动社区发生改变。

F村社工在进入村落之后，认真盘查社区已有的公共空间，发现它们都在社区形成了一定功能载体的意识。其一是村委活动室，但这也一般只有村民代表大会或是村中党支部会议时，或是自身的服务活动时才会有多一些的村民来到村委办公点，平日来办事的村民并不多。其二是村中的公共聚集地，比如榕树头，一般是下午三四点的时候，就会有较多的老人家出来乘凉、闲聊或是看书等；如社区公园，就会有较多的老人家集中在早上10—12点、下午3—5点打牌下棋；而像社区广场、篮球场等地往往是傍晚才会开始热闹。社工察觉到因社工服务站站点迟迟没建成，长期挂靠在村委办公的他们难以真正融入到村子里、村民心里；此外像是"形在魂散"的社区公共空间再度开发，不仅难以有效实现内部的文化价值规范和公共交往的良性互动，也难以实现整合多元主体力量共同激活社区文化精神等，甚至可能开发原有的社区公共空间比重新打造一个新的公共空间可能耗时更久，因而社工们想了个"一举两得"的计划——再造公共空间（社区邻里花园）。这便是例子6的根本缘由所在。

总而言之，农村社区的公共空间是农村社会公共性的承载物，也是农村社区集体的"私人空间"，更是村民们互动沟通的重要场所。所以，合

适的社区公共空间保障了农村社区的公共交往活动，一定程度上也凝聚了社区各路“声音”和内生发展的新资本，更促进了农村社会公共性再生产的实现。

例子6：社区邻里花园计划是F村社工入驻乡村之后的一个大胆尝试。自建设以来，社工们带着共建、共治、共享的思路，引导着村民积极参与其中，实现花园里的一砖一缸、一草一木、一石一土，无论大小，都募集于村民；一图一景、一摆一设、一建一造，无论粗细，都与村民一同打造。现在，因为打造邻里花园的奔波劳作，让村民们看到了社工的存在，也因为邻里花园的建成让质疑的声音变得动摇，甚至出现称赞和支持的声音；还收获了一大批志愿服务的村民群众，既有妇女，也有大学生，还有儿童；更让社区邻里花园从村民饭桌上的谈资笑话变成了茶余饭后的散步好地方。（根据项目文书HC-FE-2020-A-15整理而成）

2. 再生社区“公共人”，建立社区“话事”新主体

相较于中国农村社会发展历史，农村社会工作始终极为渺小。再生农村社区的本土力量是发挥社会工作专业作用和扎实农村社区建设与发展的可持续所在。陈涛（2019）站在发展性社会工作理论视野上，强调农村社区的社会工作者要做好“陪伴同行者”的主体角色，学会为村民服务，与村民共同服务，更要鼓励村民参与和进行自我服务。因而，新时代的农村社会工作者要把握好村中的每一服务对象的能力与优势，且费孝通先生曾提及乡贤、族贤、耆老是乡村治理的主体，农村社工要主动培育和发展好农村社区的主体力量，将他们发展起来，而不是只发展某个单一主体。老人、妇女、儿童是重点培养对象，而年青一代更是不容忽略的对象。姑且将这些被发展起来的村民们统称为“新村民”，社工发掘和组建“新村民”群体，通过参与社区服务活动，提供志愿服务或策划服务的机会，带着“新村民”从社区活动参与者，再到社区志愿服务者，不断转变为社区发展建设者，逐步学会在社区中担当主体角色。

3. 重塑社区公共领域，形塑社区共同体意识

古语有言，“授人以鱼不如授人以渔”。社会工作亦是如此，“助人自

助”是服务的本真，农村社会工作也亦然。农村社区以血缘、地缘关系为联结纽带，在“熟人社会”里有着约定俗成的礼俗文化，也有着相近的生产交际活动，还有着日常生活中的人情往来、互帮互助，这使得熟人社会的感情联结更加密切、传统乡村社会公共性更加紧密。除了农村社会工作者自身要在实践行动中探索和处理好专业与本土两者的平衡关系以外，梁漱溟（2011）指出只有乡村内生的一股力量才能真正解决中国乡村问题，也才会是乡村发展最无后顾之忧的行动策略。

F村至今仍保留着祖宗留下来的议事协商规则，虽传统沿袭的是大家长制，但议事协商意识也根植在村民的心底里。在挖掘了一些社区能人、贤人，培育了一部分社区社会组织之后，F村社工迈出了探索乡村共同体建设的一步——建立村民议事基地。这便也随之开展了多场村民议事会活动，即下文引用的例子7。F村社工秉持“议事协商一个问题以解决一个社区事务”的议事原则，带着村中老中青有为人士一同讨论大家最为关切的服务与需求，以议题定代表，以代表见方向，以方向定行动，充分凝聚社区议事共同体力量和氛围，以实现重塑社区公共领域。

例子7：F村社工开展了2场村民议事会，邀请村委骨干、社区社会组织代表人士以及村中能人贤士等分别就社区邻里花园的共建方案、关爱村中困境长者的为老服务方案展开探讨。虽议题不一，参与“议事团”也有所变动。但村民代表表示，在议事协商的过程中，他们得以提升个人的表达能力，也能发挥个人所长、调动自身资源参与到社区建设与发展中来。（根据项目文书HC-FE-2020-A-16整理而成）

六、模式的优化

（一）模式的不足

1. 非良性的多元主体互动存在边际递减效应

社区发展理论主张要在政府部门、私人部门、非政府组织等多元力量的共同支持和合作之下，来实现促进社区的建设与发展。从试点村落来看，和美乡风项目的F村或将会成为样板。F村被评为“广州十大美丽乡村之一”，人居环境的整体改造让乡村生活质量有了大大的转变，吸引了众多外来游客前来参观游玩。农村社会工作服务项目落地之后，社工们扎根乡村，深耕服务，为 F 村的福利服务、社区营造、培育公共意识等方面贡献专业力量。由此，在村居环境和社区服务的同步提升下，F 村的名片更加诱人和响亮，也吸引更多政府部门、服务机构、社会团体等“慕名而来”。同时，额外增添的“接待性”服务工作疲态也渐渐显露。

“有时候真的很突然，比如今天收到明天早上某机构要来参访的通知，然后大家的节奏就会一下子被打破，可能需要抽调一些人手跟进参访的东西，可能还会影响到原本的服务活动，需要考虑和协调，甚至最后都没办法与来访方好好地坐下来、深入地聊一聊服务合作的事情。一来没时间，二来社工又少，三来事情又多，事实上就 4 个专职社工，怎么搞得来那么多事情。”（SG005，202010）

在保证农村社会工作各项服务稳步推进之时，如果某一阶段频繁地、连续地增加外来接待参观的事务，增加到一定峰值时，会产生一定的边际递减效应。虽然，笔者当下无法具体衡量多元互动在何种程度上达至非良性，随之产生边际递减效应。在笔者参与式观察中，显然已经发生了此困境，且一定程度上影响站点服务工作的正常运作，具体描述为以下两个表现，一来耗费社工人手来完成接待前前后后的准备，二来打乱站点原有的工作节奏和安排。尽管接待、参观是为服务增加对外交流的机会，但若没有足够的时间来沉淀和反思，一切都只是过眼云烟，带来对服务改进的辅助效应也将会是逐渐递减的。因而，多元互动的量要把握好，才能把握好质的良性。

2. 社区感性认知与专业理性服务之间的碰撞摩擦

我国农村社会工作服务整体专业化水平不高，往往缺乏专业力量。行政性、非专业的农村社会工作无法真正考虑和满足村民以及社区的实际需求，也难以获得服务信任和建立关系基础。大多数村民只看到社工搞搞活动、做做游戏、走走社区，但不知道、不了解，且不清楚社工是什么。

“社工前几天晚上刚刚在广场放了电影，我还去看了，好热闹呢。这几天他们好像又忙着给我们这些长者送温暖吧。我之前还听社工姑娘说下周会有关于垃圾分类的摆摊活动。我感觉社工经常给我们搞活动，我也挺喜欢参加社工搞的活动。”（CM014，202009）

常常会有人评价我们农村社会工作者，“什么都做了，但好像又什么都没做”，好比“蜻蜓点水”四处都触碰了。或许，这是我国农村社会工作当下发展遇到的共性难题，即使是很好的服务活动，社工也需要花费大量时间和精力在社区内介绍、鼓励村民参与进来，只有不断地与少数社区村民交往互动、引导教育和发展信任关系，才有可能向更多的其他村民宣传、教育和影响农村社会工作的内容、意义和价值。这既需要时间，也需要相互理解。

3. 试点性质的服务项目面临更多的不确定性

一年期的和美乡风项目，不仅实现长者、妇女、儿童以及社区服务多个方向综合发展，同时，这一组农村社会工作者团队还负责了幸福学堂、幸福食堂、幸福衣坊等多个服务，可谓是破釜沉舟、砥砺前行。和美乡风项目一年期的阶段性成果颇丰，如若得以进一步推进项目建设，将会为试点村落带来更为牢固的建设和发展前景。政府在购买服务项目之前，如果要使阶段性成果积少成多的话，必然要充分考虑农村社会工作介入的稳定性、可为性和持续性。这不仅是建设与发展农村社区的一种服务投入，也是提高工作效率、延续服务参与的一种有效方式。但现实却是，随着结项期渐渐临近，项目后续迟迟没有回应，也没有任何推动的“风声”。社工们只好带着期待，希望政府继续购买该服务项目；同时也带着打算，对自己何去何从充满思虑。

“现在项目期都过去了大半了，我都不敢去想明年还会不会有这个项目，还会不会是我们这一班人在这里。虽然我们时常有在笑说马上就得收拾包袱走人了，但一想到就这样离开了，还是会有点不甘心吧。现在我也不多想了，就打算着，如果后面还能继续延续项目，也依然还是我们现在这一群社工团队，我就会继续在这里做下去。不然的话，我也很简单，甩手走人，也不再做社工了，直接回去嫁人也很不错。”（SG006，202010）

然而，政府向社会工作服务机构购买的服务项目多数是试点性质的，以结果为导向，以项目来打包服务，不会明确承诺持续性投入，这便导致尽管项目期内的效率再高、成效再好，项目的可持续性仍无法百分之百“打包票”。且项目服务期结束后，政府还会有各种各样的理由终止服务项目，致使难以为续。还存在着主政的领导者被调离的事情随时可能发生，农村社会工作服务项目也难免会因“领导人意志”而随之中断。倘若政府没有中断支持，也可能会因不满原本机构的服务成效而更换机构，这也会使得原有的服务项目内容无法持续推进，或是被重置，或是被更替。新的社会工作服务机构需要再花费一段时间去重新适应、调研规划和建立关系，这对服务的延续、工作者的追随、农村社会工作的发展都会造成不可描述的伤害，也必然会对当地农村社区及村民带来伤害和困扰。

这让笔者不禁想起行业里常说的一句话，“社会工作发展，五年一小步，十年一大步，阶段性成果步步看。”虽然，农村社会工作服务并不一定需要5—10年如此这般长的时间方能结果，但或许，至少也得3年以上的时间才能沉淀，但也得看农村社会工作服务能否获得这难能宝贵的时间机会。

（二）模式的优化

1. 发展性的农村社会工作是当代发展趋势

农村社会工作实践理论与服务模式不是拟规画圆的。21世纪之初的农村社会工作服务实践给我们留下了宝贵的借鉴经验，但依旧是无法完全比拟21世纪中叶的农村社会工作发展步伐。在庞杂综融的农村社区里，农村社会工作者置身于多元主体的农村社区格局之中，始终要贯彻“发展性”社会工作理念，坚持驻村社工“三同”的融入方式，保持社会工作的在场优势，争取把好自己的专业话语权。

一是深耕农村社区，将国家方针政策具体落实转化到人民群众身边。农村社会工作是连接政府与地方双向互动的桥梁，有效地将福利政策转化为专业服务送到服务对象的身边，也能有效地协助当地民政工作人员识别、摸清和服务到更多的民政对象，切实做好兜底民生服务工作，发挥雪中送炭的作用。

二是参与式与内源式发展并重，志愿服务参与、组织主体赋权、多面体发展逐步推进。农村社会工作注重发展性的实践取向，强调在个人层面、组织层面、社区层面之间的实践行动，没有明确孰先孰后的顺序之分，有且仅有强调每一单独层面内部的发展先后顺序，和层面之间发展内容的整体性、协同性和本土性。

三是理论结合实践，以行动研究来探索协作互动、产生联结和建立关系，促进服务可持续性、有效性及发展性，以逐步实现良性变迁。

新时代的农村社会工作要站在前人的肩膀上，在祖国农村大地上大展拳脚，不再是单一地研究别人的行动，从观察者和他人的角度去切入和研究。而是更多通过关注行动者自身的行动，或是对自己/团体在某一社会情境下的实践或行动进行研究，借助行动研究背后蕴含特定的、情境性的实践经验和知识成果来探寻农村社会工作的想象力。让农村社会工作不仅在实践行动层面生成本土特色的行之有效的行动范式，也能通过行动研究，在知识层面生产出更多符合实际的批判性知识，实现农村社会工作在乡村建设与发展中的用武之地。

2. “输血”“造血”双向流动是农村社会工作的服务基石

国家向农村提供资源保障主要有三种方式，一是精准扶贫的各类资金补贴；二是转移支付给基层组织的运作经费；三是以项目制形式补充公共服务的供给。农村社会工作服务则是政府为乡村“输血”而购买的服务项目之一。如，政府针对农村社区特定的困境人群设立专项服务购买项目。在政府购买社会工作服务项目的资金扶持下，社会工作得以稳步推进各项农村服务工作，但这不代表着农村社会工作是被动的，只能完全依赖于政府一方的资源投入。农村社会工作要立足于国家和乡村的整体性，始终坚持政府与民众共同参与是同等重要的要素，发挥其在政治、经济、文化以及社会等多方面的能动性，主动寻找社区权威人物、乡贤等精英资源，找寻社区发展利益的契合点，建立社区基金等为社区公益慈善力量搭建平台，同时积极链接社区内外部多元力量协同“造血”，“输血”“造血”双管齐下，助推克服农村社区发展的内卷化困境。

农村社会工作是“自上而下”和“自下而上”双向的联结纽带，脱离原来的单一福利性社会救助服务，有效发挥政府部门的政策措施和服务倡导之余，积极探索多元的发展性专业服务，带动社区内部多元主体积极交流、互动协作，不断参与到社区建设和发展中来，共同促进社区发展。

3. 人才仍旧是农村社会工作发展的急需力量

在经济社会快速发展的时代，期望众多年轻力壮、怀有大志的青年社会工作者留在朴素的农村大地上默默耕耘，实际上却使农村社会工作“寸步难行”。虽然将高校的社会工作专业本科生、硕博士研究生的人才带到农村社区中来，几乎是我国所有农村社会工作服务实践的必行之路，但他们也都是带着实习时数和研究目的参与到农村社会工作中来，实际扎根农村社区的时间可见且有限，所以单靠高校的学生专业力量提供力量当然远远不够。

农村社会工作者要主动靠近本土力量，将他们培育、建设和发展起来。但是，和美乡风项目更多考虑本土社会工作者的工作热情、本土语言以及其他资源等优势，没有强制要求专职社工配备社会工作职业水平资格的条件，而是先将他们纳入农村社会工作人才队伍之中，给予信任和支持，在服务实践过程中不断进行实务培训与理论辅导，再向他们提出社会工作职业水平资格的要求，让他们在实践中被培养成真正的专业人才。相较于外来的专业社会工作者，他们不会受“本本”的个案、小组、社区等工作方法所约束，更加会灵活运用本土化的方式来开展专业服务。和美乡风项目的外来社会工作者扎根乡村，发掘培育为本土专业工作者的可能之才，不断鼓励本村村民参与进来，也在一定程度上实现了专业力量与本土力量的融合。最终，项目站点的农村社工队伍从原来只有 3 名持证助理社工师，到现在 1 名社会工作师、5 名助理社工师的团队，真正为农村社会工作人才队伍输入本土力量证明了更多可能。

农村大多都是老人、妇女和儿童，且大多都是受教育水平有限。如若我们一味地否决别人不适合、不能胜任农村社会工作者的工作，这也不符合社会工作的价值观和核心理念。过多的专业限制难免会有逆反效果，也会让更多培育本土农村社会工作者的行动难以为继。社会工作专业研修、社会工作职业水平资格不应成为社会工作者的限制，减少这些条条框框的专业限制，给予更多的信任和宽限的可能，未来或许有机会能让更多的农村妇女或是青年人接触、认识和学习社会工作，也会有契机使他们主动、自愿加入农村社会工作人才队伍行列，还能让农村的孩子通过“自己人”来认识和认同社会工作，以此孵化和孕育未来的社会工作人才队伍。虽然前路艰辛，但我想，这不仅需要时间，也是我们未来值得不断去实践、探索和补充的话题。

第四章　从化农村社区教育模式

一、从化农村社区教育的基本情况

（一）需求情况

学习是终身的，学习内容是多样化的，学习环境也是多元化的。作为重要生活场所的农村社区也是村民接受教育的地方，社工通过对走访、观察、访谈等方式了解到凤二村村民主要存在以下四点社区教育的需求。

健康教育的需求。首先是疫情防护知识的获取需求，2020 年是特殊的一年，面对新冠肺炎病毒疫情，人们束手无策。关于疫情的有关防护知识是最为重要的，村民主要从电视、互联网和线下村委的宣传获取相关的内容，获取渠道具有狭窄性；其次是日常的健康管理知识，如身体保健、人身安全防护等的了解不多和掌握不足；最为关键的是村民自我健康管理和能力的提升需求，凤二村内有两个卫生站，村民若生小病会去寻求乡村医生的帮助，但健康的长期有效维护靠的还是村民自身的健康管理能力。

闲暇教育的需求，其中儿童的闲暇教育需求较为突出。凤二村的儿童除了接受正规的学历教育、完成学校布置的功课外，其余的时间都是很充裕的，大部分会将时间安排在看电视、玩手机上，参与课外兴趣班的儿童较少，即使有也是家庭较为宽裕的儿童，但大部分儿童表示希望村内有绘画、书法、篮球兴趣班等课程，丰富日常生活。但出于家庭经济的考虑，不会主动与父母提出参与兴趣班的事，可见农村儿童在教育的获取方面是弱势的，缺乏权能。在人际交往方面，凤二村的儿童的交友圈子窄，主要是与堂兄弟或者邻居家的伙伴交流，村内儿童之间的交流相处较少，儿童的朋辈支持网络不强，说明儿童之间的互动教育服务较为缺乏。

家庭教育的需求。村中的青壮年较多外出务工，即使有些青年人在从化城区工作，且每日来回奔波，陪伴子女的时间还是很少的，所以村中较多的儿童主要由爷爷奶奶抚养，隔代教养的占大多数，教养方式各有不同，但都缺乏科学的教养方法，亲子关系由于相处的时间不长、教养方式的缺乏等其他原因而不够密切，这不利于儿童在家庭中、社区生活中的健康成长。

农村的社区参与需求。现代化的教育并不局限于传统的师生教学教育，还可以通过社会实践的方式获得。当遇到困难时，村民常寻求熟人（如亲戚、朋友等）的帮忙；当遇到政策文件或行政方面的难事时，也会向村委会工作人员求助。但有部分特殊困难群众选择不求助，独自面对困境，即使自身无法改善处境，也不愿意求助他人。这可能是受农村文化的影响，也有可能因为村民的支持网络较为单薄。

（二）促进契机

政府的支持。一是政策的支持。自 1988 年以来，我国制定了很多推进社区教育发展的政策。沈光辉等（2019）将社区教育政策的演进划分为起步、探索和发展三阶段，政策的不断完善与实施让农村社区教育有了更多的发展空间。二是财政的支持①。广州市从化区于 2019 年被确定为全国首批乡村治理体系建设试点，农村社区作为乡村治理的基本单位被寄予重托，各级政府部门依据村情投入相应的资金、人力支持，以推进村庄的发展。2020 年，凤二村被选为以农村社会工作推进乡村治理的探索示范点之一，农村社会工作服务纳入政府购买项目中。

高校的资源投入和智力支持。华南农业大学是以“三农”服务为底色的，注重农业服务人才培养，也是广东省最早开设社会工作专业的学校之一，其社会工作本科专业被确定为国家级一流本科专业建设点，社工系教

① 沈光辉，陈晓蔚．我国社区教育政策的演进历程、文本分析和改进策略［J］．中国远程教育，2019，5：11-18.

师教学经验丰富，并注重理论与实际相结合，大力支持学生进行专业实习实践。华南农业大学的教师与从化区民政局联合共建了凤二村社工服务站，并于社工服务站设立专业实习实践基地，华南农业大学社会工作专业的研究生、本科生都可以到社工服务站实习，在2020年项目年间，共有五名社会工作专业硕士生和一名社会工作本科生到凤二社工服务站进行专业实习，大大地丰富了社工服务站的人力资源。与此同时，专业教师给予智力支持与指导，促进专业服务的顺利开展。

凤二村的村民委员会及村民支持社区教育服务的开展。在服务调研时，村民委员会的书记、工作人员和村民初次接触农村社会工作者，对社工的角色还不清晰，但愿意提供基础性的支持，如活动场地的免费提供、协同探访村民等，希望社工为村内困难群众提供贴心服务，激活村民内生动力，促进村民的自我服务、自我管理、自我教育，推进乡村治理。

存在社区教育需求与社会工作行动空间。社区教育是社区服务的重要内容，上述提及的健康教育、线下教育等社区教育需求给予了社会工作介入的空间，这得到了凤二社工服务站的重点关注。社工进驻村庄后，基于需求调研的情况，制订了社工服务站的年度计划，社区教育是其中的重要内容，社工整合社区内外正式与非正式的资源，以常规的个案工作、小组工作、社区工作以及创新培育社区社会组织和学习共同体等形式切入社区教育服务，满足村民实际需求。

二、能力为本的模式

（一）模式框架

模式是指某种事物的标准样式或让人可以效仿学习的标准样式，[①] 是再现现实的一种理论性的简约形式，是一种有意向的简化描述。它以简化的方式描述事物运行、发展的规律性，具有可重复操作性（陈乃林，

① 《现代汉语字典》编委会．现代汉语字典［M］．北京：商务印书馆国际有限公司，2004：437.

2006)[1]，模式一般含有理论基础、模式原则、模式内容等基本要素。凤二社工服务站介入从化农村社区教育的实务经验之所以能提炼成能力为本模式，主要有以下三点缘由，一是社工服务站的社区教育服务与增能理论紧密结合，成效显著；二是服务得到村民和服务购买方的肯定，多方满意服务成效；三是社工服务站介入从化农村社区教育的服务广泛被报道，值得其他社会组织和机构参考学习。

社会工作介入从化农村社区教育的模式是基于社工服务站的实践凝练而来的，该模式以个人增能、人际增能和社区增能为三大服务目标，以社工主导型、社工辅助型与多方联动型社区教育为三大服务方式，以需求为基，发展为本、理论与实践相结合、个人发展与社区发展相结合为模式原则、四个模式实施的策略与技术以及社会工作者在模式中应承担的五大角色作用为主要内容，该模式具有鲜明的从化地区特色，这意味着模式的参考借鉴还需要考虑实际的社区情况。

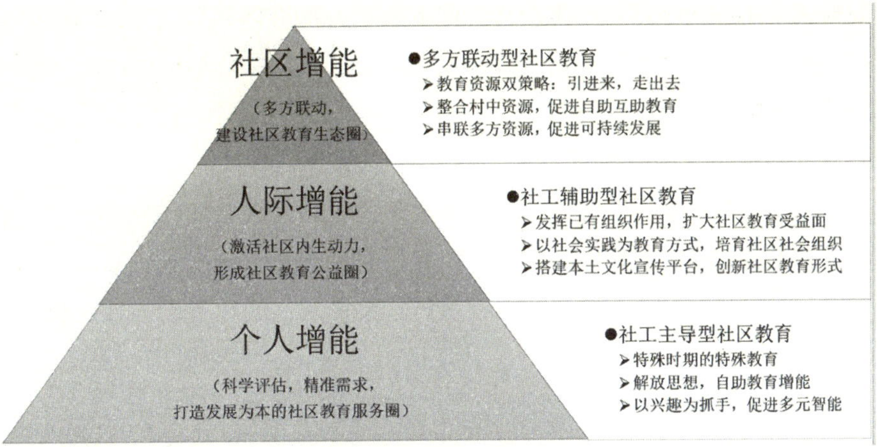

图 4-1　能力为本的社会工作介入从化农村社区教育的模式框架图

能力为本的社会工作介入从化农村社区教育的模式是指农村社会工作者以农村社区为平台载体，以社区教育需求为基点，以村民个人、人际和

① 陈乃林．现代社区教育理论与实验研究［M］．北京：中国人民大学出版社，2006：72.

社区增能为服务目标，整合社区内外部的教育资源，联动不同社会主体，提供村民所需的社区教育，增强村民获取相关资源的能力及自我效能感。同时，培育农村社区社会组织，增强组织的能力建设，发挥村民组织的群体动力，提升村民的互助互学意识与能力，增强人际互动的能力，并以社区实践、社区事务齐参与为教育方式，打通村民个人、人际间和村庄发展之间的教育关系，形成社区教育公益圈与生态圈，丰富农村社区教育资源，优化农村社区教育环境，使农村社区发挥内在力量，推动农村社区教育的可持续性发展。在该模式中，个人增能、人际增能与社区增能的服务目标可以是从下至上递进发展的，也可以是社会工作者协同服务对象依据实际情况进行抉择的，选择其中一个目标、两个目标或是三个目标作为某一社区教育服务的标的，进而在服务过程中提高服务对象的能力。

1. 服务原则

能力为本的社会工作介入从化农村社区教育的模式原则不仅包含一般的社会工作实践原则，还渗透着“需求为基，发展为本”“内涵式发展原则：个人发展与社区发展相结合”“ 理论与实践相结合的社区教育”三个独特的原则。

（1）需求为基，发展为本

需求是服务开展的前提，以需求满足为基础是社会工作介入从化农村社区教育的起点，村民能力的激活与发展是社区教育的根本立足点。社区教育的主体是村民，服务提供者围绕村民的需求，开设不同的社区教育课程内容，并采取村民易接受且能获取的方式进行，才能得到村民的支持，农村社区教育的参与度与主动性才会有所改善。在这一过程中，社会工作者不能仅仅以需求满足为工作内容，更要侧重服务对象在接受社区教育服务中的潜能激活，提高服务对象在识别需求、理解社会情境中的自己、获取资源、将所学应用于实际生活等多方面的能力，以使服务对象能够在个人生活、人际互动、社区参与方面有所改变，进而达到社区教育的目标。

（2）内涵式发展原则：个人发展与社区发展相结合

社区教育兼具社区性与教育性两大特性，也兼顾村民个人成长和社区发展两个层面，充分发挥个人主动增能和外力推动增能的两种方式效应，满足村民个人对自身发展的需求的同时引导其发挥自身潜能支持农村社区的建设，将个人发展与社区发展紧紧结合起来，这与我国社会教育变现实导向为发展导向的发展目标相吻合（王乐，2020）①。村民是自己的主体，有社区教育的需求，有参与、选择社区教育的权利，也有不参与、中途退出社区教育的决定权，更有反馈社区教育发展建议与意见的权利。面对社区教育，村民有相互关联的权利、责任、需求与要求，所以服务提供者不能追求形式上的社区教育服务提供，将自己觉得利于社区发展的社区教育课程观念强加于村民，而忽略村民主体的权益，也要尊重村民的理性选择。

（3）理论与实践相结合的社区教育

对于农村社区而言，社区教育应具有更强的务实性。社区教育不仅仅在于理论学习的过程，还在于把所学的知识迁移到社会实践中，发挥社区教育在实际生活和社区建设中的作用。在模式探索过程中，社工将社区教育的理论与社区实践紧密结合起来，这也是该模式的最大特色，如将儿童的绘画课堂与邻里花园这一社区公共空间的建设与美化工程结合起来，一方面可以发挥儿童的绘画技能，另一方面可以让儿童参与到社区建设中，增强儿童的参与意识与能力的同时还能让其他村民看到儿童接受社区教育后的成长，肯定社区教育的成效，增加对社区教育的信任感。

2. 服务策略与技术

（1）科学评估，精准需求，打造发展为本的社区教育服务圈

社会工作者需要在需求调研的基础上，制订介入农村社区教育的计划，基于服务对象的具体情况提供发展为本的社区教育服务。农村社区教育逐渐呈现多元化、个性化，社工可以通过问卷调查、深度访谈、走访观察、村民座谈会等方式了解农村社区教育的需求，了解需求没有得到满足

① 王乐．新中国70年我国社会教育政策回望、演进与前行［J］．陕西师范大学学报（哲学社会科学版），2020，3：161-169.

的原因，以及了解村民自身的资源与村庄的社区教育环境对村民的影响，从微观、中观和宏观的角度去分析村民缺乏社区教育的现状。在社区教育服务设计，尊重村民的话语权，与村民一同分析农村社区教育的现状与发展条件，充分调动村民对所处环境的分析，意识到自身情况受到了环境的影响，鼓励村民从个人、人际和社区发展的角度思考社区教育。

（2）激活社区内生动力，形成本土社区教育公益圈

挖掘、培育农村社区内的社区教育志愿者是发挥人力资本作用的方法之一，村民互为教师与学生，相互进步。村民志愿者生于村庄，长于村庄，熟悉村庄的环境、文化习俗等情况，比引入社区外界的社区教师容易得到其他村民的信任，也更了解村民的需求，在社区教育课堂上更能结合当地情况、用村民熟悉的方式进行针对性的授课与互动，社区教育课堂的参与度可能会更高。发挥村民的优势力量，推动村民之间的互学互助，形成社区内的教育公益圈，丰富社区社会资本，能够营造浓厚的学习氛围，有利于村庄在生活共同体的基础上形成学习共同体，缓解农村社区教育的困境。

（3）多方联动，建设社区教育生态圈

社区教育资源是社区教育发展的重要保障。社区内部的任何资源都可以转化为社区教育资源，社会工作者要充分激活村庄已有资源的活性，联合村民组织、有识之士，将资源用于本土社区教育服务中。对比城市社区教育，农村社区教育资源是匮乏的，但可以借助城市社区教育的资源弥补农村社区教育的资源，以城带乡，带动农村社区教育的发展。社会工作者基于农村社区实况，联动社区外的社会组织、社会企业、群团组织等，使优质的资源进入村庄，丰富农村社区教育资源。整合农村社区内外的社区教育资源，打造社区教育生态圈，满足众多农村村民的社区教育需求。

（4）循序渐进，推动社区教育可持续性

社区教育的发展预则立。在推进农村社区教育服务过程中，社会工作者首先要注重社区教育的连贯性、持续性，将相同的有逻辑关联的教育资源整合在一起，并匹配到相应的村民，通过外在力量的推动激活村民参与

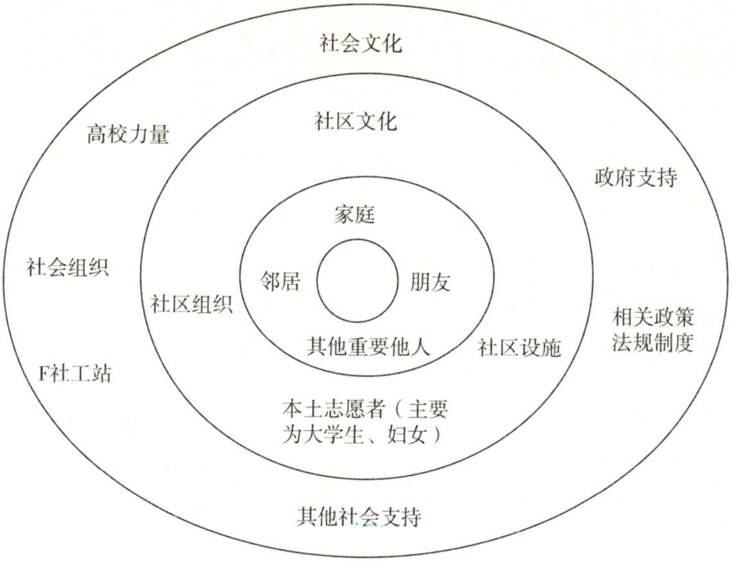

图 4-2　凤二村初步形成社区教育生态圈

社区教育的动力，使其能够在社区得到与自身发展所对应的教育资源，使社区教育持续发挥出功能效应。再者，具有前瞻性的服务设计是可持续性的基础，社会工作者需要对社区教育服务制订一个中长期的规划，使社区教育服务有方向可走、有计划可循，持续不断地为农村社区教育注入新活力。

3. 社工角色承担

能力为本的社会工作介入从化农村社区教育的模式注重村民的参与，强调村民的自助、互助学习和成长。在该模式中，社会工作者的角色是多元化的，其中主要发挥以下五种角色作用。

（1）倡导者

党的十九大报告提出“加快建设学习型社会”的宏伟目标，推动社区教育长效发展就是建设学习型社会的重要路径。作为社区的一分子，每个村民都应珍惜村庄的社区教育资源，珍惜社区教育服务，在接受社区教育服务中增强应对生活的能力，提升自我素质，改善生活质量。社会工作者需要在认真评估村民的社区教育状况和需求后，开展社区教育服务，通过宣传社区教育服务内容、参与意义等，倡导村民积极参与社区教育服务。同时，社会工作者要积极为村民争取社区教育资源与服务，拓宽社区教育资源的来源，加强外界教育资源对农村社区教育的了解与支持。

（2）教育者

这里的教育者不是指教育专家，而是知识的传递者。进驻村庄后，社会工作者还未与村民建立好关系，开展的社区教育服务主要由社会工作者提供，通过宣传、培训、社会实践或其他方式，满足村民的简单的教育需求，激发村民学习的主动性和村民之间的自助互助的潜能，获得村民对社区教育的好感与信任，并在此过程中促进双方关系的建立，并通过与服务对象的互动与对话，能推动服务对象对问题和知识的思考，进而提高村民自我教育、自我管理与自我决定的能力。

（3）使能者

服务对象都是有能力的人，社会工作介入农村社区教育主要是调动他们自身的潜能，发挥村民的内在动力，一起分析现状并改善现状。每一位村民可以成为社区教育志愿者，社会工作者要推动村民之间的互学互助，使村民发挥自身优势，增强自我效能感，增加对社区教育的信任与社区发展的信心。服务对象在自主能力、关系建立与维持、社区参与等多方面都是有潜能的，但由于所处的社会环境，许多能力尚未挖掘或培育，社会工作者也就在社区教育服务中承担着这样的角色。

（4）资源整合者

发展农村社区教育需要大量资源的支持，包括人力、财力等资源支持，有些资源是凤二社工服务站有的，有些则需要社工联系村民委员会、社会组织、政府部门甚至是广大的村民争取。社会工作者需要整合村内村外的各类教育资源，实现社区教育资源的有效连接，将资源匹配给有需求的村民，缓解社区教育资源的匮乏现状。同时，社会工作者要统筹各类资源，防止资源的重复链接与引入，防止浪费社区教育资源，进而提高资源的有效利用率，做好各类社区教育资源的引入与管理。

（5）协调者

农村社区教育涉及多方主体的参与，村民与村民、村民与社区教育志愿者、村民与社区教育教师、村民与社会组织等关系都是错综复杂的。社会工作者要扮演协调者的角色，及时跟进社区教育资源与村民之间的互动，协调两者之间的适应性或是增进两者的关系互动，提高村民参与社区教育的稳定性和社区教育资源的黏性。社区教育资源的协调是为了建设社区教育生态圈，以增加村民对教育资源的可及性，这一过程不仅需要社工积极协调，还需要社工协同村民去协调需求端与供给端的关系，以达至社区增能的服务目标。

（二）模式的三种类型

凤二村社工服务站于 2020 年 2 月底正式进驻凤二村，受疫情影响，社工从疫情防控服务着手，以村民委员会的工作人员宣传防护知识、村民党员站岗排查村庄出入车辆与人员安全等方式进入村民的生活世界中。在这一过程中，社工常向村委会干部、村民介绍社工的角色作用，并了解村庄本土资源及村民的基本情况，尤其是村民的服务需求。这一实际行动拉近了社工与村民之间的关系，为后续的服务奠定基础。在此基础上，社工根据村民的需求和村庄优势开展不同的服务，包括多元化、多层次的农村社区教育服务，主要体现在个人、人际、社区环境三个层面，可将农村社区教育的实务服务划分为三种类型、三个维度，分别是社工主导型、社工辅助型及多方联动型与个人、人际与社区三个维度。

1. 社工主导型农村社区教育及促进要点

（1）特殊时期开展特殊的教育

社工服务站在疫情期间为村民提供突发事件的社区教育。面对突发的疫情，我国应对突发事件的社区教育还未跟上脚步，并呈现出疲缺状态，人们主要从新社交媒体获取相关信息（荀禹、朱成科，2020）[①]，但在数字

① 荀禹，朱成科．“战疫”时期社区教育的“疲态”与“冷思”——社区成员兼教育学者的视角［J］．成人教育，2020，8：24-28.

化生活较为薄弱的农村社区则陷入“自力更生”的情境中。在服务站进驻村庄后，社工首先将专业服务与疫情防护的学习需求紧密联系起来，针对村民对疫情防控知识的薄弱和获取信息渠道的狭窄，社工主要采取社区宣传、小组学习两种方式进行知识普及，提高村民自我防护意识和能力。在长者新冠病毒防护学习小组中，社工调动村民之间的互动，激发村民学习的潜能，鼓励长者通过分享已知的防护知识、掌握的确切新闻信息，通过自学互学共享的方式提高疫情防护的意识与能力，注重村民在互动中共同成长，缓解长者因数字鸿沟带来不便的同时提高长者对特殊时期的生活掌控和生活应变能力。

（2）以兴趣为抓手，以幸福学堂为载体，促进多元智能

在社工与村民之间的关系尚未良好建立期间，开展的服务主要由社工作为主导者。受疫情影响，许多学龄儿童因学校推迟开学而待在家中，儿童父母也忙于工作或者务农，陪伴儿童的时间少，很多儿童表示在家无聊，社工从儿童的兴趣爱好着手，打造儿童幸福学堂，开设了飞行棋、象棋等棋类游戏、手语音乐教学、大富翁、毽子、羽毛球、折纸和橡皮泥等手工活动、本土植物认知等学习课程，通过人际间、人与环境的互动激活儿童的多元智能，丰富儿童的课余生活。

社工打造的幸福学堂不只是学习一般知识的学堂，还是人际交往的学堂，社工在引导儿童在学习棋类技能的同时促进儿童的相互认识与帮助，制定每位参与者至少认识2位新朋友的活动分目标。参与者在社工的引导下，渐渐掌握了益智游戏的技巧，并主动和朋辈组队玩游戏、分享技巧。在新朋友加入时，能担任起游戏主导者的角色，引导新伙伴掌握游戏技巧，互相帮助。可见儿童不是被动的学习者，还是带有团结协助精神的主动学习者、助人者。为此，社工在活动中有意识地挖掘儿童领袖，引导其协助社工签到和管理活动物资，强化儿童的自我管理、服务他人的效能感和能力。（根据幸福学堂的社工文书 HC-FE-2020-A-01、HC-FE-2020-A-03、HC-FE-2020-A-07 整理而来）

心理发展学专家霍华德·加德纳（Howard Gardner）（2008）[1]的多元智能理论认为每个人拥有语言智能、数理智能、空间智能、动觉智能、音乐智能、人际交往智能、自省智能和自然智能8种主要智能。该理论认为这8种智能不是固定的、外显的，而是内在的潜能，需要在相应的环境激活，教育环境是其中一个激活剂。幸福学堂就是社工激活儿童多元智能的平台。首先，幸福学堂集学习与发展于一堂，学堂发挥了聚集人气、促进关系的作用，每一位参加活动的儿童在社工的引导下与其他参与者互动中发展了人际交往和语言智能。其次，学堂的教育内容具有多样化的特点，棋类和益智类游戏能发展参与者的数理智能，羽毛球等运动游戏能促进空间和动觉智能，手语教学能激活参与者的音乐智能，植物认知过程也是自然智能被发现的过程。最后，游戏不仅仅是游戏，社工在游戏的前中后对儿童领袖的挖掘与培育，进而推动儿童了解自身的潜在优势，提高儿童的自知与自省智能。

幸福学堂的创建不仅拓宽了儿童获取教育资源的渠道，促进了儿童的多元智能，还拉近了社工与儿童、村民之间的关系，越来越多的村民知道社工的入驻、意识到作为“外来人”的社工是为村民服务的资源提供者，进而对社工产生好感和信任，开始接纳社工。

（3）解放思想，自助教育增能

社工与村民互为伙伴，一同剖析农村社区教育的现状、分析内外优势，并制订改变计划。随着社工服务的开展，村民对社工的信任和角色认识有了一定的了解，有需要的村民开始寻求社工的帮助。在开展专业个案时，社工十分注重求助对象自身的改变动力、潜能与正面资源，协助求助对象分析陷入困境的内外在因素，引导其思考求助时的自我形象，如何改变现在的状态等，不断激活其主体意识，强调服务对象才是改变自我的主体，是有能力的主体，使其能通过在自身努力和社工的协助下达成个案目标。

例子：L姨，女，63岁。独居的L姨患有糖尿病，因担心影响家人工

① 霍华德·加德纳．智能的结构［M］．沈致隆，译．北京：中国人民大学出版社，2008.

作，未到正规医院就医，时常感到不舒服，急切需要了解糖尿病的相关知识，主动寻求社工帮助，希望提高自我健康管理的能力，缓解身心压力。社工肯定L姨主动求助的意识与行动，采用任务中心模式，通过八次面谈成功协助L姨分析在面对糖尿病带来的影响、增强对糖尿病的认识，并使其意识到自己可以通过糖尿病知识的学习、定期去正规医院取药、每日测量血糖、家人的协商、分开饮食等科学地管理自己的身体，减少糖尿病带来的负面影响，增加自己对身体的掌握效能。（根据社工的个案工作记录HC-FE-2020-C-01整理所得）

健康管理是每个人都需要掌握的内容，村民们也意识到这点，但只有身体出现小毛病的时候，健康管理的意识才较为强烈，平日较为薄弱。当询问村民对健康管理的看法时，有村民反映："平日都要忙于种菜卖菜，有时还要帮忙照顾家里面的小孩，没时间想那么多。再者，村里面也没人教，自然而然就不会太放在心上了。"（访谈对象Z4）

村民并不是缺乏学习的意识和能力，而是缺乏相关社区教育资源，这也会使村民产生自我无力感，陷入健康管理的弱势地位。为此，在个案服务的基础上，社工将具有健康管理需求的长者聚集起来，开展长者健康管理小组、安全教育活动，扮演教育者角色，讲解健康管理的重要性，通过长者减压能力提升工作坊、主题讲座、植物培育等方式转变长者对待健康管理的态度，提高其学习科学的健康管理方式的主动性，使其能利用学到的方法改善生活方式，培养长者对生活的掌控能力。

（4）促进要点

农村社会工作者作为村民不熟悉的陌生人进入到熟人社会后，只有与村民建立好关系才能逐步开展社工服务。在进驻前期，社工服务站开展的农村社区教育服务主要从三个方面着手：

一是从村民最紧缺、最需要的新冠肺炎病毒防护教育着手。在特殊的时期，社工与村民委员会干部协同合作，迈开步子接触村民，给予村民特殊的宣传教育，初步与村民"混脸熟"，也可以得到村委会的正式支持，这都有利于社工与村民之间的关系建立。

二是以较容易接触的儿童教育服务为重要抓手，以社区教育平台搭建为环境优化着力点，搭建幸福学堂，提供儿童社区教育服务。儿童人口约占村庄人口的百分之三十，是社工在村庄内最容易接触到的群体。在疫情的影响下，儿童的教育需求更是许多村民担心的，也困扰着儿童自身。社工从儿童的闲暇教育服务着手，搭建幸福学堂，满足其简单的社区教育需求。儿童作为家庭的一个重要人物，与家中的父母、长者紧密相连，社工与儿童建立好关系后可以了解其家庭情况、接触不同年龄段的村民，与此同时能获得更多村民的信任，为后续其他社区教育服务做铺垫。

三是以长者最基本的健康教育服务需求为方向。农村“三留守”群体中，长者的社区教育是最容易被忽视的，也往往是最为缺乏教育资源的支持的。农村社会工作者应该具备这样的敏感力，察觉到村中长者在健康管理方面的社区教育需求和资源短缺，同时了解长者掌握的健康管理知识与能力，把长者看成是个有能力的人，是个普通的学习者。

2. 社工辅助型农村社区教育及促进要点

（1）发挥已有村庄团体的作用，扩大社区教育的受益群体

协同村中带头人，组建村庄艺术团，扩大社区教育受益面。凤二村的村民常到广场跳舞，常有三四个领舞的女性轮流在广场教村民跳舞。为更好地将对舞蹈有兴趣的村民团结起来，社工与领舞者讨论，将分散的舞蹈爱好者组建成花木兰艺术团，并邀请有共同兴趣爱好的村民加入其中。与此同时，社工特将对客家山歌感兴趣的村民组成一队，纳入艺术团。现艺术团下设舞蹈队、山歌队，经团员讨论商量，确定了“以艺术为纽带，弘扬凤二村客家文化，助推本土文化，发现、挖掘草根明星，丰富群众精神文化生活”作为组织宗旨。为扩大艺术团的影响，让更多村民参与到由村民发起、组织、管理的艺术团中，社工借助不同的大型活动契机，邀请艺术团成员与村民一起表演，在众多村民面前展示学习成果，扩大社区教育的影响力。

社工要举办元旦乡村晚会，邀请我们艺术团来表演，又是一个锻炼的机会，我们提前两个星期就开始排练，大家早早地吃完饭就过来舞台这

边，跟着音乐排位，掐着节奏跳舞。我看着前面的人的动作，前面的人又看着前面的人，相互监督，一起进步，就为了能在大家面前呈现一个完美的演出。之前中秋国庆也是这么表演的，姐妹们都挺开心的，真的有学到很多东西。(访谈对象 Z6)

舞蹈与歌曲是纽带，将对舞蹈、客家山歌感兴趣的村民聚集在一起，更将他们的距离拉近。艺术团的村民在舞蹈和歌唱中，相互配合，共同进步，这背后隐藏的是村民间共处团结的能力。Z6 只是艺术团成员的缩影之一，笔者时常到村庄的文化广场进行观察，有时会看到艺术团的骨干重复播放音乐，慢慢地带领其他团员学习新舞蹈，团员间也会相互帮忙。尤其是在跳双人舞的时候，加入艺术团的人数也逐渐增多。这是舞蹈的魅力，也是社区教育的内在魅力。

(2）培育农村社区社会组织，以社会实践为教育方式，组建学习共同体

社工创新社会实践教育形式，摆脱传统课堂上的教与学方式，丰富农村社区教育的形式与内容。社区社会组织培育是农村社区教育的重要内容。凤二社工服务站培育了小哪吒志愿服务队、青年志愿者协会、花木兰志愿服务队三个志愿服务组织，通过志愿组织的培育、能力提升、村庄服务等方法组成社区学习共同体，提高村民的自我教育、自我管理、组织能力，并营造“村庄是我家、建设靠大家”的社区共同体意识。此类的社区学习共同体集学习内容、社会实践与农村社区生活于一体，是最具从化本土特色的社区教育方式。

小哪吒志愿服务队的队员大部分是幸福学堂的学员，该志愿服务队是学堂的外延，是农村儿童社区教育的组织队伍，主要是在社工的引导下，参与关爱社区困境人群的志愿服务，以儿童的视角去了解村庄真实的生活状况，接触不同的困境群体，进而以微小的力量去温暖村中弱势群体，让儿童意识到自己是一个有能力的、有奉献精神的人，有能力参与到社区建设中。

社工在幸福学堂开设绘画、音乐课堂，简单传授相关的技巧，并鼓励

儿童将所学运用到村庄志愿服务当中。母亲节前夕，社工告知儿童社工服务站将开展困境妇女的探访活动，鼓励儿童绘制与母亲节有关的图画和学习母亲节的歌曲，并以志愿者的身份参与到母亲节活动中，为村中年长的妇女献上一份关爱。学员听到这活动时，十分开心，积极向社工报名志愿者活动。活动当天，十名儿童带着自己的母亲节画作送给困境妇女，十二名儿童为困境妇女献上悦耳的歌曲，儿童的关心让困境妇女感受到节日的温暖，还有村民为儿童和社工的关切探访落泪。在活动结束后，社工询问道“如果父亲节再组织类似服务，您愿意参加吗”，所有的儿童志愿者都表示非常愿意参与。可见儿童对社工设计的此类农村社区教育的满意度。这是对儿童的感恩教育，也是儿童服务他人的能力体现。（根据社区活动文书资料 HC-FE-2020-A-04 整理所得）

青年志愿者协会的培育与作用发挥。增能取向的实践鼓励服务对象建立同辈网络、运用同辈网络中的资源以及发挥网络的作用。受疫情影响，村中的大学生除上网络课程，空闲时间较多，社工珍惜这一社区宝贵的人力资源，尝试与青年大学生分析村庄社区教育的情况，并提出共同提供社区教育的服务想法与规划，邀请本土青年加入农村社区教育服务行列。在青年骨干的协助下，社工以滚雪球的方式将 11 名青年大学生组织起来，根据大学生的意愿和村庄的需求，将其组建成凤二村青年志愿者协会。在能力建设方面，社工与协会成员共同讨论，分析成员自身和协会的发展需求与未来的发展方向。青年大学生们充分发挥了群体间的动力作用，明晰了各自的角色定位，主动分为宣传部、组织部等部门，并陆续制定出青年志愿者协会的章程和财务制度、活动运行制度、资料管理制度等组织制度，保障协会的规范性与持续性运转。针对成员对于活动策划、团队协作的学习需求，社工以小组工作和社会实践的方式提供能力建设型社区教育服务，进而提升青年志愿者社区建设的能力。

接受能力建设型社区教育服务后的青年志愿者从服务的接受者转变为服务的提供者，化身社区教育志愿者，为村民提供社区教育服务。为充分发挥青年志愿者在社区的影响，强化其社区主人翁意识和发挥组织力量，在社工引导下，青年志愿者们主办了凤二村首届乡村短视频大赛，号召村民用视频关注村庄，发现村庄的美丽。整个活动中，志愿者的前期的活动预想、策划、宣传等都运用了社工在能力建设培训时的技巧，志愿者的明确分工、行动实施都体现了团队的精神，活动得到了村民的积极参与和肯定。此次活动中，社工是引导者，志愿者需要帮忙时才提供支持，因为社工信任青年志愿者的团队能力，更是为本土社区教育志愿者提供实践平台。此外，青年志愿者们主动借助儿童之家和幸福学堂的平台，发挥行动智慧，成为本土社区教育志愿者，针对儿童的社区教育需求开展了30多场艺术、生活与运动的多元化的兴趣课堂，累计服务超1000人次。（数据来源：社工服务站的第6期社区报）

花木兰志愿服务队的培育与能力发挥。农村妇女不只是乡村工作的服务对象，更是乡村建设的关键力量。提及农村妇女，人们往往想到的是“留守”“无经济地位”“照顾留守儿童、留守老人”“务农”等形象，外界对农村妇女的刻板印象会使其内化自己的形象，影响妇女形成正确的自我认知，进而产生自卑的心理。其实农村妇女具有的细腻、温柔、关心他人的特质对乡村建设能起很大的推动作用。

在农村妇女社区教育方面，社工服务站通过一系列增能型的支持性服务将妇女培育成花木兰志愿服务队的队员，创造不同的机会，让妇女在自我学习、小组学习、社区实践中意识到、了解到自己的优势所在及潜能，提高妇女的公共事务参与意识及能力，进而提高农村妇女在乡村中的正面形象。社工还旨在并通过志愿组织的形式增强农村妇女的人际交往，提高妇女在社会互动中的团队协作能力，增强其社会支持网络强度。社区学习共同体的培育与发展需要多元渠道的经费支持（黄一鸥、王利华，2020）①。社工联合花木兰志愿服务队领袖制订服务队的培育计划，争取外界的资源支持，尤其是经费支持方面。该培育计划初期获得了从化区“探

① 黄一鸥，王利华．终身教育理念下构建社区学习共同体研究［J］．教育与职业，2020，24：79-85.

索乡村力量"社区社会组织培育计划"潜力奖项目"和3000元项目经费，末期获得优秀项目称号。培育的过程被撰写为《"探索乡村力量"——乡村社会组织培育操作手册——以广州市从化区为例》中的典型案例，案例充分体现了将社区教育融入志愿服务实践中的有效性，还扩大了凤二村农村妇女的社会影响力，对改变农村妇女在外界的刻板印象有一定的促进作用，这也是社会工作介入从化农村妇女社区教育的创新成果之一。

农村妇女在社工的支持下，为村中的长者提供了不同的关爱服务，满足了长者身心娱乐、健康维护等需求，也在服务的过程中掌握了志愿服务的组织与策划、探访长者、与长者沟通的技巧等技能，农村妇女的内在优势和学习能力不断凸显。在花木兰志愿服务队的领袖人物和志愿服务精神的影响下，花木兰志愿者的子女、其他村中妇女也加入社区志愿服务当中。

（3）搭建本土文化宣传平台，创新社区教育形式

红色影院及文化故事汇是创新社区教育形式的举措，通过互学共学平台的搭建，弘扬优秀文化，凝聚村庄共识。社工和村民共同搭建的红色影院主要通过有声的影视作品宣传红色文化，丰富农村社区的精神文化活动，同时为村民创造一个相互讨论、相互学习的平台，让村民在轻松的交流学习中共同进步，最终打造成"乡村精神文化粮仓"。乡村文化故事汇主要是通过互联网和凤二社工服务站的社区报这两个无声传媒平台来弘扬村中贤人的优秀事迹和优秀精神，用乡中能人和贤人的生命故事影响村民，用村民身边的优秀事迹开展无声的社区教育，营造村民互学的文明氛围。同时，社工注重乡村文化故事的影响力，整理村庄外嫁女回娘家活动的事迹，宣传村中的优秀文化。

2020年6月至10月，社工联合当地社区志愿者在凤宴广场分别播放了5场爱国主题教育影片，累计吸引了超300名村民前来观看。与此同时社工借以挖掘乡村文化和特色产品等方式开展乡村营造工作，以文颂乡贤故事，传播乡村"精气神"，现已走进13位乡贤家中，借助社区报、公众号等"线上+线下"双线联动的方式将乡中能人和贤人的故事写下来、推

出去和传开来，累计阅读浏览量超2600次，有效地在村中营造了一定的互学文明氛围。（凤二社工服务站2020年中期评估自评报告及社工服务站微信公众号乡贤及乡村文化文章）

（4）促进要点

农村社区教育的场域在农村，参与主体是村民，教育方向是与村民自身、村民群体和农村社区的发展一致的。农村社区教育可以从村民的个人、人际（组织）和社区维度着手。开展社工辅助型农村社区教育主要以培育乡村社区社会组织为重点，借助组织共同体、学习共同体打通个人和社区层面的教育，协助组织成员发挥自身优势、提高组织能力建设和发挥组织作用力，采用组织自学、内部互学、向他人学、向其他组织学等方式，将社区社会组织打造成一个学习型组织和服务型组织。服务型组织是指组织的形成和发展方向不只是为组织而组织，而是为村民能力提升而组织、为乡村发展而组织，是将理论学习与服务实践相结合的农村社区教育方向。

通过农村社区教育培育的志愿服务队具有一定的可持续发展动力，他们可根据已有的能力和村情提出志愿服务设想，并鼓励其他村民一同参与，提高志愿服务队的服务水平以及推动村庄共同体的建设，以社区参与式的社区教育方式进行学习以及能力提升。社工辅助型农村社区教育还在于通过不同的学习平台促进村民在互学过程中的沟通交流，扩大村民非正式支持网络，同时借助有形无形、有声无声的方式大力宣传已有的农村文化故事，增强村民对乡村本土文化的自信心。

3. 多方联动型农村社区教育及促进要点

凤二村缺乏社区教育资源这一困境不是仅靠社工服务站就能解决的，社工需要撬动村内村外的人力资源、财力资源等，打通社区教育资源与村民社区教育需求之间的渠道。在这一过程中，社工不能仅仅扮演物质资源的传送者，而应将社区教育的整个过程打通，从需求着手到资源匹配，再到资源的有效利用，再到社区教育成果的实际应用和影响发挥。

要推动个人在社区教育过程中的发展与变化，则需要从个人及其所处的环境系统切入。布朗芬布伦纳认为每个人生活在相互影响的环境系统中，环境系统可划分为与个人直接接触的家庭、朋辈群体等的微观系统、由各微观系统之间的互动而产生的中观系统、个人未直接参与但对其产生影响的外观系统和涉及文化层面或更大系统的宏观系统（宋丽玉等，2002）①。基于此，社工服务站将村民的微观、中观、外观和宏观系统整合起来，打造农村社区教育公益圈与生态圈，整合社区内外力量形成合力，让村民享受更多的社区教育，进而更好地改善农村社区教育环境。

（1）整合村中资源，推进村民自助互助式教育

村中的资源都是农村社区教育的资源，包括人力、财力、文化源、组织等资源。社工作为资源的整合者，在不同的场合发挥着不同的作用。在人力资源的整合上，社工打造村民议事会基地，借助社区公共事务的开展，联动村民委员会书记、工作人员、自然社社长、村民代表、各志愿服务队骨干等不同身份的村民共同讨论社区邻里花园的共建项目，联动村中妇女及其子女共同商议村中长者的关爱服务方向，鼓励村民通过村民议事会参与社区事务，发出自己的声音，并在其中提高自己的议事能力。在文化资源方面，社工联合农村合作社、社工自主培育的金凤凰协会多次开展石斛组培工作坊，宣传石斛文化，增强村民对自身本土农产品的认识与自信，并以石斛为载体，开展生命教育。在基础设施资源的利用方面，村中的文化室、书吧、儿童之家、村史馆等场地都是开放式的，村民可以直接利用现有资源，进行自我学习、小组学习等，同时鼓励村民争当设施的志愿管理员。

（2）社区教育志愿者激励，打造农村社区教育的本土公益圈

发挥社会工作在社区教育志愿服务的行动智慧。凤二社工服务站为激励农村社区教育志愿者的参与积极性与参与深度，依据国家志愿服务相关法规制订了服务激励机制方案，联合区慈善会等各公益力量打造公益平台，对志愿者的付出进行登记与奖励，志愿者通过志愿服务的提供可积累

① 宋丽玉，等．社会工作理论［M］．台北：洪叶文化事业公司，2002：206.

服务积分，服务积分可兑换公益平台上的物品。除物品的激励，社工还会给予社区教育志愿者声誉激励。声誉的激励对于注重“面子”的村庄有着重要的激励作用，它可以增进村民之间的合作，提升村民在其他村民眼中的正面形象。在2020年服务年度总结会上凤二社工服务站为社区教育志愿者颁发“优秀青年”“优秀花木兰”等称号，以激励为农村社区教育付出的村民志愿者，同时鼓励村民加入农村社区教育的公益圈，共同推进农村社区教育环境的优化。

（3）需求导向的社区教育资源，“引进来”“走出去”

农村社区教育需求呈现多元化、多样化，而资源的缺乏是普遍的困境。为此，多方联动型的社区教育采取社工引进来、村民引进来、村庄引进来“三引”和“走出去”策略来补充农村社区教育资源。

农村社区教育资源的“三引”策略主要表现在不同的领域，社工积极链接城市优质资源，引进的较多涉及农村儿童社区教育资源。据不完全统计，凤二社工服务站引进了广州市动景计算机科技有限公司、葵园艺术培训机构等企业教育资源、广州市互联网协会等社会组织资源、共青团等群团组织资源、高校等十余种教育资源，开展了科学教育课程、绘画、艺术课程和游戏编程等多元化课程，拓宽儿童见识，以城市社区教育资源带动农村社区教育发展，以外力推动的形式推动儿童学习，跟上新时代的步伐。（凤二社工服务站的中期评估的自评报告及凤二社工服务站《资源整合汇总表》）

村民自主引进的社区教育资源主要涉及村民的职业教育。广东大力推广月嫂培训，通过政策实施、考证补贴的方式促进妇女就业。村中女领袖了解到A培训机构承接了月嫂的培训课程，就与社工共同宣传，将这一职业培训资源利用起来，倡导农村妇女在社区接受职业培训、在社区得到教育资源。村民间组成的农村专业合作社是发展农村经济的重要载体，合作社通过引入农村技术专家为社员提供专业技术指导，提高村民的农村农业知识水平与农业耕作能力。

当时了解到这个月嫂培训课的时候，我有和社工服务站主任沟通，就在社工服务站建的微信村民群宣传，把有需要的姐妹组织起来，一起学习，学成后大家可以退回培训费，对就业也有一些作用。以前有过这样的教育培训，但都没这次报名的多，很感谢社工帮忙。（访谈对象 Z7）

村庄引进的主要涉及村民社区教育的设施及相关支持力量，特别是借助村庄已有的场所开设综合文化室、共青团活动空间、妇女之家等，扩大社区教育公共空间，给予农村社区教育的基础支持。

农村社区教育不局限于在村庄内学习与成长，还可以外出游学。“走出去”是指社会工作者带领村民外出学习，了解他人的优秀经验，汲取其精华，或是接触、参观村庄外部的世界，打开视野，这都是提高村民认知、培养高素质人才的重要方式。

社工结合花木兰志愿服务队的需求，有效地链接学习培训营资源，组织花木兰志愿者外出参与南平静修小镇，鼓励志愿者与当地工作人员相互交流，探讨妇女在乡村发展中的作用，以激发农村妇女的自身潜能和实际能力，继而提升其参与凤二村建设的主动性、积极性和科学性。活动讨论总结时，每名参与者都能说出 1 个及以上促进凤二村发展的建议。外出游学的社区教育方式也得到了花木兰志愿队队员们的一致肯定。（根据社工文书资料 HC-FE-2020-A-21 整理而来）

“走出去”是为了更好地“引进来”。在“走出去”学习的过程中，花木兰志愿者对村庄的关注以及妇女对乡村建设的主人翁意识得以显现，通过对比村庄与他乡的环境，提出优化村庄的建议，将外界的优秀经验进行在地化，这不仅是花木兰志愿者自身的增能，还是社区的增能。

（4）串联多方社区教育资源，促进社区教育的可持续性

社区教育资源是零散的，社会工作者需要将资源进行分类合并，将资源串联起来，保证资源的高效率利用，也能保障更多的村民学习者有足够的教育资源，这有利于社区教育的可持续性和高质量发展。乡村儿童教育是社会很多爱心人士和企业所关注的，捐赠学习用品、书籍是常态，在凤二村也如此。几个爱心企业在疫情期间联系社工，希望社工帮忙将爱心物资送给儿童，社工根据儿童学习物资需求进行了分配，较多儿童获得了绘

画的工具，但在跟进农村儿童社区教育的服务不仅仅止步于此。当了解到爱心企业举办绘画比赛时，社工联系获得绘画工具的儿童积极参与其中，并将比赛的情况告知链接到的绘画教师，让绘画教师将儿童的绘画需求与比赛相结合，有方向性地引导儿童学习、掌握绘画的基本技巧，同时也借助外界力量的推动让儿童意识到社区教育具有可持续性，学习也需要付出一定的时间和精力。

随着互联网时代的到来，网络传媒的作用日渐受到人们的重视。村中的妇女也希望通过网络宣传村中文化，并借助网络力量推动农村经济，但缺乏短视频制作、直播带货的知识和技能。在青年志愿者协会策划的短视频活动中，社工意外地了解到一个短视频制作能手，并邀请其作为社区教育志愿者。该志愿者采用知识讲解、村中实地取景、制作视频等方式传授视频制作技能并通过视频的完成来验收学习成果的方式得到了喜欢。为进一步补充农村社区教育资源，社工还积极引入专业的互联网教师，为村中开展电商培训助农课程、乡村直播带货培训营，帮助妇女掌握直播带货的系统知识和实操技能，让村民有能力实现农产品自销售、自运营、自品牌的体系化发展。而后，邀请妇女代表参与高校组织的线上直播活动，在线推销村中农产品，巩固学习成果的同时也满足了妇女自身的经济需求。

（5）促进要点

农村社区教育的内容十分丰富，整合社区内外的社区教育资源是发展农村社区教育的重要工作内容。社工充分发挥资源整合的角色作用，立足社区需求，从村民的微观、中观和宏观系统着手，挖掘社区内部资源，引入外界资源，打造社区教育生态圈，满足村民个人、村民组织在社区教育方面的需求和社区发展层次的需求。

开展多方联动型社区教育有三个重要的关键点，一是社区教育需求导向，从村民的教育需求出发的社区教育才是真的社区教育，才能得到村民的支持，村民的参与度才会提高。社工作为服务的提供者，从需求着手，以目标为方向，链接相应的农村社区教育资源是社工的服务优势，从而有效地打通个人增能和外力推动增能。二是社区教育的连贯性与可持续性。

村民愿意参与社区教育服务可能是一时兴起，也可能是抱着试一试的心态参与，参与的动机各有不同，社工应认真识别，将相同的社区教育资源整合在一起，匹配到真正有需求的村民，激活其潜能，使其能保持长期学习的态度与行动。三是本土社区教育资源的有效利用。农村社区教育资源的缺乏程度也取决于村中的资源是否被有效利用起来。很多资源都可以转化为社区教育的资源，但这既要看资源的活性，也需要资源整合者的能力，最为关键的是社区教育是否被重视。社区作为村民生活时间最长的场所，若资源能被有效撬动起来，它可以持续为村民服务，发挥资源的最大化效应。村民是本土社区教育资源中的关键资源，他既是学习者，接受社区教育服务，也是社区教育发展的建设者，这是因为他在接受社区教育时，肯定了社区教育的意义，能带动其他村民，或是通过反馈参与社区教育的感受与建议、充当社区教育志愿者等形式参与到社区教育的运行中来。

（三）模式成效

1. 个人增能：参与社区教育的意识与能力得到提高

（1）意识觉醒，权能感增强

在社工进驻凤二村前，村民接触到的社区教育服务较少，主要以宣传单的派发、广播、宣传栏等简单的形式开展，人们参与此类教育服务的频率低，社区教育意识较为薄弱。自社工服务站进驻后，社工基于村民的教育与能力提高需求开展了幸福学堂、学习小组等社区教育服务，村民参与农村社区教育的程度逐渐提高，也满意社区教育的供给情况。时常有村民积极主动向社工了解社区教育的服务，期望自己也能够在社区接受相关的教育服务，主动获取社区教育服务的观念与意识显著提高。

我儿子每次参加完主持人课程之后，都会主动在家表演给我看，他是很高兴的，一开始只是跟着他堂哥一起参与，我以为他参加一两次就不愿意来了，现在每节课都没落下，他很喜欢这里的主持课和其他小伙伴。（访谈对象 C3）

刚开始绘画课的时候，我还是挺喜欢的，后面感觉有点无聊，就向社工哥哥反馈，应该是社工哥哥跟那个老师沟通过吧。现在的课堂好一些

了，今天的“深行”教学是我最喜欢的。(访谈对象 C4)

部分村民在接受社区教育服务后，对自己的生活控制感有所增加，如访谈对象 C6 在学习血糖相关的内容后能够借助知识迁移、血糖测量仪等调整自己的作息饮食，有效控制生活，其生活掌控感和自信心都有所增强。

社工教我怎么用血糖测量仪和跟我讲解一些血糖控制的知识点后，我现在的血糖已经好很多了，没以前那么高。现在差不多天天都测血糖，饮食方面也会很注意，高血糖带来的负面影响少很多了，生活也没那么苦恼了。(访谈对象 C6)

（2）获取社区教育资源能力的提升

对社工提供的社区教育服务的态度，村民从开始的试探性参与到主动报名参与，再到后来的主动询问了解，再到社区教育服务的志愿者，参与的程度与层次逐渐提高，说明村民对社区教育资源的关注度和获取能力不断提升。

暑假期间，村民主动在村民群里询问社工有没有篮球课程，虽然那时我没有在社工站提，但我主动向青年志愿者协会负责人询问认不认识擅长打篮球的村民。随着服务的开展，村民开始信任社工，会主动询问社区教育资源，我也是尽力去链接，满足村民的需求。(访谈对象 S3)

不同的社区教育参与程度可侧面反映出村民对环境中教育资源的识别与影响能力。被动参与是最低程度，成为社区教育服务志愿者是最高程度，程度越高，其资源识别和影响能力越高。如从被动参与到主动参与的态度转变也是村民个人心理控制的转变，被动参与的非主动性往往带有抵抗心理，而主动参与则没有，这一过程包含着村民对农村社区教育资源的识别与认可，也意味着村民作为独立的个体，主动融入社区教育环境，可见其获取教育资源的能力有所提高。

一开始是我妈妈帮我报，她说我在家就只是看电视、玩手机，就要求我过来看看是什么活动，说总比在家待着好。不过，我之前参加幸福学堂后，感觉挺好的。现在我看到感兴趣的课程或者活动会主动报名。有时在

学校上课，看不到村民群的信息，我妈也会告诉我，问我想不想参加，如果我有时间都会参与。（访谈对象 C2）

2. 人际增能：学习共同体的初步培育与社会支持网络的增强

（1）学习共同体的初步形成

学习小组的初步形成。社工通过小组工作、小型活动的举办，将对相同学习内容感兴趣的村民组织起来，发挥社工的引导作用与村民之间的学习动力，初步形成几个学习小组，如绘画小组、主持人小组、长者安全学习小组、长者减压小组和志愿服务队等。小组成员在学习的过程中相互帮助，一方面可以巩固学习的成果，另一方面可以增强学习小组的互学作用。这些小组并没有随着小组活动的结束而停止学习的脚步，在后续的社区活动中积极参与，逐渐成为学习共同体的雏形。如绘画小组参与社区邻里花园的轮胎绘画，装饰美丽的农村社区。志愿服务队每月不定期探访困境长者，主持人小组成员精心为村庄的元旦会演安排节目等。

老人家平日虽然看起来没什么事情，但总会有一定的生活压力，我们之前通过种植豆芽来对生活减减压，种豆芽不难，不过大家都乐在其中，时常会分享自己种的豆芽怎么样了，有些人的豆芽种不成，大家都互相讨论。（访谈对象 C7）

对于村里面的特别困难的人，我很乐意去帮忙，能帮多少就帮多少。你们（社工）也很好心，教我们怎么样去做志愿服务，一起学做粉包，一起去探访。现在我们对于探访的技巧也有一定的了解了。平日我们也常常讨论困难村民的情况，会想办法帮帮那些人。（访谈对象 Z3）

职业教育小组的自组织与成长。在社工的引导和支持下，村民也根据妇女的职业教育需求引入教育资源。村民代表了解到城区某教育机构承办了育婴师的职业培训，考虑到村中妇女的经济需求，并将有意成为育婴师的妇女组织起来，定期在社工服务站的多功能室开展培训课程，提高妇女的职业教育水平。社工在村民与教育机构之间沟通、资源链接方面给予帮助，并引导职业教育小组成员根据自身需求、能力水平提高职业水平，争取通过职业资格考试并获得职业补贴。

（2）服务对象的社会支持网络得到增强

社会支持是指村民意识到的或实际的农村社区、社会网络提供的工具性或表达性的资源，包括物质和精神两个层面的社会支持。社会网络可以纯粹指人与人之间所构成的关系网①。村民个人可以直接接触的人，具体到村民接受农村社区教育服务过程中，包括其他村民、社工、社区教育志愿者等，这些都是村民获取社会支持的重要来源。

社区教育服务齐参与。参与社区教育服务的村民往往是结伴而来，社工了解到并不是所有的村民都能及时看到社工服务站的社区教育服务通知，部分村民看到服务通知时会主动帮邻里或者其好友报名，增加双方获得社区教育服务的机会。

我和她（C7）住得不近，她有时要照顾她的老伴，也挺忙。不过自从一起种豆苗之后，我们经常在一起玩。比如，上次一起学种石斛，我们一人拿了一盆回家种，大家的石斛都长得还可以；上个月还一起参加了美丽超市的游园会，我们配合着玩了好几个游戏，挺开心的。(访谈对象 C6)

村民之间的互学互助日常化。学习小组的成员除在学习的过程中相互帮忙，在平日的生活中也会给予他人力所能及的帮助，有时还会一起参与社工组织的活动，村民之间的邻里关系、互助情谊得到了进一步的增进，村民的非正式支持网络也得到了增强。

之前有个人在我们这村子的名声很不好，没几个人喜欢他的，不过现在的话，他说话的态度好很多了。刚开始到社区幸福食堂吃饭那会，还与工作人员发生不愉快的事，后来经过社工和志愿者的调解后，他变了很多，现在还会主动帮一些老年人买餐具，慢慢地大家对他的态度好一些了。(访谈对象 Z6)

3. 社区增能：社区教育环境得到改善

（1）多元化的社区教育服务提供

F 凤二村设有家长学校、社区图书馆等社区教育基础设施，但较少开

① 宋丽玉，等．社会工作理论［M］．台北：洪叶文化事业公司，2002：289-292.

展活动。社区图书馆的主要参与对象是儿童，但儿童只是下课后才有时间去社区图书馆，参与频率较低。笔者也曾多次去社区图书馆进行观察，无论是工作日还是休息日，儿童的参与人数也很少，都是几个小朋友在图书馆阅读。社工进驻前的村民社区教育形式与活动较少，自社工服务站开设后，各类社区教育服务不断推出，多元化、多样化的服务能较好地满足村民的需求，村民的社区教育参与度和积极性有所提高。

“之前很少有像主持课程、画画课这样的活动，是你们社工进村之后才比较多见，大家都挺喜欢的。”“我时常会留意社工组建的微信村民群。你们经常会发一些活动信息，如果看到适合我儿子的活动，我都会及时告诉他，询问他的意见，他感兴趣的话我都会帮他报名。”（访谈对象 C3）

“我挺喜欢主持人课，上一次老师还教了快板，我第一次学，挺好玩的。”“我几乎每次都来。元旦之前我们还有一次表演，我有点紧张，不过我会好好练习。”“我喜欢很多东西，我很少和妈妈说要上什么兴趣班，因为要花很多钱，我舍不得。”“这个主持人课不用钱，我星期六日也有空就报名参加了。我妈妈也很支持我过来学。”“我妈经常看到有活动就问我参不参与，我感兴趣的话就会报名。”（访谈对象 C4）

（2）服务对象的社区归属感增强

能力为本的社会工作介入从化农村社区教育的模式注重理论与实践相结合，将村民个人成长的教育需求与社区发展、社区治理结合起来。通过以社会实践为教育方式或以社区本土资源为教育内容或载体的社区教育服务，村民对社区的认识越来越多，同时也愿意为社区的建设付出自己的时间与精力，对社区公共事务的参与程度也较之前提高，可见村民在接受社区教育服务后对村庄的归属感有所增强。最为突出的是村民在共建邻里花园的过程中齐心协力。村民根据花园需要提供工具、花种子等，种种表现都能映射出村民对社区的投入，也蕴含着村民共建美好家园的期望。

“这个花园是大家一天天建起来的，不是我一个人的花园，是大家的花园。我愿意天天来浇水。”“刚路过的游客看到这个花园都说好看。”“时常看到来村子旅游的外地人在花园里面拍照，大家都挺喜欢这个花园的。”

（访谈对象Z3）

“中秋、国庆的乡村晚会和元旦会演，我都有表演。两次大型活动都有很多村民过来看。我跳得开心，其他人玩得也挺开心的。”“社工服务站还可以多开展类似这样的活动，大家都很喜欢。”（访谈对象Z6）

（3）农村社区教育资源的有效利用及增加

农村社区教育设施的高使用率与增加。社会工作者开展社区教育服务得到了村民委员会的肯定与支持，十分愿意为服务提供场所，支持社会工作者利用家长学校、村史馆、文化广场等场地开展服务，同时也愿意将空的办公室打造成社区教育空间，增加村民获取社区教育服务的机会。通过社会工作者的努力，社工服务站与区妇联组织、区儿童福利服务指导中心取得联系，获得支持，在村庄内设置了儿童之家，为儿童社区教育增添了亲子图书角、活动空间等教育设施与设备。

社区教育的本土志愿者挖掘与激励。每一位村民都是有能力的人，无论年龄大小。一次幸福学堂的手工课程上，因社区教育志愿教师准备得不够充分，课堂陷于僵局。社工了解到学员中有一名擅长手工的儿童，就现场邀请他当小老师，教其他学员做手工。教育者与受教育者的角色的成功转换一来可以激发儿童的潜能，二来是对儿童能力的肯定，增强其自信心。同时也为社会工作者介入开展农村社区教育服务提供了新的思路，村民可以互为教师与学生，挖掘社区教育的本土志愿者有利于拓宽教育资源渠道。与此同时，社工推出社区教育志愿者的激励方案，吸引了一批青年大学生志愿者、村民组织对农村社区教育志愿服务的支持与投入，打造农村社区教育的公益圈，社区教育志愿者已累计服务超过2000余人次。

社区外界力量对农村社区教育的支持。社会工作者充分发挥资源链接者和协调者的角色作用，引入了大量的社区教育资源，丰富了凤二村的教育资源，为凤二村社区教育注入了新活力。社区内外的社区教育资源形成了一个社区教育生态圈，保障着凤二村社区教育的可持续开展。

农村社区教育服务的提供增加了凤二村的社区社会资本，社区社会资本的增加反过来又推进农村社区教育服务。帕特南（1995）[①] 认为社会资本包括信任、规范和网络，是在人们的互动中产生的。它们能够通过推动协调的行动来提高社会的效率。社区社会资本可理解同在一个社区的人处在一个社会网络之中，人们相互信任，可从该网络中获取相关的资源，同时根据已达成共识的规范进行自我约束。村民平日生活在村庄中，有一定的社会联结，业已形成一个生活共同体。村民在接受社区教育服务时的相互交流互动更使其形成了一个学习共同体，在学习过程中得到更多的社会支持，村民之间的了解与信任得到进一步的增强。村民自主形成学习小组、社区教育志愿服务队都是社区社会资本的重要呈现。学习小组、学习共同体和志愿服务队的形成有利于营造浓厚接受社区教育的氛围、信任社会工作者开展的社区教育服务，进一步增加社区社会资本。

三、模式的优化

（一）模式不足

社会工作者在介入从化农村社区教育的过程遇到了不同的阻碍，有来自村民群体的，也有来自社会工作者与环境之间的冲突，也有因农村社区教育资源匮乏而产生的影响因素等，这影响了模式的成效。模式自身也存在着不足，主要体现在以下几个方面。

1. 农村社区教育覆盖范围不大

服务环境影响服务参与积极性。凤二村作为一个行政村，全村约有 11 平方公里，共分为 13 个自然村，自然村之间的距离参差不齐，社工服务站位于近村中心的自然村，但离几个自然村还有一定的距离。再加上村落位于高速公路出入口，常有大货车经过，交通路段的复杂影响着村民尤其是儿童与长者参与社区教育服务的便利性与安全性。这都在一定程度上影响着村民参与社区教育的积极性。凤二村有 3370 人，人口虽然不多，但大部

① Putnam R D. Bowling alone：America's declining social capital［M］. Washington：Taylor & Francis Inc.，1995：3-9.

分村民外出务工，参与社区教育服务的人数往往比留在村中生活的人少，且参与的对象主要为儿童、长者与部分留守妇女，社区教育的覆盖范围尚未达到一半人口。另一方面，社会工作者主要在微信村民群或通过线下口头宣传服务，时常出现村民不了解服务情况就直接报名或是不清楚服务内容，社区教育服务的宣传尚未到位，这也是影响覆盖率的一个重要因素。

2. 村民对社会工作者形成依赖心理

社会工作者从村民个人、人际和社区三个维度提供社区教育服务，目标在于推动村民依托社区内部力量与支持改善农村社区教育资源环境，提升村民个人素养的同时，推动社区发展。但随着服务的推进，村民对社会工作者策划的社区教育服务产生了依赖，而非村民自主组织、策划相关的教育活动。社工培育的小哪吒志愿服务队相对于青年志愿者协会和花木兰志愿服务队来说，成熟度低，开展志愿服务时还需要社会工作者引导，社会工作者一直扮演着小哪吒志愿服务队的主导者角色。总体而言，社会工作者还是处于农村社区教育的主导位置。

之前有村民在村民群问是否有篮球课，那时我们还没有。平日总会看到有人打篮球，村民之间其实可以相互学习，不一定都要由社工组织。(访谈对象 S3)

“你们这里有主持人课、绘画课，有很多儿童的课程，有适合大人的吗?”“我平时星期六日空闲时间挺多，挺想学电脑，你们这里有这样子的资源吗？有的话，麻烦你通知一下我。”（访谈对象 C3）

3. 农村社区教育资源和条件不足

社区教育资源的匮乏是影响农村社区教育发展最重要的因素。在社工服务站进驻后，凤二村的社区教育环境有所改善，但资源匮乏还是长期存在的。村民的性别、年龄、兴趣爱好、教育水平等情况各有不同，社区教育的需求也就有所差异，这对于农村社区教育的师资、基础设施等投入要求也就会更高。目前，凤二村的社区教育主要由村庄的大学生志愿者、村民合作社的一名教师、从社区外引进的社会组织与企业科普教师和社工提供，但从社区外引入的专业师资资源只是短时间提供服务，所以专业的社区教育的师资资源较为匮乏，在多元化的教育需求满足方面存在严重的不足。

“我儿子比较喜欢编程，之前也参加过你们开展的一次编程课堂，后面就没怎么参加过你们的活动了，因为他对其他的不是很感兴趣。”“我知道我隔壁家的小敏经常参加你们的活动，他对那些比较感兴趣吧。”（访谈对象C8）

在社区本土资源的整合方面，凤二村社工服务站做了很多努力与尝试，撬动了不同的村民资源，但整合的力度还不够大。如在文化资源利用方面，凤二村作为一个客家文化村落，文化气息浓厚。客家山歌作为客家文化的瑰宝，尤其受长者喜欢，也有出色的客家山歌表演者。但是社工未结合文化特色打造社区教育课程，只是在学堂播放视频，服务较为浅层化，未能很好地满足长者的闲暇教育需求。再如在人力资源方面，社区内有很多退役军人、乡贤、熟知村庄发展的长者等宝贵的人力资源，在社区教育方面尚未很好地发挥作用。

“之前其他社工小伙伴提的调动村中乡贤、退休老师来上课的想法挺好的，但我们社工服务站人就这么几个，还有其他更重要的事做，所以邀请村里面的贤人能人来授课这事暂时先不实施。”（访谈对象S1）

“我也没做过什么大事，不是你们所说的乡贤人物，没什么值得报道的。你们去找其他人采访吧。”（笔者在采访乡贤过程中的实习记录）

4. 未形成规范性运行机制

社区教育服务涉及一系列的服务流程，从需求调研到服务设计、资源链接、服务提供、服务管理与调整、服务评价等，流程繁多，每一步都需要社会工作者认真对待。虽然凤二村社工服务站在农村社区教育领域的介入做了很多，也积累了丰富的经验，但其运行模式缺乏规范性的运行机制，容易影响社区教育的效率与质量，进而影响村民参与社区教育的积极性。

如在服务设计及管理方面，系统性设计与规范管理机制处于真空或缺位的状态。学员是社区教育的重要支持力量，学员的参与度是衡量社区教育服务质量的指标之一。部分社区教育服务内容与学员的学习能力不相符，或是学员的需求在学习过程中发生变化，社区教育内容缺乏系统性，课程之间衔接性不高，但课程内容未得到及时动态调整，所以学员流失的情况时常发生。

有时候老师讲的，我都听不懂；有时候就让我们安安静静画，有疑问就提问。有时候无聊，有时候我就不想来了，就和其他朋友到外面逛逛。（访谈对象 C5）

“前面的课程，还是有挺多人参与的，签到表都是满满的名字。有几节才八九个小朋友来。很奇怪，差别有点大了。”“有些学员还请假，有些没说原因就不来上课了。”（访谈对象 S3）

凤二社工服务站及时根据社区教育的参与情况设置了考勤管理办法，但是形同虚设，并未达到考勤管理的效果。

“经常有人不来上课，也不跟我们说明原因，这很浪费教育资源。之前我们设置一个规定，超过多少次不来上课就取消名额，让下一个报名的人过来参加。”“但是这个考勤管理并没有得到很好的执行，管理很松散。”（访谈对象 S1）

在服务沟通方面，社区教育涉及各类资源，社会工作者必须发挥好作为资源整合者与协调者角色作用，与资源持有者在服务前、中保持密切联系，保障服务的开展，但在实践过程中发现社工未建立良好的沟通机制，以致服务过程中出现混乱、学员流失、教育内容不衔接等问题。

（二）原因分析

社区教育在我国已有四十多年的发展历程，国家和地方层面也制定了不少的社区教育政策，大力支持农村社区教育的发展，但由于村民个人及所处的社会环境的多元影响因素，人们对于社区教育的了解并不多，以致凤二村的社区教育发展遇到了不同阻碍。基于增能理论，本节从村民个人、人际关系、社区三个角度分析影响凤二村社工服务站介入从化农村社区教育的模式发展的因素。

1. 村民的社区教育意识薄弱

由于大部分村民对社区教育的了解程度低，其参与社区教育的意识较为薄弱，主要可从以下三个方面体现出来：一是持有错误的农村社区教育观念，部分村民认为只有在学校上课才算是教育，参加社区教育活动是浪费时间的；二是不认可参与社区教育的价值，部分村民认为社工服务站的社区教育服务与自身关系不大，参与的价值不大或是没有，或是产生“自我无用论”——即使参加了并不能改变什么，缺乏参与的信心与动力；三是固化的生活学习状态，凤二村以往较少开展社区教育服务，平日村民也有自己的生活安排，对于“新来”的社区教育服务持排斥或者保守观念，所以参与社区教育服务的主动性很低。村民参与社区教育的强弱关键在于内容是否与其切身利益相关，如果密切相关，则其社区意识会所有改变。

“之前有个小朋友的母亲很不喜欢她的小孩来参加我们的活动，还说自己辛辛苦苦挣钱是想让小孩认真读书，而不是让小孩来我们这边玩，当时听到有点生气，我们应该要去和家长解释清楚。”（访谈对象S3）

2. 村民参与社区教育的能力不足

村民因为各种原因不参与社区教育服务或者中途离开社区教育服务课堂，其中受村民个人因素及其人际关系的影响。在个人因素方面，部分长者因自己的文化水平程度低、听不懂普通话等客观情况认为自己不具备参与社区教育的能力，而陷入无能状态，参与意愿低。还有很多村民是因为时间上不允许，“要帮忙照顾小朋友”“平日要上班，周末就想休息”等时间的限制因素影响着参与社区教育的能力。

除客观的个人因素限制外，村民内化的自我能力也对其行为产生了很大的影响。“我年龄也大了，让其他能学得来的人学吧！”“我没有学过，我不会。”“我学东西很慢的。”如此等等，都是村民对自我能力的弱化，觉得参与社区教育有一定的能力要求，但并非所有的课程都要求村民有一定的基础。

人际关系能左右一个人的选择，尤其是好友和亲人等重要他人。在人际关系影响方面，家人的不理解与不支持会阻碍村民获取社区教育资源的机会，尤其是家长对儿童和长者的影响。朋友的误解也会影响村民参与的积极性。

“我也想来（参与社工的社区教育服务）呀，但是要带小孩，没那么多自己的时间，有空的话我再过来吧！”（访谈对象 C11）

“之前有个小朋友是很积极的，还经常参与我们的志愿服务，不过有一次被她妈妈骂了，就不敢在他妈妈在的时候参与我们的服务。”“有一次他自己报名了外出游学的活动，但后面他妈妈让他取消报名了。”（访谈对象 S3）

社区学习共同体的内在动力发挥不足。村民不仅互为生活上的伙伴，还应是学习上的伙伴。除凤二村艺术团外，由社会工作者推动培育的社区学习共同体、志愿服务队主要在接受社区教育服务时才会表现出共同体的形态，在学习的过程中发挥群体动力，而在服务外或是生活上，较少主动发挥学习共同体的功能效应，所以部分学员对社会工作者或社区教育志愿者产生依赖。如在主持人学习小组的学习过程中，小小主持人往往对社区教育教师产生依赖，并未将自己当作学习的主体，未充分利用学员之间的相互作用力量来提高学习效果。

元旦所有的小主持人都要表演，所以下课后，老师让我们回家自己练习。我就自己练一下，很少跟其他小伙伴一起，反正上课的时候老师会让我们一起练习。（访谈对象 C1）

3. 农村社区教育投入力度不大

农村社区教育涉及多方的管理，从化区已搭建了区、镇（街）、村三级社区教育网络。凤二村村民委员会的会议室门口悬挂着“村民学校”的牌子，但了解到很少有社区教育服务提供，可见正式的农村社区教育资源投入较小，也未得到村委会的重视。社会工作者依据村民需求，依托社区实际开展了一系列的社区教育服务，但仅依靠凤二社工服务站自身的投入与整合的社区教育资源还未能很好地满足村民的需求。经济因素是影响社区教育模式的因素之一。很多村民会考虑经济方面的因素，继而决定参不参与社区教育服务。社工时常都会听到村民问“参加这次活动要不要钱”，所以每次凤二社工服务站推出社区教育服务时都会显著地表明活动免费的性质。除特殊情况外，社工服务站独自策划、开展一场社区教育服务的经费一般不能超过 500 元，如超过则需要向社工服务站的上一级负责人申请，这对开展相关的服务有一定的制约作用。

4. 多元主体的合作不紧密

除推动村民发挥主体能动性参与社区教育外，通过外力推动村民参与社区教育服务也是很重要的服务方式。这并非强制要求村民参与服务，而是通过整合内部资源和引入社区外的资源丰富农村社区教育，并鼓励村民参与，以缩小城乡社区教育的差距，这种方式需得到多元主体的支持与合作。不同的主体持有不同的介入动机，所以对凤二村社区教育服务的支持力度和时间都不一样，于是与凤二村社工服务站的联系紧密程度也有所不同，这对社工安排具有连贯性和系统性的社区教育服务有一定的影响。社会工作者作为资源的协调者，要识别资源持有者参与社区教育服务的动机，找到双方合作的契合点，发挥“1+1>2”的合作效应。

我们购买了她（另一专业的社区教育教师）所在机构的服务，所以她们要去不同的村子开展公益教育活动。现在她在另外一个村子教画画，因为突然接到任务，所以今天加课，由我来上，多谢你们社工服务站的配合。（访谈对象 W2）

5. 服务与本土文化发生冲突

文化顺应是农村社会工作有效发展的前提（李锦顺，2013）[①]，这意味着农村社区教育的开展需要尊重本土文化，适应当地的文化和传统风俗习惯，具有文化敏感性的服务者与服务更能得到村民的认可与支持。凤二社工服务站开展社区教育服务时，有时因未充分考虑到文化的特殊性而遇到阻碍。凤二村比较注重宗族文化，凤二村是一个行政村，下辖 13 个自然村，每个自然村都有自己的祠堂，村民很少踏进非本自然村的祠堂。有时

---

① 李锦顺．文化内核和文化顺应：差序格局与广州农村社会工作支持网络构建［J］．社会福利（理论版），2013，1：31-34.

因为场地限制，社会工作者会在经自然村的组长的同意后在祠堂开展服务。但当村民知道服务地点为祠堂时，会产生抵触心理，而影响参与社区教育的意愿。即使村民参与了，也会在现场提出一些注意事项，提醒说“不要犯禁忌”。

每个自然村分得很清楚，所以要成立一个凤二村的社区基金的时候，我们遇到了很大的阻碍，我们也还在想办法。(访谈对象 S1)

我很少去那个村的，那个社区图书馆在他们那个村，所以我很少去那看书。(访谈对象 C5)

语言文化也会影响社区教育服务的质量。凤二村作为客家村落，很多长者只会讲客家方言，听不懂普通话，这对不懂客家方言的社会工作者和社区教育志愿者或老师而言是一个挑战。于长者而言，也会因为听不懂社工或社区教育教师的语言出现中途退缩的现象。

有时候去探访或者开展长者服务的时候我都比较愿意带着会讲客家方言的同工和实习生去，这样沟通起来比较方便。如果听不懂的话，我会笑着面对老人家，但有时会错过一些细节内容。(访谈对象 S2)

坐在那长凳上听医生讲，有点累，讲的内容应该很好的吧。但是都是用普通话讲，我们听得不是很明白，就提前出来了，下次也是这样的话，也不是很想来了。(访谈对象 C11)

(三) 模式优化

社区教育是终身教育的重要组成部分，每位村民都有享受社区教育的权利。在农村社区教育服务方面，凤二村社工服务站做了很多创新的尝试与努力。基于社工服务站的经验提炼出的能力为本的社会工作介入从化农村社区教育的模式在一定程度上满足了村民的社区教育需求，推进了当地的农村社区教育，同时也存在不足之处。面对多元的限制因素，模式存在优化、完善的空间。本章针对村民社区教育意识薄弱、参与社区教育能力不足、农村社区教育投入力度不大、多元主体合作得不紧密及服务与文化发生冲突等情况，从增能理论出发，从村民个人、人际层面、社区层面提出模式的优化路径，以期推动农村社区教育服务的更进一步发展。

1. 个人层面：发挥村民主体性，强化个人资本

（1）加强宣传，激活社区教育意识

学习型社会的建设需要每一个人的参与。农村社区教育的发展也需得到每一位村民的参与和支持。村民并非是被动的个体，对陌生的事物可能保持着旁观、保守等不同的态度。面对社区教育的认知度低、参与度低的情况，社会工作者应加大农村社区教育的宣传力度，让村民明白社区教育是什么，对其生活或工作会产生什么样的意义，能起到什么样的重要作用，通过线下的活动宣传、政策介绍或线上的信息普及等方式宣传社区教育的理念与重要性，激活村民的社区教育意识，倡导其参与社区教育服务。面对不同服务群体，社会工作者应灵活采用不同的方式。面对儿童或长者的宣传活动，需要以儿童或长者听得懂、看得明的方式进行宣传，还应将其重要的家人纳入进来，争取得到家庭的支持，也可以通过鼓励和邀请村民家庭一同参加社区教育服务，减少对服务的负面认知。面对忙于工作的村民，可根据大部分村民的休息时间选择活动宣传的日期，或是采取线上的宣传方式，以便让更多的村民了解到农村社区教育，明白社区教育的真实含义。

（2）精准需求，获得社区教育价值认可

学习活动与教育的高效开展是在满足服务对象的学习需求的基础上完成的。精准识别村民的社区教育需求，并从其切身需求出发开展服务，能得到村民对社区教育服务的支持与肯定，也更能调动村民参与社区教育的内在动力。因为村民能在需求调研的过程中分析自己及周围环境，更愿意发挥主观能动性去获取改善自身情况的服务资源。村民对社区教育服务的价值认可与肯定是农村社区教育可持续发展的重要基础。在学习动机、学习需求的精准识别与掌握方面，要注意评估的准确性与动态性，持续不断地评估才能将服务与需求紧密地结合，才能持续得到村民对服务参与的价值肯定，提高参与社区教育的主动性与积极性，不然可能会出现村民学员中途退出或流失的现象。

（3）能力挖掘与发挥，提高社区教育参与能力

村民是农村社区教育的主体，村民的参与是农村社区教育发展的核心动力。对于凤二村社区教育而言，增能的要点在于挖掘村民的自身优势，激活村民的社区教育参与动力，将其优势与潜能发挥出来，进而增强社区教育参与的能力。社区教育服务并非专指科学文化知识的学习和掌握，还包括生活经验、文化生活的学习与分享等内容，有在村民能力范围内的，也有在村民能力范围外的社区教育服务。针对不同的情况，社会工作者可以采取不同的策略。如在时间的选择上，工作员尽量安排适当的时间与地点，迁就大部分参与对象的需要；针对简单技能的社区教育服务，工作员可使用个人训练或小组训练等方法，提前带领村民学习简单的知识与技能，挖掘村民学习的潜能，增强其对服务的信心，使其敢于报名参与正式的社区教育课堂，并在其中表现自己、肯定自己。

2. 人际层面：强化学习共同体作用，减少社区教育的参与依赖

人具有社会属性，人与人之间建立的关系是非常重要的资源，这种资源在社区教育中发挥着重要的作用。从增能理论出发，加强社区学习共同体的培育是为了提高村民的人际互动能力，扩大村民的非正式社会支持网络，拓宽村民获取社区教育资源的渠道。村民从形成的网络中获取的资源或支持越多，就越有信心、有底气去参与社区教育服务或学习共同体组织开展的活动，从而减少对社会工作者或外界资源的依赖，进而以学习共同体的内在动力去推动农村社区教育的发展。

（1）加强社区学习共同体培育与形成，发挥社区教育作用

社会工作者可以将具有相同兴趣爱好的村民组织起来，形成不同的学习小组、活动小组，通过学习活动、社会实践、外出游学、小组培训等方式方法鼓励和引导村民达成一个学习共识，发挥群体动力，围绕与自身利益相关、社区建设发展相关的主题进行学习与实践，相互学习、共同进步，发挥学习共同体的社会支持效应。当小组的成熟度不断提高时，可将小组发展成为社区社会组织，通过小组工作、调动组织骨干的力量等培育社区社会组织，增强组织建设与发展能力，推动组织的自我教育、自我管

理与自我服务，并鼓励其通过提供社区教育服务村民，扩大社区社会组织的影响力，成为具有示范性的学习共同体，进而让村民看到学习共同体的作用与力量，相信社区教育的有效性和参与社区教育的意义。

（2）促进学习共同体间的关系，降低社区教育的参与依赖性

社区学习共同体互为资源，学习共同体之间的互动是社区教育资源作用充分发挥的体现。通过推动不同学习共同体间的互动交流，促使其相互学习优秀经验，增加学习共同体的社会资本，可以减少学习共同体对外界的资源依赖。优秀的学习共同体不仅在于成员间的互动，还在于与外界互动，争取外界的支持。允许未加入共同体的村民参与学习共同体的活动有利于外界对该学习共同体的了解，更有利于得到外界的更多支持。未加入学习共同体的村民还利用学习共同体的资源，拓宽获取社区教育服务资源的渠道，通过参与学习共同体的活动，获取与自己生活、工作相关的社区教育服务，而不是被动地等待社会工作者或其他组织提供相应的社区教育服务。

3. 社区层面：优化本土社区教育公益圈，完善社区教育生态圈建设

（1）发展社区教育文化，营造社区教育氛围

社区教育文化是指人们在社区教育服务活动中表现出来的行为规范、大众心理、价值观等的结合体（钟岚雨，2004）[①]。良好的社区教育文化环境能提高村民对社区教育的认识与参与的积极性。首先，在农村社区教育文化方面，社会工作者可以开展多元化的社区教育宣传活动，利用村民的社区教育大众心理，发挥村民群体的相互影响效应，更新村民对社区教育的认知，革新其教育观念。其次，通过具体且多样的、以被村民接受且喜欢的群体性活动、游戏等方式将社区教育显现出来，提高社区教育的可接触性，进而增加社区教育对村民的吸引力。最后，将此类的活动常规化、系列化，或是将其打造成社区的文化节等，使其真正融入村民的日常生活

① 钟岚雨．社区教育文化若干问题初探——学习型社区中社区教育文化的发展［J］．继续教育研究，2004，1：28-31.

中，促使社区教育文化的持续发展。

(2) 发挥社区教育参与平台作用，促进社区教育参与

社区教育不是几个人的教育活动，而是一群人的教育活动。社会工作者要大力拓宽社区教育的宣传渠道，让更多的村民知晓并利用已搭建好的社区教育参与平台，充分发挥社会工作者夯基垒台、立柱架梁的角色，扩大社区教育的覆盖面。同时要增加村民参与社区教育的反馈渠道，了解村民的内在心声，尊重村民的话语权，让村民意识到农村社区教育的发展需要村民的参与。村民是社区教育发展的关键主体，是社区发展的主人翁。针对收集到的反馈意见，社会工作者可以通过村民议事会的形式组织村民共同商议讨论，商量并议出有效且可行的调整方案，并做进一步的调整与完善。这既发挥出了社区教育参与平台的作用，也增强了村民自我效能感，使村民拥有更多的机会参与到农村社区教育的发展、社区发展的过程中。

(3) 完善社工+志愿者协同服务机制，打造社区教育的本土公益圈

挖掘、培育本土社区教育志愿者是社区教育本土化的有效途径。搭建村民学习者、社区教育服务与本土志愿者对接平台，完善社工+志愿者协同服务机制，打造社区教育的本土公益圈能推动村民互助互学，发挥社区教育在社区治理方面的作用。社区教育志愿者从哪挖掘？如何培育？可从以下四方面着手：

一是识别本土社区教育志愿者，建立社区教育志愿者信息库。社会工作者主动识别村庄的贤人能人、退休教师、退役军人、优秀党员、青年大学生等优秀人才，了解其个人优势，在其同意的基础上，将其纳入社区教育志愿者信息库。与此同时，鼓励学有所成的社区教育参与者发挥互助作用，成为社区教育志愿者。二是创建社区教育需求信息平台，将精准识别出来的村民的学习需求上传到需求信息平台上，或者鼓励村民自主上传学习需求。三是社会工作者对社区教育志愿者进行培训，为其提供活动设计、有效沟通等内容的培训，提高其开展社区教育服务的能力和水平。四是打通社区教育志愿者信息库与需求信息平台，对接资源与需求。方式一

是社会工作者将本土志愿者资源与学习需求匹配起来，进行精准对接，并邀请志愿者为村民的需求开展社区教育服务。方式二是鼓励社区教育志愿者根据学习需求设置社区教育服务，义务为村民提供服务。方式三是具有相同学习需求的村民根据需求邀请志愿者友情开展服务。社会工作者与本土社区教育志愿者的协同服务可以更好地整合资源，丰富本土的社区教育资源，增加村民获取社区教育服务的可及性与便利性，也能扩大社区教育的影响力，促进社区教育的本土化发展。

（4）打造具有区域特色的社区教育服务

每个村庄都具有区别于其他村落的特色，发现它、了解它、应用它是村庄创新发展的基础点。将村庄特色融入社区教育服务中是创新发展农村社区教育的优秀做法，是使农村社区教育更具生命力与活力的体现。生于村庄、长于村庄的村民是最熟悉村庄的主体。社会工作者可以调动村民的主人翁角色意识，发挥村民参与社区教育建设的主动性与积极性，一同打造具有区域特色的社区教育服务，让更多的村民在熟悉的环境中更深入地了解社区文化，从而增强社区教育环境资源的获取能力，促进社区教育的可持续发展。凤二村作为具有客家文化特色的村落，村庄还建设了具有客家文化特色的客家山歌男女对歌台、客家文化广场等。社会工作者应大力联动热爱客家山歌文化的村民、村民组织、学习共同体等，策划具有客家文化特色的社区教育课程，将客家元素融入其中，增强村民对客家文化的自信，扩大客家文化的影响力。

4. 社区资源：链接与整合是社会工作者促进农村社区教育的重要内容

（1）增加培训，提高社会工作者的社区教育服务能力与水平

凤二村社工服务站作为从化区村级社工服务站的先行示范点，刚刚起步，在社区教育服务方面的成熟度不够，离专业性的社区教育的水平还有一段距离。链接专业的社区教育专家或教师提供督导，或是加强与社区教育机构、开放大学、社区学院等的对外交流与沟通，提高社会工作者介入农村社区教育的服务能力和专业水平，尤其是社区教育服务的规划、创新发展及调动村民主体性方面的能力。社会工作者不是专业的社区教育工作

者，但也能在社区教育中发挥作用，整合社区教育资源、协调资源的关系等，但在课程的规划、社区教育服务的系统性发展方面有所欠缺，应主动向社区教育专家请教进而完善增能为本的社会工作介入农村社区教育的从化模式。

（2）促进多方合作，优化社区教育生态圈

农村社区教育是一个专业性较强的领域，社会工作者需要调动一切农村社区内外积极的因素参与其中，获取社会多方力量的关注与支持，进而最大限度地整合财力、人力、物力资源，整合资金、资产和资源，推动农村社区教育的发展。社区教育生态圈的形成是丰富社区教育资源的创新做法，村民作为社区教育生态圈的中心点，其家人、朋友、具有相同或相似学习需求的村民学习者作为支持力量或互为学习伙伴提供非正式的支持，村庄的文化、社区教育设施设备、村庄组织等资源作为支撑力量，夯实社区教育服务的基础，而社区外的正式社区教育资源、国家法律法规地方规章制度等正式支持力量也发挥着重要的作用。若涉及的主体、资源能形成最大合力，形成多层次、立体化的服务圈，能推动社区教育可持续发展。

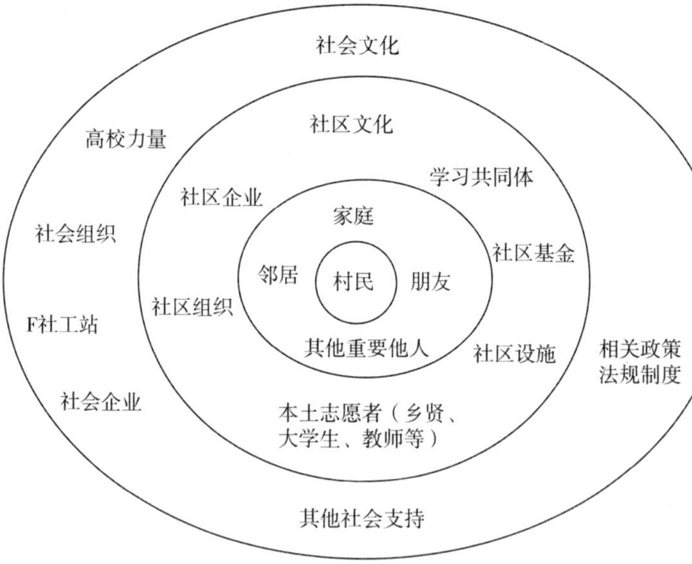

图 4-3　凤二村社区教育生态圈的进一步优化

社区教育生态圈涉及村民、村民家庭、农村社区、地方投入等多方复杂的关系与互动，其形成、优化关键在于在目标一致的前提下多方力量的和谐共处。在促进多方合作方面，社会工作者应基于社区教育内部发展情况和需求的基础上寻求外界的支持，而非一味地将资源引入村内，盲目地开展服务，浪费资源。社会工作者要注重内部外的沟通，即社会工作者与外界力量沟通的同时允许村民与引入的社区教育资源持有者进行沟通交流，通过多方的沟通达成社区教育共识，并发挥出自身的最大力量推动农村社区教育服务的开展。

(3) 建立社区教育机制，提高社区教育服务效率与质量

要使社区教育生态圈长效发展，则需建立一个社区教育运行机制，保障其高效运行。社区教育运行机制中的经费投入机制、人才管理机制、制度保障和社区教育评估机制对农村社区教育发展影响最大。在经费投入机制建立方面，社会工作应在政府支持、机构投入的基础上，在社区基金下设社区教育专项基金，向村民、社区社会组织、社区企业、社会爱心人士等募集善款，拓宽社区教育资金来源，保障充足的资金投入与支持。在人才管理机制方面，组建由村民、社区教育志愿者、社区教育教师、社会工作者组成的管理委员会，定期召开团体会议，查漏补缺，以保障人才作用的发挥。在制度保障方面，建立管理、对内对外沟通、志愿者激励等制度，保障社区教育服务的规范化运行与高效化发展。社区教育的评估不是为了证明服务开展的数量与质量，而是在于服务的改进。在社区教育评估机制方面，社会工作者可通过定性与定量的评估方法，引入或制定具有科学性的评估量表开展，并结合多方访谈结果推进，以确保评估的准确性与有效性。

第五章　从化农村幸福食堂服务模式

一、服务简介

（一）D 村基本情况

D 村地处广州市从化区 A 镇西北部，按照行政划分等级的话，D 村属于行政村，下辖 17 个村民小组。据统计，2015 年末，D 村户籍人口总计 2148 人，男性 1008 人，女性 1140 人；80 岁以上 49 人。生活主要依靠农业收入的人口有 1206 人；常年在城镇生活和打工的人口有 562 人；农村留守儿童 212 人；实际在村人口 2203 人。其中，常住人口 2135 人，户籍老年人口超过 340 人，独居长者 21 人，就常住人口来看，该村青壮年劳动力大量外出，“三留守”人员居多，且老龄化颇为严重；此外，D 村近几年老年人口呈持续增长趋势，老龄化速度较快，农村养老问题已经成为困扰该村发展的关键因素。村民主要从事农业劳动，就业、就学带来的人口流动是广东农村地区人口变化的显著特征，就对村居社区事务参与而言，在外务工、就学者由于时间和空间跨度大几乎很少参与。该村作为以宗族为主体发展起来的村落的典型，相对而言规模不大。由于近代以来朝代的更迭以及受到政治和改革运动的影响，人口的流动和迁移相对频繁，导致该村某个姓氏独大的情况较为少见，只是在数量占比上高于其他姓氏，因而形成了与大姓氏为主体，与其他姓氏和睦相处的局面。①

幸福食堂作为老年福利服务中的一项基本服务，需要多元主体的共同

---

① 李颖超．转型期社会资本对乡村治理的影响机制研究［D］．上海：华东师范大学，2020.

参与和实施。而社会工作作为一种服务的方式，在服务幸福食堂的过程中，也结合幸福食堂自身的优势和资源，协调和动员各方参与力量，搭建起为老服务平台，为幸福食堂注入更多的活力，提升幸福食堂为老服务水平。

政府在农村幸福食堂养老服务方面的供给上，从化区民政部门积极推进农村居家养老服务提档升级，在原有98家社区（街道）、村居长者饭堂助餐配餐点的基础上，借助与高校合作开展共建项目，大力发挥社会工作的专业优势和驻点枢纽作用，以服务有需求的长者等服务对象的配餐助餐服务为抓手，在D村设立农村“幸福食堂”试点项目，通过社会协同、互助共建的方式，建成长者助餐配餐服务点1家，服务范围覆盖全村，保证每位有助餐配餐需求的长者能享受到助餐配餐服务，截至2020年12月底，助餐服务老人超过5400人次。作为区级示范项目，政府前期投入10余万元专项运营建设资金，并由慈善会负责筹集日常运营经费，专项建设运营资金用于自建食堂的建设、设施设备的升级和日常运营服务（包含人员开支），政府购买服务经费及财政补贴在幸福食堂经费结构中所占的比例约达90%，政府的经费支持成为幸福食堂服务资金的主要来源。

家庭在农村幸福食堂养老服务方面的供给上，由于该村人口老龄化严重以及居家养老专业服务资源有限，所以大多有老年人的家庭依旧采取传统家庭养老的方式，以家庭作为载体，老年人的子女、配偶、兄弟姐妹等负责对老年人进行赡养，以日常生活照顾为基础，进而提供医疗护理、生活陪同等。在经济供养上，该村老人的主要经济来源来自自己的劳动收入，政府的支持、子女对其经济上的赡养也占据了其中的一部分。可见，在农村养老问题上，该村老年人经济供养更多地依靠自养，随后才是社会养老保险及国家帮扶，最后才是子女的赡养。随着大家庭逐渐细化成了小家庭，两代人间的生活及交流逐渐减少，差距随之增大，家庭在为老年人老年生活的经济支持上也慢慢变少；在生活照料上，随着老年人年龄的增长，身体的各项机能也在慢慢衰退，农村老年人自我照顾的能力也逐步下降，需要家庭成员对其进行生活上的照顾，尤其是一些独居、丧偶、留守、失能及半失能的老年人，他们在生活照顾上的需求尤为凸显。在幸福食堂服务花费上，家庭和个人按照不同类别交纳服务费用，最低90元，最高150元，家庭和个人的服务费用开支占据了幸福食堂日常服务资金来源的60%，家庭和个人的服务支出也成为幸福食堂日常服务开支资金的主要来源。

社会组织、社区等主体在幸福食堂养老服务方面的供给上，区民政局通过推动和引导社会力量参与农村居家养老服务，以公开招标方式引入H社会工作服务中心，委托其对该村幸福食堂进行运营。目前，H社会工作服务中心依托村居社工站运营和管理D村幸福食堂，以助餐配餐服务为基础，扩展长者饭堂服务外延，如提供娱乐、心理慰藉等服务，丰富了老年人的娱乐休闲生活。H社会工作服务中心作为幸福食堂社会工作服务承接方，承担了日常服务的运行和管理，助餐配餐服务的部分支出享受政府补贴，其余部分均由H社会工作服务中心承担。此外幸福食堂社工的人员经费以及其他工作人员的督导和培训等相关费用均由其承担。社区在养老服务提供上则免费提供了空置场地，村里乡贤及社会各界企业、爱心人士等进行了募捐，前期筹集资金2万余元，用于幸福食堂开展老年服务。此外，社区等主体履行了监督职能，监督幸福食堂养老服务的实施。

（二）D村幸福食堂概况及总体计划

D村幸福食堂是以自建饭堂的形式进行运营，由当地民政局购买服务、由D村村委会、经济社提供场地，委托D村社工站进行运营管理，并通过动员社区基金、社区志愿者等多元主体参与到助餐配餐服务中来。如果服务影响大、受益人数广且与预期包括人员安排、资金使用、服务评估相符或超过预期效果，政府则会继续进行新一轮的购买服务，并通过招标的方式，吸引更多的社会组织参与，进行服务巩固和提升工作。当地民政局不会直接地参与评估工作，会聘请第三方对幸福食堂服务进行评估，同时该村村委会也参与到监督评估中来，形成政府购买服务、社会工作服务机构提供服务、村委监督、第三方评估机构评估的模式；

资金筹集方面，区一级的财政支持是幸福食堂服务运营的主要资金来源，市级部门、区慈善会对老年人助餐配餐、服务运营等进行专项补贴，社区基金及村民和社会人士的捐款作为补充，提供再“造血”的功能。

D村幸福食堂通过慈善募捐、乡贤捐助等方式将筹集的基金成立了D村德孝基金，用于幸福食堂可持续的运营和服务。在资金使用方面，民政部门划分资金给村社工站进行运营，当地村委负责监督资金的使用，包括日常活动的开展和资金使用范围的监督和指导，村社工站在开展幸福食堂服务时，要写清资金使用的用途、定期公开资金的使用以及公布每日食材购买的清单和明细，保证资金在合理合法的范围内使用，保证幸福食堂的合理安全运作。

目前，D村幸福食堂配全职社工、厨师和帮厨等工作人员，社工由H社工机构派遣，社工除了负责幸福食堂日常配餐助餐管理和运行外，同时还负责“幸福食堂+”板块服务的开展。“幸福食堂+”服务除了提供老人每日两餐的餐食供应外，社工也根据详细的服务安排，为老年人提供了五大板块服务：党建服务、社工服务、健康管理、乡村学堂和村庄节庆。厨师和帮厨由本村的村民担任，负责做饭、配餐、厨房和餐厅卫生的打扫等，送餐人员由身体健康的老年志愿者、社区志愿者担任，经过健康体检和幸福食堂的培训后，就可以进行配送服务，其服务也将进行打卡记录，并存入“时间银行”。服务时长存入“时间银行”后，待时间达到一定的服务时额，志愿者便可享受相应的服务，例如让其他人陪同聊天、看病、送餐等。这样不仅让志愿者更有动力地参与到志愿服务中来，也扩大了更多社区力量的参与，满足了农村地区留守、空巢、独居老人的养老服务需求。

D村作为以徐姓为主的村落，村里有一座徐氏祠堂，这是宗族团结的象征。在传统生活中，宗祠在祭祀、周济、维护宗族利益等各个方面发挥了重要作用，如今宗祠仍有团结族人、照顾族人的基本功能。D村宗族文化依然存在，敬老孝老爱老的传统美德仍然兴盛，这也有助于凝聚村里的集体力量。开展互助服务活动，这也为开展幸福食堂提供了良好的社区文化氛围。

1. 社会工作服务D村幸福食堂概况

D村幸福食堂是在区民政局购买服务的方式，由D村村委会、经济社提供场地，委托D村社工站进行运营管理，并鼓励动员社区基金、社区志愿者参与，为村居有需要的社区居民，尤其是为"三无"、纯老、独居、孤寡、计划生育特扶、失能等特殊困难老年人提供助餐配餐服务和相关的社会服务。幸福食堂在社工站的运营下，建立了一个社区参与的平台，整合了社区资源，培育了居民自助和社区互助的意识；也为开展助老服务的妇女、儿童、志愿者等相关群体，提供支持性服务和兜底性服务，共同搭建"三留守"群体社区支持网络。同时，依托党员志愿者服务队、老年人"夕阳红"志愿服务队、妇女"花木兰"志愿服务队和儿童青少年"小哪吒"志愿服务队等志愿服务资源，搭建志愿服务平台，提升了乡村多元治理主体的能动性，引导村民开展自助互助服务，为党和政府在管理基层公共事务、应对农村问题、缓解基层矛盾、促进农村社区发展方面提供了支持和协助。在服务功能上，幸福食堂主要具有以下几个功能：

表5-1　服务功能一览表

服务功能	服务内容	服务目标
助餐配餐	为有助餐配餐需求的老年人提供午餐、晚餐、送餐等各项服务。帮助行动不便、失能半失能的老人提供订餐、送餐等助餐配餐服务	老有所食
健康管理	定期为老年人检测血糖、血压等指标，帮忙买药、送药、组织义诊、健康咨询等健康管理类服务	老有所医
生活娱乐	为老年人提供手工制作、影视欣赏、琴棋书画、说谈唱跳等生活娱乐服务	老有所为、老有所享
精神慰藉	恒常关怀、陪同聊天、运动散步、心理咨询等	老有所乐

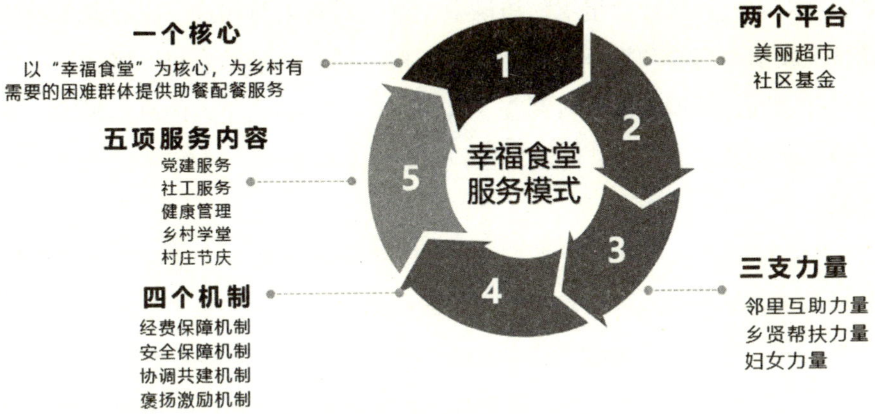

图 5-1 幸福食堂服务模式图

如图 5-1 所示，幸福食堂服务模式由 5 部分构成，"1"是指以"幸福食堂"为核心，为乡村有需要的困难群体提供助餐配餐服务；"2"是指"美丽超市"和"社区基金"这 2 个服务平台；"3"是指邻里互助力量、乡贤帮扶力量和妇女力量这三支服务力量；"4"是指经费保障机制、安全保障机制、协调共建机制和褒扬激励机制这四项模式机制；"5"是指党建服务、社工服务、健康管理、乡村学堂和村庄节庆这五项服务内容。

2. 社会工作服务 D 村幸福食堂总体计划

(1) 实施准备阶段

走访调研了解社区。通过专题调研走访 D 村，并与村民、村委工作人员以及村内的一些社区社会组织（志愿者队伍、兴趣组织等）进行面对面的访谈。了解 D 村的基本情况以及农村老年人的生活状况，初步把握其需要和实际需求。在对村民的访谈中，主要对村民自身对于为老服务的了解、目前村里为老年人提供的服务、对该服务的意见和建议以及自身的参与程度等问题进行了解，把握村民在村庄活动的参与情况及投入的热情和支持，了解其希望接受到服务类型，初步了解其对于前期服务开展的需求；在村委工作人员访谈方面，主要对村庄活动氛围的营造、为老服务的开展、村里所具有的资源和优势以及相关政策和活动的宣传等方面进行了解；在对农村社区社会组织的访谈中，就针对其人员构成、平时开展的活动情况及能力建设和提升等方面进行了解。同时，借助农村乡贤，针对农村留守老人，开展精准乡村调查、入户走访，了解老年人的真实需求。最后根据所调研的情况，与村民进行充分讨论和商议，最终确定助餐服务方案。

“我现在老了，没啥追求了，能吃饱穿暖就满足了。平时身体不舒服做不了饭，村里的人看到都会给我带点吃的过来，但是也不能总是依靠别人呀，所以还是希望能有个稳定点的吃饭的地方。”（访谈对象 X03）

“现在呀，人一老呀什么病都来，我本来就有高血压，平时蹲起坐下都觉得头晕。经常吃降压药，医院体检啥的太贵了，其他小毛病之类的药都没必要去医院了。”（访谈对象 X07）

“村里面就很少组织老年人娱乐活动，我们最多就是聚在一起聊聊天，毕竟孩子们大多都外出务工去了，家里面就剩下孙子和老人家了，现在一年见不到几次，有时候孩子们突然回来看望我，我就觉得很开心了。”（访谈对象 X09）

“我也是有老年病的，我有糖尿病，去医院看病又太贵舍不得花钱，我就只能控制血糖了，能不吃甜的就不吃甜的，有时候也不知道自己血糖是不是高了，不能每天都去卫生站测血糖吧，况且那边也没有测血糖的仪器呀。”（访谈对象 X06）

“有时候，我也不是说不愿意参加集体活动，就是不知道哪些活动适合我，怕学不会到时丢人，有时候推辞别人几次的邀请后，别人就很少邀请我去了。我们即使去到也只能凑热闹，光看别人玩。”（访谈对象 X01）

根据访谈的内容可以看到，D 村老年人对于吃饭、健康、社会参与、娱乐等方面有着较高的需求，大部分老年人希望基本的物质生活条件能够得到满足；有些老年人则是不能很好地表达自己的需求，需要专业服务人员的引导和支持；也有部分老年人在精神慰藉上存在较为强烈的需求，希望得到精神上的陪伴与支持，减轻精神上的孤独感。总的来说，老年人开始追求更多元、丰富的养老服务，希望在晚年生活中能够更好地适应社会生活，能拥有更好的生活和生命质量。

“村里面老年人活动还是比较少的，能记得比较清楚的就是一年一度的老人宴了，村里面的在外务工的人员有钱出钱、有力出力和村委一起搞的。还有就是一些重大节假日，去慰问村里的五保老人，给他们送去一些生活物资。”（访谈对象 D01）

“我跟我家公家婆现在是分开住，距离较远。因为我有时得去镇上打工，就不能每天去看望他们，他们身体呢又不是很好，买菜买油什么的又要经常骑单车出去，生活照顾上我们还是比较担心的。”（访谈对象 D03）

“村委这边平时都会将一些最新的老年人政策和法规宣讲转发到村民群或者是公告栏，也会将相关信息口述给老年人，让他们也清楚这些政策和法规。你看我们每年都会协助他们去缴纳养老保险，申领这块也由专职人员去沟通和协助。因为村里活动资金有限，只能偶尔趁着重大节日去慰问困难老年或者是举办大型活动。”（访谈对象 C02）

“我其实最早是出于热心去做志愿服务的，就想着能帮助村里有困难的人就可以了。后来在村里几个聊得来的广场舞舞伴的建议下，我们几个也慢慢去做更多的志愿服务了，也结合村委那边活动开展的需要，我们几个算比较频繁参与的了。”（访谈对象 D02）

根据上述访谈的内容可以看到，D 村的为老服务还停留在浅层的服务方面，虽然村民参与服务的意愿相对较强，但缺乏服务的平台和参与机会，且开展服务的资金也受限，更多地依靠村委及外部支持，自身的筹资渠道少，较难保证良好的养老服务质量。

（2）成效收获阶段

宣传推广服务进村。幸福食堂运用多种宣传方式进行宣传，在村居走访中，口口相传和张贴海报，增加服务的曝光度；利用好村委会的功能，用“熟人”网络拓宽宣传的路径，争取村委会和村民的支持；利用村里的微信平台，拓宽服务信息的传播，进一步加深村民对幸福食堂服务的了解和认识，同时也扩大了服务的宣传面；争取了本地媒体和外来媒体的合作，及时发布幸福食堂的活动咨询，宣传幸福食堂文化，提高了幸福食堂服务的社会知晓度。

推动服务融入社区。随着“幸福食堂”正式运营，社工总结之前D村长者饭堂单一配餐服务的经验，同时根据助餐配餐营养师的意见搭配，结合老年人的饮食习惯、村民的反馈意见，以助餐服务为切入点，结合健康管理、知识学习、情感慰藉等贴心服务，满足其生理、安全、情感需求、自我实现和尊重的需要，从而提高村居老年人晚年的生活质量，逐步完善养老服务体系；做好志愿服务工作，并对志愿者进行培训，组织和开展邻里互助和志愿服务，增强村民的社区参与感和归属感，营造社区互助氛围，促进社区支持网络的形成。

“幸福食堂开设后，我们老年人的生活方便了很多呀，在这里不仅能吃还能玩，菜式又很满足我们的口味，时不时又组织我们看电影、搞活动，就感觉很有意思。”（访谈对象X01）

“刚开始也是社工在挨家挨户宣传的时候，我才知道有幸福食堂这个东西，后来我告诉我家公，他还不愿意来，在这里感受了几天的活动后，就跟着其他老人一起过来了，刚好也解决了我担心的问题，不用每天跑来跑去看他过得怎么样了。”（访谈对象D03）

“没想到食堂开设没几天，名额就已爆满了，有的老年人还打电话过来村委问还能不能参加，因为食堂这边除了打饭送饭以外，其他的活动像长者生日会、老年人健康讲座、日常休闲活动还是蛮多的，而且老年人又很喜欢。”（访谈对象C01）

“以前农忙的时候呢，大家都会相互一起帮忙收割锄地，农闲的时候我们也就在家门口坐着找人聊天，没组织什么活动。现在幸福食堂开设后，社工也主动征求我们的意见和建议，组织一些适合我们参与的活动，好比志愿者活动，组织我们去看望老人家并给他们送饭，然后也根据我们的村规民约去制定一些细则。”（访谈对象Z02）

通过上述访谈资料，可以分析得出幸福食堂中社会工作者提供的服务迎合了村民们的多元化需求，特别是老年人的多元化的养老需求及村民的社区参与需求。此外，也可以看出邻里关系较为和谐，社工服务促进深层次的邻里互助和志愿服务活动的程度也较为深入。

（3）模式探索阶段

深化养老服务体系。当前农村老年人的经济收入主要依靠农作物，经济来源形式单一，且受到传统观念的影响，老人在生活消费上较为节俭。之前D村长者饭堂经营成本高，补贴也仅依靠市补贴标准实行，运营资金来源也单一，导致长者饭堂在定价上比当地的日常生活标准略高，老年人也通过比较价格劣势，逐渐退出了长者饭堂助餐服务。然而幸福食堂争取到市级和区级政府提供的午餐补贴，市级政府提供部分晚餐补贴，剩余部分由区慈善会提供补贴，同时也引入社区基金的支持，实现了可持续运营。在前期的幸福食堂建设上，区民政局通过项目资金的方式，为幸福食堂提供了前期运营支持。

所以，在助餐配餐服务上，幸福食堂的用餐费用标准也比之前的长者饭堂低，缓解了老年人在经济方面的压力，这在一定程度上实现了经济供养的功能；在生活照料上，随着传统家庭功能的日渐弱化，老年人自我照顾问题尤为凸显，幸福食堂摆脱单一的配餐服务，为村居老年人提供了娱乐休闲的场所，同时依托村卫生站的基础医疗条件，加上幸福食堂不定期为老年人开展义诊、义剪等服务，解决了老人生活照顾及健康看护的问题，实现了生活照顾的功能；在精神慰藉方面，幸福食堂通过组织老年人开展康乐服务，提供手机视频教学、老年广场舞、手工制作等服务，加之村里志愿者定期入户看望，不仅关注就餐老人的状态，同时也重视社区沟通，缓解了村居老年人的孤寂感，实现了精神慰藉的功能。幸福食堂的开设为开展老年人社会工作专业服务提供了有力支撑和依据，也拓展了老年人多元化的社区居家养老模式。

“幸福食堂其实是长者饭堂服务的延伸，因为这不仅解决了乡村老人家的就餐问题，也解决了乡村困境儿童、留守儿童的就餐问题，让乡村的青壮年可以无后顾之忧地外出务工或打拼事业。”（访谈对象M01）

“美丽超市是D村整合乡村公益资源，凝聚公益慈善力量，打通公益资源流通渠道，打造的一个以村民为主要受益对象的爱心共建互助平

台——‘幸福食堂+美丽超市’，村民可以提供农产品交换食堂的就餐券，也可以待超市销售后返现。”（访谈对象 M02）

“社工站通过与政府、社会组织、社区等多方参与主体开展合作共建幸福食堂，大力激发村里留守妇女、志愿乡贤、爱心企业的资源和优势，为村里具有就餐需求的村民提供配餐助餐服务。此外，幸福食堂也是依托我们社工站运营，以助人自助为理念，运用社会工作专业手法，为村民个人、家庭、群体、社区提供补救性、支持性、预防性、发展性专业社工服务，主要服务板块分别是党建引领服务、重点服务、长者服务、家庭服务、青少年服务、特色服务。”（访谈对象 S01）

通过上述访谈，可以看出幸福食堂在社工站的运营下，依托和整合辖区多方资源提供多样化服务，提升老年人晚年生活质量，促进乡村不同群体之间的互动融合。

（4）经验提炼阶段

在“幸福食堂+”养老服务项目实践成效的基础上，组织专业机构评估 D 村“幸福食堂+”开展的成效，评估幸福食堂社会工作服务经验，提炼幸福食堂社会工作服务技巧，提升社会工作服务水平，达到以评促建、以评促改、以评促进的目的，充分总结提炼可以复制到其他农村的经验。同时组织相关农村治理的研究学者及实践专家举办学术研讨会，对项目总结的经验提炼成典型乡村治理模式并提出相关政策建议，以制订未来的项目服务规划。最后，结合幸福食堂社会工作服务的实际情况，对幸福食堂服务项目进行推广。

二、幸福食堂服务力量

D 村幸福食堂采用自建饭堂的形式进行运营，由 D 村委会免费提供场地，并动员志愿者参与到助餐配餐服务中去，幸福食堂则委托社工站运营管理。目前 D 村幸福食堂的行政和服务管理人员由 D 村社工站人员负责管理，D 村村委会工作人员负责承担其一部分的管理和监督工作。而具体的服务人员分为两类：一是村内的专业力量，包括 D 村社工站的社工团队

（全职社工、行政管理人员和实习生），幸福食堂的工作人员等；二是D村的内生力量，包括D村村委会的工作人员，村卫生站的医生，村里德高望重的乡贤等。在服务开展过程中，还有一个很重要的补充性力量——志愿者（即党员志愿者服务者、老年人“夕阳红”志愿服务者、妇女“花木兰”志愿服务者和儿童青少年“小哪吒”志愿服务者等志愿服务资源），主要为村居长者提供送餐、代购生活物资、陪同就医、定期看望聊天等服务。

（一）基于提供专业服务的服务力量

在幸福食堂服务中，社会工作者之所以作为专业力量，其专业化体现在服务理念、服务内容、服务形式、服务目标四个层次。服务理念上，社工以“助人自助”“用生命影响生命”的理念，指导和开展服务；服务内容上，社工通过全面评估村民需求、与其建立专业关系，以系统视角去预估和分析问题、解决问题；服务形式上，幸福食堂社工坚持多样化，结合从化农村当地实际，在为村民宣讲和落实相关政策法规时，也根据不同类型的服务对象，采取有针对性的服务；服务目标上，幸福食堂的社工致力于服务乡村，促进乡村的发展，解决村民尤其是“三留守”人员所遇到的困境，为其建立正式支持网络，促进服务的可持续发展①。

在具体服务提供过程中，幸福食堂社工以老年人助餐配餐服务为基础，通过每天的沟通去了解老年人的身体情况，结合不同的营养搭配去服务不同群体的老年人的日常用餐需求，然后根据老年人的意见反馈定期调整餐饮供应，从而实现基础助餐配餐服务的人性化。

除了助餐配餐服务外，幸福食堂的社工也注重提升服务内涵，根据长者需求，融入医疗、休闲娱乐、知识学习、精神慰藉等服务，让老年人能更好地享受老年生活；其次，将助餐配餐与志愿服务、健康管理、入户探访等服务有机结合，以助餐配餐服务网络为支撑，充分利用助餐

---

① 卓志强．打造一支夯实基层基础工作的专业力量［J］．中国社会工作，2018，19：17-18.

配餐服务网络，做到多元服务相结合，优化村居老年人的康乐活动，从日常生活的各个方面入手，开展主题鲜明、形式多样、内容丰富的活动，吸引长者参加活动，提高长者参与活动的热情和兴趣。同时，为体现服务的个别化，针对不同年龄段的老年人，凸显服务的特殊性，充分考虑其身体情况和参与能力，尊重老年人对于活动的选择，而不是将自己置于“权威”地位。

经过对幸福食堂工作人员的访谈，可以得知幸福食堂专业服务人员构成如下：

表 5-2　从化区 D 村幸福食堂专业服务人员学历构成

学历	大专及以下	本科及以上	其他	合计
人数（人）	5	5	0	10
占比	50%	50%	0	100%

如表所示，从化区 D 村幸福食堂专业服务人员构成中，有 5 人为本科及以上学历水平，占所有人数的 50%；大专及以下学历有 5 人，占比 50%。说明 D 村幸福食堂工作人员的学历具有较大优势。

表 5-3　从化区 D 村幸福食堂专业服务人员年龄构成

年龄	20—25 岁	26—30 岁	31 岁以上	合计
人数（人）	3	4	3	10
占比	30%	40%	30%	100%

如表 5-3 所示，从化区 D 村幸福食堂专业服务人员年龄段构成中，20—25 岁有 3 人，占所有人数的 30%；26—30 岁有 4 人，占所有人数的 40%。专业服务人员年轻化，能带给幸福食堂社会工作服务更多的活力和激情，工作的效率也能随之提高。

表 5-4　从化区 D 村幸福食堂专业服务人员专业及持证构成

类目	相关及相近专业	持证人员	专业人员	其他人员
人数（人）	4	7	7	3
占比	40%	70%	70%	30%

备注：相关及相近专业：指社会工作专业，含社会工作、社会学、心理学等；持证人员：含助理社工师，社会工作师（中级），社会工作师（高级）；专业人员：包含相关及相近专业人员、持证人员，重合的不重复计算；其他人员：指非相关及相近专业且非持证和专业人员。

如表 5-4 所示，从化区 D 村幸福食堂专业服务人员的专业程度、持证比例都较高，社会工作专业化队伍初具规模。

（二）基于建立关系型社会资本的服务力量

邻里关系是人们因同一地域居住而形成的相互关系，作为人际关系的一种，邻里关系和亲缘关系是农村社会关系的基础。从社会资本的角度来看，邻里关系承载着社区社会资本的最重要的关系，是农村社区能动用的重要资本之一；良好的邻里关系有助于增强村民对于农村社区的信任感和归属感，增强社区的凝聚力和参与农村社区公共事务的潜在力量，从而有利于增进农村社区的集体福利①。邻里关系社会资本的形成需要邻里间和睦融洽的社会关系网络的形成，即社区个体在主观上有相互信任的规范机制以及对社区文化具有高度认同感。

邻里互助力量作为幸福食堂服务力量的重要补充，为村民提供了参与、沟通和信息交流的机会，这种互惠互利的规范让参与个体在得到帮助和获得信任的同时，也承担了相互报偿的义务，让个体相互结合起来共同去奉献自己所能所为。在邻里资本的运用上，幸福食堂首先是组织有劳动能力、愿意参与服务、具有服务热情的老年人充当“幸福食堂”的志愿者，提高老年自助互助的意识和能力，营造互助养老的养老氛围；其次，鼓励有时间、有能力的村民参与“幸福食堂”的公共服务，为长者提供送

① 吴红娟．社区邻里社会资本的生成机制［J］．法制与社会，2008，19：256-257.

餐、代购生活物资、陪同就医、定期看望聊天等服务，增强其社区归属感，从而推动农村社区的精神文明建设工作；最后，整合社区志愿服务资源，通过开展爱心超市、社区发展事务讨论、志愿服务等，让“幸福食堂”成为社区公共服务载体，发挥村民“建设者、管理者、受益者”作用，引导多元主体共同参与乡村治理。

妇女能顶半边天，农村妇女是脱贫奔小康的主体，是农村经济建设、精神文明建设的重要力量，是乡村振兴战略实施的主要承担者，是决战脱贫攻坚决胜全面小康的直接参与者。① 妇女作为社区事务的重要参与者，有足够的热情、信心和能力参与社区公共事务。在“幸福食堂”这个服务载体和媒介中，妇女能通过闲暇之余参与到服务中，发挥她们自身的优势和潜力，通过志愿服务这一平台，让妇女们彼此获得帮扶和支持，帮助她们建立信心和能力发展体系，实现助人自助。通过发掘、培育农村妇女志愿领袖，带领农村妇女组建文艺表演、手工制作、志愿服务等专业社区服务队伍，积极开展社会服务，让农村服务成为农村养老服务事业的中坚力量。

“新乡贤”作为一种关系型社会资本，是现代乡村社会中社会资本的凝聚“化身”或者“人化”，构建了乡村社会成员之间的合作以及互惠互利的网络。② 乡贤的涵盖范围很广泛，组成更是多元化，包括了各类人才精英，诸如当地德高望重的老干部、致富能人、技术达人等，这些人有的在当地生活，有的虽然工作在外，但是心却在村里，通过奉献时间、金钱和精力等方式回到当地，为当地的发展贡献自己的一份力量。正是出于对家乡发展事业的热爱以及文化的认同，让他们继承和发展了传统乡贤文化中见贤思齐、诚信友善、热爱家乡等特点。乡贤力量作为幸福食堂服务力量的外部补充，在推动服务的创新性上发挥了举足轻重的作用。

---

① 陈丽宇．坚持六个引导 充分发挥农村妇女在脱贫攻坚中的作用［J］．农民致富之友，2019，8：224.

② 唐任伍，孟娜，刘洋．关系型社会资本：“新乡贤”对乡村振兴战略实施的推动［J］．治理现代化研究，2021，1：36-43.

“新乡贤”们熟悉了当地的乡土人情，在幸福食堂服务中，他们能为幸福食堂提供更迎合当地传统的服务活动；在动员人员参与上，他们也具有极强的号召力并能起到很好的宣传作用，这些优势都是基于社区资本视角来考虑的；此外，他们对于当地也具有特殊的感情——乐于奉献，怀着报效家乡的情怀，在为家乡社会事业中，能尽最大的努力、花最大的耐心、投入最多的时间去参与社区事务，并能积极提出建议，对幸福食堂服务的改善起到很好的推动作用。

三、幸福食堂的“双”平台

（一）实现社区参与的美丽超市

1. 社工动员村民参与，搭建乡村美丽超市

随着前期的村居入户走访和需求评估工作结束后，幸福食堂社工便充分了解了村民的需求、能力和社区的资源等。由于D村是典型的“三留守”村庄，老年化问题严重，生产活动也主要依靠农活，在村落里农产品的商品化程度不高，且大多都是自家供给，很少考虑会拿出去交换或者是进行买卖，所以一些农产品如番薯、甘蔗、花生、杨桃等就变得非常普遍，甚至被遗弃。基于对这些情况的了解，社工便决定组织村里具有劳动能力的村民，将幸福食堂的老人活动室一角进行改造并设立美丽超市。即将有参与能力的村民组织起来，挖掘和培养其参与农村公共事务的意识和积极性，结合村里天然无公害绿色的农产品和传统农耕文化等资源，将接收的农产品进行交换、代收和代售等。村民可以用具有使用价值的农产品交换等价的餐券，使用此餐券可以在幸福食堂享受就餐服务，农产品的价格由村民及工作人员共同拟定。代收代售的农产品的价格由村民及工作人员共同拟定，出售后村民方可获得产品资金，代售时长由村民决定。此外，代收代售的农产品必须符合再次使用的要求，否则不代收代售。幸福食堂通过这样一种方式，让村民们享受助餐配餐服务的同时，也支持了其生计，推动了农村社区的可持续发展。

然而，动员不是简简单单的一个过程。期初，社工根据调研情况，把

有参与意愿的村民和志愿者组织在一起，讨论想法和提出意见时，他们最关心的就是“能不能赚到钱”“东西有没有人要”“谁来负责运营管理”等。随后，社工便对这些疑问进行澄清，提出美丽超市由村社工服务站负责管理与协调，并坚持公开、公平、公正的工作原则，自愿接受民政部门、村委会、村民的监督并设立相应的管理制度和申领程序等，规范了美丽超市的运行；代收代售这类情况就得结合市场需求，社工站这边负责给村民联系客户，并承诺会在城市里进行宣传，也可支持快递邮寄。如果不想进行买卖也可以进行交易兑换幸福食堂就餐券等。

在社工的动员和组织下，98 名村民加入到美丽超市的服务中来，并一起布置起超市货架，将大米、番薯、鸡蛋、黑豆等农产品逐一摆放到货架上。此外，一些社会企业也捐赠资金、日常生活用品、文化用品等资源，村民们可以将自己的一些农产品以略低于市场价格进行兑换。在代售代卖上，幸福食堂通过市区的商业广场进行摆摊宣传推广和进行免费试吃，并组建微信群邀请客户进入方便二次购买。

2. 正视发展困境，解决内部矛盾

美丽超市建立起来后，村民也将各自的农产品拿来摆放。在摆放之前，社工也同各位村民进行再次澄清，摆放只是给村民提供了展示的机会，不一定都会有收益，也可以拿来做捐赠，捐给村里的村民，来访的村民们也表示赞同，并签订了相关的存放事宜。

然而，美丽超市存放的货物越来越多，超市的知名度却不见提升，客源变得越来越少，一些村民就表现出不耐烦的态度，不断产生抱怨。“为什么我的米卖不出去，徐三（化名）却卖得出去?”“我的东西放那么久了要变质了。”……这个时候社工便充当了支持者和协调者的角色，倾听着村民抱怨。同时，也在记录村民所诉说的问题，尝试引导他们针对存在的问题探讨解决的方案并解释由于这个平台刚开设不久，宣传工作还不够有力度，缺乏曝光度，并根据提出问题的村民单独进行跟进，给予他们帮助和支持，引导他们增强对美丽超市的社区参与和爱心互助平台作用的认识。如美丽超市给大家盘活了村里的一些闲置物资，能拿出来去交换和捐赠，既能帮助别人也能回馈自己，有机会的话还能进行售卖增加收入，这些都是美丽超市所体现的作用。对于有意愿代售代卖的村民，社工不断给予他们一些信息和鼓励，教授他们一些售卖的技巧，如怎样宣传自家的农产品以及如何与买家进行沟通。与此同时，社工还链接外部资源网络，联系一些专家、社会人士、消费者到村进行沟通交流，让村民了解到外界对他们的农产品的看法和意见，了解到自家产品的优劣势；另外，社工还创造一些让村民参与学习的机会，尤其是当前火热的“直播带货”方式的培训和学习，这样不仅开阔了村民的眼界，也提升了他们与外界沟通交流的能力。

3. “捐”“换”“卖”相结合，弘扬公益慈善文化

从美丽超市开设起，社工便强调美丽超市作为整合乡村公益资源、凝聚公益慈善力量平台的作用，而不只是作为代卖代售点。“捐”说的是接受社区包括老年人捐赠的农产品、特色手工制品、企业及社会各界捐赠的物品，老年人捐赠可换取所需生活物资或资助老年人用餐，其余的社会捐赠则作为捐赠物资存放入库。“换”指的是村民可以用具有使用价值的农产品交换等价的餐券。“卖”指的是委托美丽超市代收代售其农产品，农产品需符合再次使用的要求，否则不代收代售。

对于一些有热心捐赠的村民，社工会先了解其捐赠意愿，了解其捐赠对象，充分尊重捐赠者并做好捐赠物资台账，清晰登记每一笔捐赠来源、数量、类别。同时，并为捐赠方开具合法、有效的收据，颁发捐赠证书，以表彰其公益慈善精神。此外，社工还结合幸福食堂助餐配餐服务设立了长者捐爱心餐募捐项目，募捐所得均用于幸福食堂一对一帮扶困难群众，尤其是困难长者，社区基金收支情况将在幸福食堂信息公示栏每月进行定期公示；通过链接外部资源，为村民义诊、义剪、义洗等活动，通过形式多样的公益慈善活动，动员了广大村民参与村公益活动，极大激发了其参与公益活动的兴趣和热情，推动形成了人人关爱、参与公益的良好氛围，打通公益资源流向需求端的渠道，实现了共治共建共享的社区治理格局。

（二）多方共同搭建的社区基金

1. 服务资金缺乏，筹备社区基金

社工在前期的走访中，得知村里的活动少，大多都是重大节日开展的慰问困难家庭、长者和儿童的服务，而且村里老年人居多，活动服务覆盖面少，不能惠及大多数老人；服务的资金也是靠村民和 D 村村内的爱心企业的捐赠，开展活动的资金耗费也大，资金的可持续使用也是个难题。村民们对于村里活动的开展需求热切，尤其是老年人，希望能够多开展一些为老服务的活动，在健康管理、集体活动、生活服务上能有一些帮助。收到村民的反馈后，社工们借鉴“社区微基金”的做法，通过组织村民议事会向村民们讲解了“社区微基金”的相关知识，在讲解中也通过一些“社区微基金”项目的成功案例，引导村民去思考如何可持续地使用服务资金，在之后的交流中村民们也表达了对“社区微基金”设立的深切希望，想通过这样的一个方式去募集和管理社区活动的服务资金，让后续服务能够持续、健康发展。

在后续的“社区微基金”的筹备事项中，社工们将村民的想法和建议与当地民政局和村委进行了沟通，得到了当地民政部门的肯定和认可，并进行了相关的报备和注册，首笔资金便募集到区慈善会和爱心企业的捐赠数万元。

2. 征求村民意见，确定基金事项

通过村民的反映，社工发现村民对于社区基金的使用有诸多的想法和行动，比如：社区资金用来开展村社区教育、文化、扶老、济困、恤病、优抚、救灾等公益慈善项目；开展社区志愿服务、社工活动等，村民对于在社区基金为老服务这块的反响较为激烈。随后，社工便组织村民议事会，议事会由村委干部代表、社区社会组织代表、村民积极分子代表和幸福食堂社工代表等组成。大家不仅对“社区基金”的用途进行讨论、建言献策，而且一些村民提出把社区基金募集的捐款用于围绕着帝田德孝文化开展相关服务，弘扬村悠久的德孝文化历史的建设性意见。最后，随着村民议事会的一致表决，将社区基金取名为社区德孝基金，并将围绕着德孝文化开展相关的服务，如组建志愿队伍，服务村内困境长者；激励村民孝顺父母，尊敬长者；搭建助农平台，赚取利润反哺德孝基金等。同时，将德孝基金设在区慈善会名下，由其进行管理；由村民代表组成监管委员会，负责对德孝基金的使用进行监管。

3. 建立长者服务档案，制订基金使用计划

随着德孝基金的设立，德孝基金的使用计划也被提上村民议事会的议程。根据前期社工对于村居长者在助餐配餐、生活照料、农村医疗保健、精神慰藉和知识学习以及社区集体活动的需求评估，可以看出老年人对于社区养老的需求度普遍较高，于是社工结合不同长者的服务需求，为其建立需求服务档案，设计涵盖生理健康、精神慰藉和社会支持网络构建等相结合的服务方案；在村民议事会上，村民们提出了利用“美丽超市”公益平台。把村里的农产品放在美丽超市售货架上，结合线上（淘宝店）线下（摆摊）的形式，把村子的农产品卖出去，赚到的利润按一定比例用于德孝基金，这样既保证了基金的可持续运营，也能带动村里经济的发展。同时，也链接村里或村外的善心资源，可以是捐钱、捐物或者是参与幸福食堂的志愿服务等。

4. 启发村民担当意识，培育社区资本

在社区德孝基金成立后，社工根据D村拥有的德孝文化优势以及熟密的人际关系网络，开展长者关爱计划、长者情感支持计划，旨在通过爱老助老服务活动，动员社区群众关爱长者，解决长者情感支持不足的问题；同时，开展德孝文化Logo设计、德孝人物评选以及德孝香囊制作等服务，弘扬村居敬老孝老爱老的文化传统和乡村家风；在服务内容上，社工也将长者服务的个性化需求反馈给村里的志愿者，在志愿者和社工的共同参与下制订了不同服务计划，并在后续的服务中，以志愿者作为服务力量主干，激发起参与为老服务的热情和信心，并根据其服务表现进行表彰，增强村民社区担当的意识，营造爱老助老的社区氛围。

四、服务内容

在幸福食堂服务中，社工根据不同的服务性质分为党建服务、社工服务、健康管理服务和乡村学堂服务以及村庄节庆服务。这五个板块的服务通过社会工作方式来满足村居长者的实际需要，其具体的板块服务内容如下文所述：

（一）突出党和国家关爱的党建服务

党建服务指的是幸福食堂坚持党建引领，为老年人开展党建服务。服务群众是党组织践行群众路线的重要体现，而社会工作专业作为社会服务的选择，其重要功能就是为困难群体提供救助和支持①，强调在专业服务的过程中突出党和国家政策的关怀声音。

“我是一名老党员了，以前在村里大队做大队长，现在退休了，村里的很多事情也参加不了了，以前村里还经常组织我们党员参观学习之类的，现在对于一些党政政策的了解更多要靠自己去学了，手机我又不太会用，在信息了解上也更多通过村委人员的告知才能了解了 。而且，作为一名老党员，平时能帮助其他村民的事情肯定尽力去帮助，但现在人也老了，大家也不会想着麻烦一个老人家来帮忙了，也就平时老年人之间的相互帮忙呀。特别在农忙时候呀，有的老人忙不过来收割，我就会去帮下。”（访谈对象 X05）

“我平时都会用手机去看一些党政新闻，了解政策，但是手机这个东西，很多操作我也不懂，所以很多时候这个学习上的东西就比较慢，平时也就在闲聊时跟其他几个老人相互聊天的时候提及到，然后才知道有这个政策。”（访谈对象 X01）

一方面，向老年人宣传讲解党的先进政策，传递党和国家的关爱。如村居长者对于养老的相关政策和文件不了解，导致自己在晚年生活中出现

① 严涛．治理枢纽站：政社互动下社会工作站建设实践［J］．社会与公益，2021，1：6-8.

困境需求帮助时，幸福食堂的社会工作者就可以向村居长者宣传农村养老的相关政策和文件，协助其申请政府的相关政策资源支持，以及链接其他社会资源进行支持和帮助，从而使其摆脱困境；另一方面，社会工作者作为社会资源的链接者，就要加强党组织间的联系，凝聚社区党员力量，促进党员之间的互动交流，服务社区村民。如组织老年人党员发挥正能量作用，带动老年群体积极开展社会服务，在社区事务中积极发挥“领头羊”的中坚力量。

（二）凸显专业特色的社工服务

社会工作服务是专业性的服务，即在遇到特殊问题、复杂问题时采取的细致的、能够帮助服务对象发生改变的工作方法。[①] 在本文中社工服务指的是幸福食堂的社工针对老年人开展社会工作专业服务，即采用个案、小组及社区活动等方式，帮助老年人开展补救性、支持性、预防性、发展性四个方面的专业服务。

“幸福食堂服务其实分为五个板块的服务内容，而社工服务作为其中一个专业性的服务板块，主要运用个案、小组和社区工作等方法去为村里的老年人提供支持性和发展性等服务。因为幸福食堂依托D村社工站这个载体，所以社工站与幸福食堂是相辅相成的，工作上也有很多衔接。比如当老年人出现生活照顾困境时，我们社工会先去了解他的情况，然后根据预估去进行问题的界定，决定用怎样的一个方式去解决。”（访谈对象S01）

“幸福食堂社工服务主要是老年人社会工作专业服务这块，这边相比于其他板块服务会更专业化，比如村里的老年人临终时，其配偶会产生一些负面情绪。为了防止危机事件的发生，这时候社工就会对其进行情绪疏导、精神慰藉之类的服务，使其回到正常的生活上来。”（访谈对象S02）

社会工作者作为幸福食堂的专业服务力量，其服务对象主要是村居老年人。在个体层面，社工服务应时刻关注并解决老年人的身心健康问题，

---

① 王思斌．社会工作专业优势刍议［J］．中国社会工作，2020，13：46.

发挥其优势，促进老年人的社会融入，增强其自尊感和自我效能感；在家庭和社区层面，应维护老年人的权益，营造敬老孝老爱老的养老氛围，协助并推动党和国家关于老年政策的落实；在社会层面，要充分整合和利用社区和社会资源，搭建平台促进村居老年人的社区参与，吸引老年人参与社区活动、社区管理和社区服务。

（三）关注服务对象健康需求的健康管理服务

随着年龄的增长，老年人的身体器官的生理机能逐渐衰退，代谢功能紊乱，免疫力下降，易患心脑血管疾病及老年慢性病。因此，开展老年人健康管理服务尤为重要，可以有效地预防疾病的产生和发展。健康管理服务主要是指幸福食堂的社工依托“幸福食堂”服务载体，与护理站等当地医疗资源密切合作，通过定期为老年人尤其是为特困老年人开展健康管理、康复医疗、专业护理等服务，建立健康管理档案，并定期组织专家义诊、送药下乡等活动。

“我平时生病更多去村卫生站，村卫生站更多的也就是量血压和开一些常规的药给我，村里很少开展健康知识讲座和义诊类的活动，我很关注自身健康这方面，没什么事吧也不会去医院做体检，去医院做常规体检之类的又贵而且还要出村不方便。”（访谈对象 X02）

“村里的基础医疗设施还不行，我孩子每隔一年就会带我去正规医院做下体检，但是儿子常年在外，经常带自己去做一些诊断不是很方便，加上自己年龄大了，也越来越重视自身的健康状况了。而且现在我也有高血压，很多事情自己一疏忽了，然后就头晕。”（访谈对象 X06）

在服务前期，幸福食堂社工作为管理者、资源调动者和组织者等角色，为村居长者提供常规检查，并建立和管理其健康档案以及在后续的常规检查中，不断更新老年人健康档案。同时，幸福食堂社工要及时判断老年人的身体状态，当老年人身体出现不适时，要及时协调相关医疗机构、组织提供帮助。在这个过程中，社工要周密安排好相关工作，并积极配合医疗团队和其他工作者。在服务中期，社工则要扮演支持者和沟通者等角色，及时了解长者的身体健康状况，给予其心理和精神上的支持，对于一些存在不良健康习惯的老年人，社工要纠正其健康误区，给予健康指导和建议；在服务后期，社工则履行了服务提供者和政策倡导者等角色，为老年人提供专业的知识和心理咨询，帮助其寻求所需的医疗卫生资源。此外，在此阶段的服务过程中，社工也要倡导健康理念，在村居进行健康教育，倡导社会政策。

（四）促进服务对象知识和技能提高的乡村学堂服务

乡村学堂作为幸福食堂开展社区教育的一种服务，根据老年人的需求，将“幸福食堂”拓展为活动场室，为老年人开展健康保健、社交技能、诈骗预防等知识讲座，提升老年人学习、互助能力，增强长者参与社区服务的意识，营造“老有所学，老有所为”的社区氛围。乡村学堂根据老年人的心理特征和行为习惯，为老年人开设了健身操、政策宣讲、健康知识讲解、手工制作和广场舞等学习内容，定期开展老年人活动日，组织和动员农村老年人的参与，丰富了其精神文化生活，让老年人拥有幸福晚年，实现老有所学、老有所教、老有所为、老有所乐的目标，更好地满足老年人多层次、多样化的养老服务需求。

同时，也可结合有知识和技能提升、文化娱乐等需求的妇女和儿童提供相关的专业培训。在乡村学堂的服务中，社工发挥资源链接者、引导者、教育者、服务者和促进者的角色作用，运用直接和间接的社会工作服务方法，提升妇女和儿童的知识和技能，保障了社区教育的提供。

“之前呢，我参加过一个健康保健的讲座。当时村里有来一些卖保健品的人，给我们开讲座讲一些养身保健知识，然后推销他们的一些保健品，很多老人都去听然后购买了保健品，花了很多冤枉钱，最后才知道那些保健品都是骗人的，从那之后就很少听到有这些健康保健的活动了。”（访谈对象 X07）

“我子女都不在身边，一年就回来一两次，我现在就在家负责帮忙带孙子。每天就负责照顾孙子的日常起居了，很少有时间去参加活动，而且老年人群体活动也更多是在门头的走廊上聊天，而且村里有大场地的地方又少，更没有什么像现在的老年人健康讲座和老年人手工课堂。现在在乡

村学堂服务中，我们还能每天坐在这里做香囊那些手工，一些年轻的女人和孩子也跟我们一起。”（访谈对象 X10）

（五）弘扬乡村特色的村庄节庆服务

村庄节庆代表了一个村落的文化传统，同时也是社会工作服务介入的重要契机。通过村庄节庆活动，能够使得社会工作服务快速地融入当地村落文化，让村民熟络社会工作服务，并在无形中扩大了服务的宣传，赢得村民的口碑。同时，基于农村社区的“差序格局”的影响，社会工作服务与村庄节庆相结合也能够让社工逐渐走入当地村落的人际关系网络，逐渐搭建服务支持。

“我在村里生活了 80 多年了，村里的大型活动除了祭祀祭祖这类的活动能把村里的人都召集起来，很少有其他的节庆活动了。你看端午、中秋、冬至和元宵这些节日都是各家各户在过节，一家子坐在一起吃个饭就当庆贺了。我无父母无子女的，过节很多时候都是自己在过，有时政府和社会上的一些爱心人士回来看望慰问下我们，我们很少想着出去走动，加上有时去村委较远，行走很不方便就不过去了。”（访谈对象 X03）

“我参加最多的活动就是赶集了。平时村里人少，活动也少，镇上的集市人多，而且有时候也会有一些庆典或者是熟悉的老年人在买米、油、盐等这些生活物资，然后大家可以一起闲聊。村里较少这类的节庆活动。不过幸福食堂开设之后，像端午、重阳这类节日，对我们老年人还是很关爱的，会给我们开长者聚会呀、一起制作吃的呀这类。庆祝下这些节日，就觉得很温馨，这样子才有节日的氛围。”（访谈对象 X08）

在村民庆祝这些节日的过程中，社工的参与让社工与社区成为联系密切的共同体，社会工作服务的开展营造了和睦融洽的社区氛围，也让专业服务更“接地气”，更容易被村民所接受。例如幸福食堂的社工在春节、中秋节、端午节、重阳敬老节等重大节日，组织所属村全体老年人开展“千叟宴”、文艺表演、游园活动等形式多样的社区文化活动，促进老年人的社会参与和社会融入，提升社会各界对老年人群体的关爱。

五、服务机制

（一）经费保障

在经费方面，幸福食堂将助餐配餐服务收入盈余投入到为老服务中。在资金筹集上，幸福食堂通过慈善和公益组织、社会团体等福利参与主体发起的慈善捐赠和社会捐助，然后将其爱心捐款用于社区德孝基金的使用，以支持幸福食堂的可持续运营。因此，幸福食堂积极整合撬动各方面资金，按照政府支持一点、镇街财政解决一点、村级集体经济助力一点、社会爱心人士捐助一点、老人自身承担一点的方式，统筹解决资金保障问题，不足部分通过乡村自筹和慈善资助解决，确保幸福食堂能够正常开放运营。

表 5-5　幸福食堂助餐配餐服务经费结构表

类别	政府补贴费用	长者自付费用
从化区户籍 60—79 周岁长者	市补贴 3 元/餐， 区补贴 2 元/餐	150 元/人/月 （一日两餐标准）
从化区户籍政府资助长者低保、低收、重度残疾人、80 周岁及以上长者	市补贴 3 元/餐， 区补贴 3 元/餐	90 元/人/月 （一日两餐标准）
从化区户籍特困人员	市补贴 3 元/餐， 区补贴 6 元/餐	30 元/人/月 （一日两餐标准）
18—59 周岁重度残疾人	市补贴 3 元/餐， 区补贴 6 元/餐	90 元/人/月 （一日两餐标准）
与老人生活或由老人抚养的留守儿童、事实无人抚养的儿童	区慈善会资助	90 元/人/月 （一日两餐标准）
普通群众	全自付，12 元/餐	
社区	提供服务场地、自愿捐款捐物或参与社区志愿服务	
社会力量	捐款捐物，或参与社区志愿服务	

至于收费标准，幸福食堂采用按月收费方式，本地户籍60—79周岁长者150元/人/月（一日两餐标准）；政府资助长者（低保、低收、重度残疾人）、80周岁及以上长者、18—59周岁重度残疾人90元/人/月（一日两餐标准）；特困长者30元/人/月（一日两餐标准）；与老人生活或由老人抚养的留守儿童、事实无人抚养的儿童90元/人/月（一日两餐标准）；普通群众则是全自付，按照12元/餐计算（视食堂容量确定是否供餐）。政府补贴费用上，市补贴统一3元/餐，区补贴3—6元，与老人生活或由老人抚养的留守儿童、事实无人抚养的儿童则由区慈善会资助。

（二）安全保障

安全责任重于泰山。安全保障也是幸福食堂在服务层面尤为强调的方面。一是建立健全严格安全监管制度，严格把控食品安全的质量。例如，食堂从业人员健康证等证件、食堂进货的票据、验收记录及供货商资质由社工站统一记录并保存归档，确保食材新鲜安全；同时，食堂的索证索票、仓库进出库登记、从业人员岗位培训记录、消毒记录、留样记录等均有社工站进行记录和存档，确保餐具清洗消毒到位，留样及餐厨废弃物管理到位，食品安全管理制度落实到位。二是做好“幸福食堂”相关资质认证。如健全食堂服务及管理机制，确保为村民提供安全、健康及营养的膳食。三是要求保障长者的人身安全。如地板、桌椅和裸露墙柱体布置防滑垫和防撞垫，并且加装了无障碍设施，方便了行动不便的老年人的进出。

（三）协同共建

为贯彻和落实《国务院关于加快发展养老服务业的若干意见》（国发〔2013〕35号）、《民政部办公厅、国家发展改革委办公厅关于开展养老服务业综合改革试点工作的通知》（民办发〔2013〕23号）、《广东省人民政府关于加快发展养老服务业的实施意见》（粤府〔2015〕25号）、《广东省人民政府办公厅关于全面放开养老服务市场提升养老服务质量的实施意见》（粤府办〔2018〕3号）、《广东省人民政府办公厅关于印发广东省加快推进养老服务发展若干措施的通知》（粤府办〔2019〕23号）等文件精神，充分发挥幸福食堂在构建从化区居家养老服务体系建设的作用，幸福食堂致力于探索适合从化区发展实际的社区居家养老服务模式，建立了以党建为引领，村居、社工、社区社会组织、志愿者、慈善、乡贤等多方力量协同共建机制。在社工的推动下，幸福食堂发挥了加强农村基层党组织的重要抓手和党员服务群众的重要平台的作用，鼓励和支持各类公益组织组成公益大联合爱心平台，帮助老人办理低保、社保、残疾证和购买生活用品等，向有需求的老人提供生活照料、医疗护理、精神慰籍等，让多元福利供给主体能通过自身所能去帮助和服务村民，给予了多元主体参与社区居家养老服务的平台和机会，实现福利服务供给的多元化。

（四）褒扬激励

志愿者作为推动社区发展的重要资源之一，支持和鼓励志愿者参与社会服务实践，能增强公众对志愿服务的社会尊重和认同，提升志愿者的服务热情和信心。团结、引导农村志愿服务组织和广大村民志愿者，挖掘村民的志愿服务意愿，凝聚乡村志愿服务力量，是切合乡村社会工作服务的发展路径。为此，幸福食堂通过建立健全对大力支持“幸福食堂”项目开展的乡贤、志愿者及慈善力量褒扬激励机制。例如志愿者报名参加幸福食堂的服务活动时，完成相关签到、协助等工作后，由负责社工进行登记核定，获得相应志愿服务时数。志愿服务时数以 1：1 的比例生成时间积分，即 1 小时 = 1 分，志愿服务积分可用于兑换实物、就餐和捐赠等。此外，由区、镇（街）及村委联合为其授予相关荣誉，加强典型宣传，激发村民志愿服务的积极性，促成讲文明、树新风、促和谐的良好新风尚，进一步推动农村自治德治建设。让志愿者和志愿组织密切参与社区服务，能在服务层面上为幸福食堂提出诸多具有建设性的意见和建议。所以，幸福食堂服务模式建立健全褒扬激励机制，旨在提升志愿者和志愿组织凝聚力，激发福利多元主体中志愿组织参与社区为老服务的积极性和主动性。

表 5-6 志愿服务积分实物兑换表

序号	日期	姓名	实物名称	数量	单价	总价	兑换积分	剩余积分	社工签名	备注

注：【兑换实物】：遵循“市场价格-2 元”原则兑换实物。如“美丽超市”的洗洁精，市场价格为 15 元/瓶，志愿者可以用“15-2”，即 13 分兑换 1 瓶洗洁精。（但兑换实物仅以“美丽超市”货架现有货物为准，以生活用品为主。）

表 5-7 志愿服务积分就餐兑换

序号	日期	姓名	午餐/晚餐	数量	单价	总价	兑换积分	剩余积分	社工签名	备注

注：【兑换就餐】：“幸福食堂”餐标为 12 元/餐，以“8 分换 1 餐”标准兑换社工站“幸福食堂”就餐，原则上每月兑换餐数不得超过两餐。

六、服务模式特色及成效

（一）服务模式特色

通过前文对幸福食堂内容的梳理和分析，可以看出在从化区农村幸福食堂积累了诸多服务经验，当地也结合地域特色和优势对服务的过程进行了细致规划和管理，逐步开展了符合当地实际情况的老年社会工作服务，并在服务的过程中吸取以往“长者饭堂”单一助餐配餐服务的经验，不断改良和优化当地的农村社区居家养老服务，以使得当地老年社会工作服务事业取得更好的发展效果。

我国农村地区养老方式一直以家庭养老为主，由于经济快速发展和服务市场化的推进，传统的家庭养老模式的功能逐渐被削弱。[①] 在我国全面建成小康社会的背景下，乡村振兴战略的推动让广东省农村地区居家养老服务备受关注。最为重要的是提升农村地区社区居家养老服务中社会各方

① 贾镕宇．海岛渔农村社区居家养老服务存在的问题与对策研究［D］．舟山：浙江海洋大学，2019.

力量的参与程度，尤其是在社会工作服务领域中要利用好当地优势和资源，提升为老服务的层次和质量；同时，也要将村居作为服务阵地，扎根乡村了解乡村，以推动乡村发展作为服务的目的，打造乡村特色服务名牌，树立品牌服务意识；最后，要结合不同服务对象的需求，设定和提供不同层次的服务，满足不同年龄段的服务对象需求。

1. 多方参与共建

社区居家养老服务作为政府满足老年人基本养老需求的公共产品之一，也是一种既能满足公共需要和个人需要的准公共产品的公共服务，其目的在于保障老年人权益，促进社会公平公正。① 因此，作为一种社会性的基本公共服务，社区居家养老服务的供给主体要实现多元化，以此来解决单一公共服务主体供给不足和效率低效的问题。农村老年人作为农村社会工作的重点服务对象，社会工作在农村居家养老服务方面的实践也探索出了多方参与共建的机制，调动和整合了农村社区的资源和优势，联合当地民政部门、慈善会、社会服务机构、村委会和村卫生站、养老服务中心等多元供给主体共同参与和开展服务。在共建形式上，民政部门对幸福食堂养老服务的发展前景做出了规划，明确了发展的要求，加强了对农村社区居家养老服务体系建设的领导，通过购买服务方式搭建的专业社会工作服务平台，加大了对社区居家养老服务组织的财政补贴，吸引社会专业服务力量参与农村社区居家养老服务，带动了农村社区居家养老服务市场的发展：村委则担当着转接者和协调者角色，按照上级部门规定的任务和目标，自营或者是雇用专业服务人士去开展服务，通过转介服务项目给专业的服务机构来完成社区居家养老服务工作。其中，D 村委会引入幸福食堂服务前，便通过利用村庄闲置的公共空间打造幸福食堂服务场地，同时也号召和组织村“两委”干部、乡村能人、村民积极贡献自己的智慧和力量参与到幸福食堂建设的每一个环节；社会力量作为社区居家养老服务中关键的供给主体，具有直接服务供给功能。不同类型的居家养老服务机构会

① 朱海祺．广州市社区居家养老的创新服务模式研究［D］．广州：广州中医药大学，2016.

根据自身的专业性和特点为村居老年提供专业的社区居家养老服务。

此外，社会工作服务注重专业服务的可持续性。社会工作者们也通过社区基金这一平台实现服务的可持续发展，社区基金由村内企业家、爱心人士、热心组织、乡贤等共同捐赠成立，秉持“取之于乡村，用之于乡村”的原则，通过政府补贴一点、慈善捐赠一点、社区基金募集一点、村民承担一点的方式，实现资金共建；幸福食堂工作人员、厨师以及D村社工站培育的志愿服务组织也直接或间接参与到服务中来，充分发挥了亲友与邻居的互助作用，解决留守老人缺乏家庭心理和情感支持的问题，为老年人晚年生活提供了多元保障。

2. 活用社区社会资本

农村社区社会资本可以分为农村社会网络、互惠互助、族群信任、农村文化等这几个概念进行分析。农村社会网络即是传统的人情网络，如宗族关系、邻里关系等。互惠互助则是指村民间的互动模式和互动频率等。族群信任是指以村民之间的信任关系为基础，对亲朋、社群以及制度等方面的信任，并对其共享资源信息，从而提高目标实现效率。社区文化则是经过族人世世代代生活沉淀的资源丰厚、特色鲜明的社区传统文化。从幸福食堂实践来看，社会工作在服务中的角色有以下两种：一是文化的倡导者，即弘扬乡村原有的生产、敬老等文化，倡导乡村团结、孝老爱老的文化氛围，依据乡村特有的优势，开展相应的文化；二是物质资本的积累者。在服务中，社工不仅要着眼于文化资本的构建，还要推动关系资本的流动，实现村民关系网络良性互动，关系资本实现积极运作，搭建乡村邻里互助网络等。

D村具有宗祠祠堂、古树、老水井等具有居民共同生活的印记，也具有一些古时用来进行生产生活的工具，如草鞋、蓑衣、草帽灯，这些都记录着D村祖辈们生产生活方式的缩影。另外，村民在日常生活中也习惯到宗祠进行祭拜，烧香祈祷，逢年过节，村民也自发组织“千叟宴”等敬老孝老大型活动。这些传统习俗凝聚了村庄集体力量，和睦友好的社区氛围也促进了邻里沟通和往来，增强了邻里间的信任。在农村“熟人社会”

中，大家彼此相互亲近，逐渐形成一套交流、互助等交往规则和行为习惯，彼此间处事方式也按照自然而然的约定进行遵守，认同并遵守村规村矩。

幸福食堂在服务开展过程中，对服务力量的建设，也聚焦于通过幸福食堂这一平台培育村民间的宗亲和邻里关系，通过村内的人际网络来实现对社区资源的充足和调配。同时，也借助村民自身的力量，培育社区自助互助组织，如老年志愿者、妇女志愿者、儿童青少年志愿者等志愿服务组织，致力于挖掘其才能和增强自我价值，营造自助互助、回馈社区的氛围，促进互惠互助，实现邻里帮扶。此外，幸福食堂也根据村内悠久的德孝文化和约定俗成的村规民约，去维护发展族群信任和农村文化。例如结合当地悠久的德孝文化设立的德孝基金，按照村民的意愿和制定的规则去运营和管理，基金主要用于村居长者服务，资金的筹集来自村内企业家、爱心人士、热心组织、乡贤等。通过社工的统筹，德孝基金搭建了社会各界交流互助的平台，促进了社区共融，从而增进了村民的归属感和社区信任感。

3. 服务体系多元化和系统化

由于农村地区的现实环境以及历史背景等多方面因素的影响，大多数的农村老年人选择传统的家庭养老模式，这也与农村地区老年人的传统思想观念相符合，但是对于家庭困难以及失能、半失能的老人家庭来说，家庭养老的方式更让家庭增添了负担，极少数的家庭会选择机构养老的方式。以往长者饭堂的服务更多只关注于长者的助餐配餐服务等浅层层面，解决了居家养老服务中老年人“吃饭难”的问题，很少对老年人健康维护、社会参与、休闲娱乐等需求形成系统、科学的服务体系和项目规划。在具体的服务实施过程中，长者饭堂也存在服务形式僵化、不灵活等现象，通常都是由配餐中心固定时间为服务对象提供送餐服务，往往忽略了长者的个性化需求，如为一些失能和半失能长者提供送餐服务时，只负责一份午饭，而晚餐则没有，如有需要则需要另预留一份餐食。

社工在设计服务目标和服务项目的时候，就从系统的角度将各项目服务结合起来、细分至每个服务层面，注重服务阶段的总结和提升。首先是在生活照顾上，针对那些失能、半失能生活不能自理的老年人，联合村内的志愿服务力量，为他们提供了贴心的助行服务和日间陪同，增强了他们的安全感；其次是在医疗保障上，由于老年人年龄的增大、身体机能退化等因素，在医疗护理和保障上的需求强烈，社工站依托村居卫生站和链接的专业医疗卫生中心等资源，为村居老年人制定了健康档案，在老年人例行身体检查时，能随时注意到其健康状况的变化，并将异常情况及时反馈给村卫生站和医院；在老年人休闲娱乐方面上，幸福食堂时刻关注老年人的心理变化，社工们经常走访入户，与老年人进行沟通和交流，排解他们的孤寂感，提供精神上的照顾。同时，为丰富老年人社区参与，增加他们与社区的联系和交流，幸福食堂会根据日程安排为老年人提供影视观赏、健康讲座、手工制作、政策宣讲和集体聚会等活动，在老年人享受服务的过程中，也能感受到群体的支持，增加了彼此间的联系，从而获得精神和情感层面的满足。

（二）服务成效

1. 以村居为依托，积极运用村落资源

幸福食堂区别于以往功能单一的长者饭堂，实现了社区资源的有效整合，与当地民政部门、村委会、医院以及养老服务机构等组织建立了长效的合作机制。从助餐配餐、日间托管等日常照料服务，到为老年人开展健康管理、买药送药等医疗服务，再到为老年人提供支持性、发展性、教育性的社会工作专业服务等，使得幸福食堂具备了“不出村居就能享受专业服务”的特点，把专业化、公益性和自助互助结合起来，探索出一条适应从化发展实际特别是农村实情的、以居家养老为重点的、共建共治共享的社区综合服务路径。

幸福食堂是以高层次的服务作为出发点，通过政府财政支持、社会公益捐助、社区基金再“造血”以及服务付费等多种筹集方式积累服务资金，同时也通过广泛的宣传和动员，普及农村社区居家养老服务的相关政策，赢得了良好口碑。以村居作为依托，既方便了长者的出行，又改善了农村社区居家养老服务的配套设施，为老年人的晚年养老生活搭建了平台，形成了颇具农村地域特色的自助互助、邻里友爱的社区养老氛围。幸福食堂也充分利用农村社区的一切资源，如资金、场地、人力、医疗服务等不同类型的资源，整合了多方社会治理主体，如政府、社会组织、家庭、企业等，共同促进了农村社区居家养老服务的完善和发展。同时，幸福食堂也充分利用村委会自我管理、自我教育和自我服务的群众性自治组织的作用，让其也参与到幸福食堂服务的管理、协调和监督上来，以更好地提高服务质量和效率；在挖掘社区人力资源上，幸福食堂将健康长者、留守妇女、留守儿童及其他村民视为珍贵的人力资源，培育志愿服务组织，鼓励其发扬“助人自助”的精神，支持和帮助村里的长者及其他困境村民。

“你看幸福食堂吃饭、开展活动的地方都是村里面空闲出来的，因为平时使用较少，后来在社工和村民的建议下，村委这边就决定将场地腾出来搞幸福食堂。然后，你看一些餐具、电器、硬件设施也是由村里这边提供的。”（访谈对象 C01）

“我每个月交 100 来块钱给幸福食堂，然后我每天也在这吃饭、看电视、参加社工组织的活动。平时我们也会组织维持食堂这边的秩序、帮其他长者打饭送饭之类的，像我动手能力比较强，就担当起手工类活动的主持。”（访谈对象 X06）

“每个月食堂都会公开账单，让我们也了解、监督到经营情况，而且食堂就设在家门口，大家来来往往看看也很方便。你看像每次有捐赠资金的话，这类情况也会公布。”（访谈对象 D03）

“我跟我儿子两个人都是食堂的志愿者，起初我们也不是很了解食堂是干什么的，后来社工组织我们开了好几次交流会后，我们才知道更多的是为村里服务的，那我就想既然有时间，而且又是在村里面，人又熟悉行动又方便，我就报名参加了。后来，消息传开之后，就越来越多人报名了，就连隔壁村的有时都来报名参加了。”（访谈对象 Z02）

社工通过利用农村的闲置资源，与多方参与主体共同搭建幸福食堂，依托村居住宅，为幸福食堂配备了相应的厨房设备、冰箱、空调、风扇、桌椅等设施，并进行了相应的改造，为村中的老年人提供了社区居家养老服务基础硬件设施。这样的选址也让老年人来去方便，同时厅堂的设置也保留了村落建筑原貌，最大程度上体现了乡村特色气息。

2. 丰富老年生活，营造和睦敬老乡风

幸福食堂在农村为老服务的形式和内容上进行了继承和创新，极大地丰富了农村老年人的晚年生活，增强了老年人的晚年幸福感。将幸福食堂设在村里的传统民屋中，拥有熟悉的乡土氛围，聚拢性较强，老年人平时可以在厅堂中一起聊天、下棋、吃饭等，增加了邻里间的交流和往来，实现了邻里守望相助。幸福食堂的乡村学堂服务也会在活动厅开展，服务内容以教育性为主，涵盖了卫生、保健、防跌倒、防诈骗等方面的知识讲解，授课人员也会引进一些老师到幸福食堂给村里的老年人上课；一些不参加乡村学堂服务的老年人也可以在大厅观看影视、学习手工等活动，活动的形式多样，内容丰富，使得村里老年人的晚年生活更加丰富多彩，减轻了老年人孤独感和失落感。此外，幸福食堂也结合老年人服务“老有所养、老有所乐、老有所为、老有所学”的目标，为老年人提供议事和参与的机会，老年人可以在幸福食堂中讨论问题，推动了其社区参与，有助于实现“问题不出户，难题不出村”的自治目标。而且，村委会也将一些村里事务放在幸福食堂的厅堂上进行解决，在厅堂上与村里的老年人进行讨论和交流，听取村民的意见和收集反馈，幸福食堂也成了村居老年人“吃饭的食堂”“议事的厅堂”“学习的课堂”“健康养身堂”。

“现在在这里活动都很方便呀，可以吃饭、可以聊天还可以看电视，有时还能进行体检，其他老人现在也跟我一样有事没事都来幸福食堂这里了，毕竟这边人也多，在这里就没那么无聊。”（访谈对象 X02）

“现在有时村委要给我们讲一些政策法规或者是村里面事情的时候，都通知老年人来这边了，有什么事情都在食堂这边商量解决了。”（访谈对象 X10）

为了更好地服务村里的老年人，社工联合老年人志愿者、妇女志愿和儿童青少年志愿者等志愿者队伍组建幸福食堂服务力量。志愿者们通过送餐、送药、定期探望困境老年人、陪同其他老年人聊天等方式，让老年人感受到温暖和关爱，提升了老年人对幸福食堂的满意度。一些身体健康的老年人也通过自身的才艺和技能，在幸福食堂中充当导师的角色。例如在“德孝香囊”系列活动中，12 位老年人用熟练的刺绣手艺，带领老人们重温旧时光，极大地缩短了香囊制作的时间，并通过公益摆摊的方式进行售卖，获得消费者的一致好评。再如，妇女和儿童青少年志愿者结成“一对一”传帮带的效应，一个妇女带动一个儿童和青少年，定期入户探望老年人，并帮助他们打扫家务、代缴水电费、话费等。此外，幸福食堂弘扬“家”“孝”文化，支持和鼓励家庭子女定期看望、关心老年人，保持代际交流和互动，满足老年人心理支持和精神慰藉需求。例如“德孝故事”“德孝人物”系列评选活动，通过宣传和倡导“德孝”文化，提升村民的社区参与感和自身荣誉感，营造社区和睦孝敬的民风和乡风。在新闻媒体宣传方面，当地的新闻媒体和社会各界人士对老年服务工作都给予了高度评价，各大媒体广泛宣传并及时报道了各项幸福食堂服务情况和惠老新政，倡导了尊老、养老、爱老、助老、孝老的主流思想，切实发挥了监督促进作用。

“现在社工组织的活动多了起来后，来幸福食堂的老人也越来越多了，一看谁还没来参加活动的，都会想着去叫下他。”（访谈对象 X06）

“让我感受最大的就是，村里的年轻人也经常来参加活动了。你看阿飞（化名）只要有活动了就问我参加了没有，农忙那会他还和几个年轻人一起过来帮忙，帮我收稻谷和番薯。阿芬（化名）和阿雪（化名）也经常带着村里的孩子给我送饭呀或者是给我送慰问品呀！”（访谈对象 X08）

“现在幸福食堂开设后，村民群也活跃起来了，有什么消息在外面打工的人看到也很经常回复了，德孝活动开展后，不光只是村里的人线下参与，外面打工的人也会上传他们家的一些故事、照片呀进行线上参与。”（访谈对象 Z02）

“我平时都是放学在家做作业然后找别人玩，后来在社工的介绍下，周末我就和几个小伙伴参加了社工组织的活动，刚开始给我们做学业辅导、体育活动。后面，就参加了德孝活动的宣传，去村里收集我们宗祠、家族故事，也带我们去定期看望下村里的一些老人。”（访谈对象 Z03）

通过上述访谈资料分析，可以看出社工在幸福食堂开展服务时注重传统文化的宣传，利用好村居里的人际关系网络，让村民通过熟悉的网络参与到展示自我的平台中来，让他们感受到自己也是村里的一分子，营造了社区和睦互助的良好氛围。

3. 多方主体协同参与，形成共治共建共享的社会治理格局

幸福食堂的建设由政府推动，区民政局负责管理和实施，当地镇、村“两委”等部门进行协同治理，H 社会工作服务中心则通过政府购买服务的方式为老年人提供专业服务，村民、志愿者组织和乡贤等作为社区力量参与到服务中。在建设幸福食堂过程中，社工就注重多元主体的参与，把为老服务置于农村社区建设中，注重整合政府、社区、企业力量和专业服务力量等为老服务资源，为农村社区居家养老提供了相应的人力、物力和财力资源。政府作为居家养老服务的主导者，通过购买服务的方式为幸福食堂提供专项资金支持，用于幸福食堂的基础建设、平台搭建、服务供给等，同时对幸福食堂助餐配餐服务也给予了运营补贴、用餐补贴等支持；此外，社工也通过慈善部门、村内企业家、爱心人士、热心组织、乡贤等共同捐赠成立的社区基金提供可持续运营支持。在服务参与中，社工也联合 L 居家养老服务中心和 C 医疗中心、村卫生站，为村里的老年人提供了多种服务，内容有生活照顾、免费常规体检、康复治疗等；此外，动员和组织村居志愿者队伍如老年人志愿服务队、妇女志愿服务队和儿童青少年志愿服务队、党员志愿服务队也为村居老年人提供服务，如理发、打扫卫生、代购、陪护聊天等。幸福食堂也结合一系列的节日开展村庄节庆活动，极大地丰富了老年人精神生活。多方主体的参与建设，促进优势互补，有效提升养老服务质量和效率，实现老有优养。

幸福食堂是在政府、服务组织、社区力量和老年人群体这四方主体共同参与下运行的。政府作为服务的主导者，起着沟通桥梁的保障作用，提

供政策优惠和资金支持；服务组织提供专业的为老服务，通过政府购买服务的方式，结合村里老年人的需求，最终形成以助餐配餐服务为核心，党建服务、社工服务、健康管理、乡村学堂和村庄节庆相结合的幸福食堂服务板块；老年人群体则是幸福食堂服务体系里的接受者和反馈者，在享受幸福食堂服务中主要发挥了监督的作用，通过自身意见的反馈，与政府部门、服务组织进行协同解决；同时，老年人也接受监督和管理，按照政府政策和规章制度来享受服务，遵守幸福食堂的规章制度。此外，社区力量主要包括村民和志愿服务组织，社区力量参与通过协调幸福食堂的运作，帮助为老助老服务的进行，其在幸福食堂服务中进行跟进协调，当出现特殊情况时，会协助社工进行处理，例如老年人家庭的矛盾与纠纷、心理问题的疏导和老年人生活需求以外的需求满足等。社会多方力量参与幸福食堂的建设中，各方也发挥自身的功能和作用，也推动了多方主体协作共治。

随着幸福食堂的建立和社会工作服务的开展，使得村内养老服务投入大大降低，为村民解决农村养老服务困境提供了新的选择。相较于以往的长者饭堂，幸福食堂利用了更多的社会资源和社区资本，减少了资源的浪费，取得了显著的服务效果，解决了从化区农村老年人服务这一块的难题。幸福食堂社工所提供的服务，包含了老年人衣食住行乐等方面的服务，通过整合各种资源，丰富了服务的内容，满足了村里不同老年人种类多样、方便和实惠养老服务需求，推动了老年服务事业的发展。社区力量在幸福食堂的服务中则发挥了协调者的作用，对专业为老服务进行了补充，鼓励和带动了更多的社会和社区力量参与到农村为老服务中。政府服务职能的体现、专业服务事业的发展、社区力量参与的获得感和老年人群体对于服务的认可，是幸福食堂在服务中推动各方参与共建共治而带来的共享成果。共享服务发展的成果也让幸福食堂参与各方以更加积极和主动的态度参与到为老服务中，从而更有力地推动服务的共建共治。

七、模式的优化

（一）模式存在的问题

1. 沟通反馈不协调

老年人对于幸福食堂提供的社会工作服务内容缺乏全面的认识和理解，诸如相似因素，导致社会工作服务供给和老年人需求反馈上存在差异，也影响了幸福食堂服务项目的开展。

虽然农村老年人对养老服务有基本的概念认识，但是对于服务的功能和细分内容上却了解不够深入，大多数受访的老年人对服务的印象还停留在幸福食堂助餐配餐服务和社工服务这两项服务上，例如定时定点地送餐配餐、针对不同老年人饮食习惯制定了健康餐谱和水果甜点搭配以及老年人香囊制作小组、德孝活动日等活动。而对于幸福食堂其他特色的服务，例如通过联合村居卫生站、链接医疗中心提供的身体健康状况监管和跟进的健康管理服务、结合村庄节庆为老年人开展的长者聚会和大型节日庆典的村庄节庆服务和增加知识和能力提升的乡村学堂服务没有被老年人所熟知。

“幸福食堂刚开始我真的不知道是做什么的，社工在挨家入户走访宣传时，我对这个也不了解呀，就知道这是为我们老年人提供服务的，可以去打饭吃饭，照顾我们日常的起居。像我这样子女都不在身边的老年人村里有很多呀，有时候做饭也很难，更别提照顾自己了。所以后来我也就奔着能有地方吃饭就来了，没有考虑那么多。而且我文化水平也不够，社工在跟我们讲述还可以参加哪些活动时，我也不了解，不知道是做什么的。”（访谈对象 X04）

“我来幸福食堂更多的是来打饭和参加老年人活动的。你看每次我们来食堂打饭时，社工站就刚好有开活动，像什么做香囊呀、放一些经典的影视这些的。然后就是社工会定期了解我们近期的状况呀，会叮嘱我们应该怎么样去做，应该吃什么和做什么，有时候还会为我们做一些小甜点。有时候我也不是很了解具体有哪些活动，像我平时高血压一犯时，我就头

晕，然后就想着能不能联系到医生。”（访谈对象 X09）

“我看幸福食堂有一个专门的医务区，上面也有测体重、量血压和测血糖等这类医务器材，以为只是单独的陈列不是提供给我们使用的。我也想着幸福食堂也是做饭给我们吃的。这些健康管理类服务，我们也享受不到。”（访谈对象 X05）

由于农村社区老年人群体的经济条件、受教育程度、身体状况程度等情况参差不一，对于幸福食堂的服务需求也不一样。有的老年人会因为身体状况较差，做饭吃饭是个难题，而倾向于幸福食堂的助餐配餐服务和健康管理需求，就对需要精力和体力投入大的活动需求较低，这样造成了幸福食堂专业服务资源的浪费和幸福食堂服务体验度的降低。这也反映了幸福食堂专业服务供给上未能很好地做到与服务对象需求的精确对接，个性化操作较难，造成提供的服务不被服务对象完全接受。

2. 服务基础设施不够完善

幸福食堂虽然设有饭堂、老年人活动区、健康管理区、阅读区、乐器演奏区等 7 个功能区，但每个区室都相当简陋，供老年人享受的服务设施少。幸福食堂在基本生活需求层面为老年人提供助餐配餐、洗衣打扫等生活照料服务。但在文娱方面，服务项目较为单一，如看电视、制作手工、长者聚会等，不能很好地激发老年人参与活动的热情[①]。在医疗保健方面，虽然具有常规体检设备以及依托睦邻社区卫生站的基础医疗条件，但医疗设备落后，在医疗资源的分布上，村中心的医疗条件有相对优势，能够辐射周边 2 个小队 10 个村民小组，其余的 2 个小队 7 个村民小组却不能及时、有效地覆盖。虽然设有老年人急需的医务室，但医疗服务水平低，基本只有简单地量血压、测血糖、治疗普通症状的医疗服务，完全没有专业的医疗服务；在党建服务设施上；虽然建立了基层党支部，张贴党和国家方针政策的宣传，定期开展党建宣传服务，但“红色基因”仍不够凸显，党建服务延伸不够广，不能更好地调动农村党员参与服务的积极性。

① 彭文燕．农村留守老人居家养老模式研究［D］．广州：华南农业大学，2017.

“幸福食堂活动地方太小了，你看光吃饭的地方就占了多大面积，活动空间非常有限，每天来打饭前，一开活动老年人都不够地方坐了，而且除了电视、书籍和报纸、象棋和围棋，很少看到有别的器材和设施了。我平时来这打饭后，也就想着找找人下下象棋或者是干点别的，但现在更多的也就只有下象棋了。”（访谈对象 X04）

“我家公每天都来幸福食堂打饭做饭，而且有时他不方便行走，我就负责过来帮他打餐。经常能看到很多老人家在这排队打饭，也有些就在隔壁的活动间搞活动，我也就经常溜进去看看在开什么活动，然后也留意到幸福食堂每个服务区的设备还是不够完善的。你看健康管理区也就配备了量血压、测血糖、测体重和其他急救物品类的医疗器材和物品；活动区就放着一台投屏电视以及桌子椅子，很少看到适合老年人进行娱乐休闲的器材。”（访谈对象 D02）

“在这里呢活动开展的类型倒是很多，老年人集体聚会呀、手工作坊呀、健康知识讲座和义诊、义剪那些，但是次数少呀，你看义诊、义剪那些两个月才会有一次，恰逢重大节假日就多一点。”（访谈对象 X05）

“村里面的基础设施确实是差了点，你看没有完善的老年人活动器材，幸福食堂内部也很少一些适合老年人文娱类的器材，老年人的积极性也会低点。就拿党建这块来说吧，我们村委和社工站共建开展了这个幸福食堂党建服务，对一些党和政府新出台的政策和规章制度进行宣传。也一起去外出学习，也有党员同志在幸福食堂里面做志愿者，负责给上年纪的行动不便的老年人送餐。其余的党建服务拓展面真的很少，尤其是刚才提及到的，在动员党员的积极性上，强度也相对弱点。”（访谈对象 C02）

从上述访谈的分析中可以看出，幸福食堂的基础设施还不是很完善，没有稳定的人力、物力和财力的支持，服务提供的类型多，但次数少，难以很好地解决老年人多样化、全方面的养老服务需求。

3. 参与主体多元发展失灵

社区居家养老服务作为基本公共服务的一种，其社会性的特征决定了政府始终是服务供给主体。受传统单一政府供给服务的影响，一开始政府既是作为政策和服务的制定者又作为服务的提供者和实施者，仅为“三无”、孤寡、独居老年人提供基本的养老服务，这样就导致为老服务出现单一性、封闭性和救济性等特点。随着多元主体参与理论在公共服务领域中的应用和实践，当前农村地区社区居家养老也逐步向多元主体参与服务转变，政府也开始转变身位，让更多的主体参与到服务供给中来。但政府一直以来作为主要的公共服务供给主体，各参与主体还没能快速地从被管制定位向服务位置转变，在服务供给中不能很好地找到定位、职责不清晰。

在鼓励社会力量参与为老服务方面，政府虽然颁布了相关政策文件，方便社会力量更为方便地参与为老服务，但是，缺乏细节性和操作性强的规章制度引导，是多方主体参与为老服务的主要阻力。而幸福食堂在服务过程中也存在此类情况，社工通过发现、整合、运用各级资源，并呼吁和倡导政府、社会组织、社区、家庭等多元主体参与其服务中。政府也通过政策和财政支持等方式鼓励各方积极参与农村为老服务，但参与各方也由于政策引导和服务经验，参与各方参与度不高。例如在幸福食堂目前由区民政局委托 H 社会工作服务中心进行运营管理，政府作为服务的主导者，去引导幸福食堂社会工作服务的开展，其他参与主体则大多依据行政目标与任务去提供服务，缺乏自主性与主动性，未能充分体现多元主体参与的优势，使得政府也未能很好地从具体的公共事务中解放出来，使得农村为老服务未能取得更好的服务效率和效益。

4. 资金缺乏长效补给，服务运营困难

作为社会性基本公共服务的养老服务具有投资高、回报少、成本回收时间长的特点，其必然由政府作为主要的供给主体才能维持其长效持续的发展。但目前政府在社区居家养老服务体系的建构过程中，对于城市社区居家养老的资金支持要明显比农村社区居家养老的投入要高，加之受农村传统养老观念的影响，导致了农村社区居家养老缺乏足够的资金支持，与城市社区相比发展略显滞后。幸福食堂作为政府出资购买、由当地村委监督、专业社会服务机构负责运营和管理的一项为老服务，相比长者饭堂单一提供助餐配餐服务，幸福食堂丰富了其服务内涵，为老年人提供了全方面、支持性和发展性的社会工作服务，在服务层次上也进行了提升。

“以前村委在运营长者饭堂时，资金的供应就是一个大问题，当时长者饭堂只在做助餐配餐服务这块，光食材的采购、人员管理的费用上就已经是很大开支了，同时也面临原材料成本高、村里供应短缺等问题。后来食堂在资金上出现短缺，运营不下去了，就逐渐外包给其他餐饮行业。现在幸福食堂每个月也会公布账单及收支情况供我们监督，查看后发现幸福食堂每个月运营成本也是很高的，虽然享受了市、区级的补贴，但是在原材料成本和供应等方面也出现了相似的问题，导致运营成本增高；加上幸福食堂还提供了其他的为老服务，服务成本肯定也随即增长。”（访谈对象C01）

“现在幸福食堂在服务运营上面临比较大的问题就是资金问题了。一是在助餐配餐服务上，这个食材采购和人员管理的费用就占了很大一部分开支，而且相关费用也在不断增长，加上后续其他为老服务的开展，原本的运营服务资金就出现紧缺的情况；二是虽然通过社区德孝基金募集了一些社会基金，但是募集的金额较少，不足以完全支撑幸福食堂后续服务的开展，而且募集的基金很多也就是一次性的，很难去维持持续的、长久的基金支持。”（访谈对象S01）

“现在食堂设施相对陈旧、环境较差，餐具、送餐车等设备也需要经常更换或维修，并没有对此设立专项的资金，经常得拖很久的时间才能去申请维护和更换经费。”（访谈对象S02）

尽管政府针对幸福食堂的村居老年人助餐配餐服务进行了相应的就餐补贴和运营补贴，长者饭堂面临原材料和管理成本、分销费用和供应短缺等运营成本大的问题，在幸福食堂中依旧存在。同时，幸福食堂服务并未局限助餐配餐服务，在其余服务的支出上，政府只对前期幸福食堂的建设进行补助，并没有相应的服务补贴，仅依靠前期项目服务资金预算，缺乏后期运行经费的支持，呈现基金相对匮乏的不良状态。幸福食堂为老服务的参与主体主要是政府和社会组织，而农村老龄化形势日益严峻，养老服务供不应求，单纯依靠政府购买服务已经不能解决问题，主要依靠政府财政的承担，也加重了政府财政压力。

5. 服务队伍建设有待加强

在服务队伍方面，服务队伍能力有待提升。随着幸福食堂为老服务参与主体的多元化和服务多样化的发展，幸福食堂对于服务队伍的能力提升和建设上有了更高的要求。社工不仅仅是关注助餐配餐服务和社工基础服务方面，健康管理服务需要社工懂得基础的医疗专业知识，党建服务需要社工具备良好的党性修养和极高的思想觉悟，社工服务则要求社工具有专业的社工知识素养和能力，乡村学堂服务则要求社工具有文化艺术能力，村庄节庆服务则要求社工“接地气”，能迅速熟知和了解当地地域文化习俗。同时，幸福食堂常规运营和管理也要求社工具有综合管理和运营服务的能力。如何招募和选择符合新现代要求的社会工作服务队伍，怎样让符合要求的人才在适合自己的岗位上发光发热，也是幸福食堂服务模式面临的一个挑战。

在志愿者服务队伍方面，服务持续性有待提升。幸福食堂除了社会工作者这一专业服务力量外，志愿服务队伍也是其中的重要服务力量。目前，幸福食堂的志愿服务力量有老年人志愿服务队、妇女志愿服务队、儿童青少年志愿服务队以及党员志愿服务队。服务队伍主要由老年人、妇女、青少年和儿童组成。由于青少年和儿童仍在学校就读，所以流动性较大；妇女志愿者因劳务和家庭照顾等原因，服务稳定性较差；老年志愿者则要求身体健康、志愿意识强，随着老年人年龄的增长，身体机能也随之下降，所以老年人志愿者的稳定性也较差。所以，对于志愿服务队伍的志愿服务培训一定要持续进行。此外，志愿服务具有无偿性和公益性的特点，难免存在持续服务力量不足、不定期开展志愿服务的情况，难以长期稳定地维持志愿服务的难题。因此，如何更好地激发志愿者们出于服务的热情和坚持，提升志愿服务队伍的积极性和持续性又是一个值得思考的问题。

“目前服务上自身能力的不足也是很困扰服务进行的一个问题，现在老年人的需求也多元化了，不再仅仅聚焦于生活照料上了，他们也有文娱休闲、精神慰藉、医疗健康等多方面的需求。这也要求我们实现专能而又全才，掌握多种适合老年人工作的方法，学习更多与老年人建立关系的技能，而且迎合乡土文化也是对服务的一个极大的考验，这就需要我们社工要能融入当地，逐渐将社会工作服务做到本土化。”（访谈对象 S02）

“我是本村的村民，想着能在幸福食堂中服务村里的老人和社区就很好啊，毕竟有一个关爱社区的心嘛。但是我作为一个儿媳和一位妈妈，家里也有老人和孩子需要照顾，有时候因为时间的安排，不能够及时地参与到服务中，所以很多时候都是在自己闲暇的时间来参与的。我虽然是义务参与的，但是每次花费很多时间来参与服务也会很不平衡。精力时间花多了之后，也经常容易产生懈怠。”（访谈对象 Z02）

“我是老年志愿者的一员，我从一开始听说需要招募老年志愿者时就报名了。当时也没考虑很多，就想着也能参与服务活动，而且还能奉献自己的时间。但我有时候因为身体状况不好，也经常缺席。”（访谈对象 Z01）

以上是相关服务人员对于服务队伍自身存在问题的反映，可以看出在幸福食堂中，无论是社工还是工作人员和志愿者都存在能力不足的表现，对社工的要求则更为“全能”，对志愿者的要求则更为稳定。而且社工团队在年龄段上相对年轻化，实务经验较少，公关能力较差，在遇到困难的时候很难链接到社会上的其他资金、活动资源。

（二）模式存在问题的原因

1. 信息不对称

一方面，由于幸福食堂开设初期，相关的服务宣传手段更多地通过走访入户的宣传方式，老年人对于“衣食住行”上的关注度较高，使得大部分村居老年人对于幸福食堂社会工作服务平台的认识更多地停留在助餐配餐服务层面。对于其他层面的服务，很多老年人不了解、不清楚，导致幸福食堂服务供给和需求上存在信息不对称的情况，新的服务不被老年人所提及，所以服务开展也就遇到阻碍。此外，当一些老年人存在服务需求时，由于信息的不对称导致其无法享受到该服务，需求也就无法更好地去满足。例如，幸福食堂搭建的“美丽超市”平台服务，其原本是帮助农村老年人接受、处理和销售社区包括老年人捐赠的农产品、特色手工制品、企业及社会各界捐赠的物品。老年人通过捐赠可换取所需生活物资或资助老年人用餐，通过代售可以换取相应的资金。但是很多老年人不知道这项服务，要自己去集市进行售卖或者是通过熟人去代售。另一方面，由于经济和文化因素的影响，老年人对于购买低价的居家养老服务的意愿也不一样。也有部分老年人出于传统养老观念的影响还是选择自己照顾自己或者是子女、亲戚照料。如老年人碍于情面和传统思想观念，认为自己的事情自己解决就行，子女亲戚能做饭给老年人吃，不用外人的帮助。

“刚开始，社工入户宣传的时候也更多地跟我们讲食堂那边可以吃饭，而且现在想来问我们有没有什么建议和需要，提前先来了解下。那我一听可以在那吃饭，就想着到时在那边吃饭就好了。”（访谈对象 X07）

“我是支持我家公家婆去幸福食堂的，但是老两口觉得自己有子女而且自己还能走动就没必要去外面吃饭，可能是觉得不好。因为平时家里面出什么事情了，需要别人帮忙的时候，都不太愿意去求助别人，宁愿老两口自己来做。”（访谈对象 D01）

“第一次入户宣传的时候，也是想着通俗易懂地跟村民们解释宣传，因为他们还不是很了解社工是做什么的，而且幸福食堂刚开设，想着先通过助餐配餐这一服务入手，先让村民了解下食堂这边的基础服务，然后再深入宣传。”（访谈对象 S02）

在访谈中，可以看到社工与村民在信息接收和反馈上存在信息不对称的情况，社工有侧重地宣传服务信息，而村民则更多的是根据所听到的信息进行接收，较少进行回复和反馈。同时，受传统养老观念的影响，老年人对于家庭养老以外的养老方式也存在排斥现象。

2. 政府支持力度不够，监管机制不够健全

在目前的农村居家养老服务过程中，政府作为服务供给的统筹者和服务的执行者，需要推动养老基础设施的建设、农村居家养老服务专项服务资金的财政拨付和养老服务的实施等。因此，政府对于农村居家养老支持

力度不够、监管机制的不健全，是导致农村居家养老服务基础设施不足、项目服务单一问题出现的原因。

政府部门虽然对农村老年人的实际养老需求有一定的了解，但对养老服务体系研究还不够深入，对农村居家养老服务工作的重视还不够，造成在居家养老服务供给上的力度不足，导致基本的农村养老服务设施、养老资源不足问题的凸显。当地政府和相关部门虽然颁布了相关居家养老服务的落地文件，但却没有相应的配套政策，加上基层执政能力和其他因素的影响，导致服务资源和居家养老服务方案实施的滞后；此外，在农村养老服务管理上，由于缺乏有效的监督机制，导致服务关注形式、内容相对单一，导致农村居家养老服务质量难以得到提升。例如“长者饭堂”之前在周边农村中虽设有配餐服务点，现在很多地方却存在挂牌子、空壳子的现象，造成了养老服务资源的浪费；而且农村居家养老服务的覆盖面也较为狭窄，大多覆盖于居住在村主干道中心区的老年人，对于一些居住较为偏远、交通不便的老人则很难享受到居家养老服务。

3. 参与主体职能定位不清晰

当前我国的农村居家养老服务的多元供给主体包括了政府、家庭、市场、社区和服务组织等，在养老服务方式和内容上也有了很大的丰富。然而，各主体在自身定位上并不明确，导致了各自责任范围划分不清，不仅没有发挥各自的优势所在相互取长补短，反而在一定程度上造成了养老资源不合理配置甚至是浪费①。政府在农村居家养老服务职能定位不清晰的表现在缺位和错位现象。缺位主要是指政府在农村养老服务体系中的制度建构、财政投入、基础设施建设和政策支持和引导上的缺少身位，而错位主要是指多个部门对居家养老服务过程进行管理，多部门之间缺乏工作的沟通和协调，关系复杂，易造成责任相互推诿的问题。

此外，政府自身职能定位的不清晰除了影响自身责任的发挥外，也阻碍了其他供给主体的有效参与。因为政府作为供给服务的主导者，只有其

① 杨凯元．农村养老服务供给主体多元化发展研究［D］．长春：吉林大学，2017.

明确了哪些该做哪些不该做之后，其他参与主体才能有发展的空间去参与。随着养老服务社会化的趋势，家庭主体的服务功能虽不断弱化，但是其仍是我国农村居家养老服务供给中的重要主体，同时受传统养老观念的影响，家庭主体依旧承担着大部分的养老责任，且农村老年人在养老服务的选择因素上，家庭往往是老年人考虑因素的首选。因此，在家庭供给服务逐渐弱化的趋势下，如何界定家庭主体的作用，是转移其服务功能给其他服务主体还是完善其功能使其能继续发挥主要主体功能这一问题值得我们深入研究和探讨。如何正确处理与政府主体之间的关系是市场、社区主体和专业服务组织在农村居家养老服务上面临的共同问题。当前农村现存的养老服务机构、社区和专业服务组织大多享受政府提供的各项优惠政策和待遇补贴等支持，这些支持一旦消失或是支持力度减小，那他们继续提供居家养老服务的质量和效率也将会大大降低，后续的服务也会面临极大的挑战。

4. 资金来源有限

服务的发展和推广需要资金作为基础，开展老年社会工作服务最大的制约因素是经费不足问题，目前农村老年社会工作服务的经费来源主要包括政府拨款、企业和社会捐赠以及农村家庭自筹资金。同样，幸福食堂社会工作服务的开设也必须有一定的专项资金作为保障，用于支付工作人员的劳动报酬、购买基础服务设备、租赁场地、采购食材和各专项服务备品及设备日常维护等。目前，幸福食堂的资源来源主要有三种渠道：政府出资、社会捐赠和个人自费。目前幸福食堂的多数资金来源于政府出资和社会捐赠，这些资金基本能维持幸福食堂服务工作的正常运转。

“在食堂经营上，我们更多遇到的就是资金来源的限制了，因为现在由社工站在管理运营，经费更多的是依靠政府支持，有社会来源但非常少，目前募集到资金有来自慈善会和社区村民捐赠的，但基数还是比较小。而且你也看到了现在食堂设施配套也不是很完善，还需要经常维护和更换，在运营上受经费的影响就更大了。”（访谈对象 S02）

从上文的访谈分析中可以看出，幸福食堂资金来源存在不稳定性和收入预期的不乐观性。虽然幸福食堂充分引入了社会力量和利用社区资源，为幸福食堂进行捐赠，对目前幸福食堂的发展起到了保障作用；而政府则根据幸福食堂的运行进行资助，前期购买服务的费用则对幸福食堂的发展起了重要的支撑作用。受社区领导者工作能力和社会影响力、社区内资源整合能力等因素的影响，社会和社区捐赠的方式也暴露出资金不稳定性和不确定性的问题，而政府则根据食堂运营情况进行继续资助，政府的出资在整个服务经费中占主导。因此，如果没有足够的政府资金作为支持，幸福食堂各项服务工作难以开展，也更难保障为老服务的质量。

5. 服务人员能力不足

由于我国大多数农村在居家养老服务上缺乏专业化的社会工作服务队伍，农村落后的经济条件和居家养老服务仍处于起步探索阶段，为数不多的人愿意投身到农村老年社会工作服务中。目前，幸福食堂招募的 10 名服务人员中有 4 名社工，其中 1 人具有社工教育背景并具备社工资格证书，3 人非社工专业背景但具备社工资格证书。4 名服务人员在幸福食堂服务过程中感到能力不足，其主要表现在：首先是对于一些健康保健知识了解不足，不能很好地与老年人进行反馈。其次就是文化艺术能力的不足，导致服务不能体现服务特色，后来在医疗机构中心和文艺工作者下乡志愿培训时，才逐渐学习和掌握这些技能。3 名服务协助人员，皆为本村村民，文化程度低，缺乏基本的护理专业知识和心理疏导能力，所提供的服务只能是煮饭、家务照料、送餐等简单的工作，难以满足老年人高层次的需求。同时由于缺乏相关专业服务人员以及相关管理人员，导致服务人员在幸福食堂养老服务过程中提供项目的层次较低。

“我本来就是做厨师的，只会做饭做菜洗碗，而且我文化水平又不高，别的东西学起来又费劲，最多就帮忙做一些力所能及的事情。”（访谈对象 S03）

“我并不是社会工作科班出身的，也是后来考了社工证之后才来做社工的，像开展一些养生保健、文娱活动时，因为自己能力和专业层知识掌握不够，就很难去开展这些活动。”（访谈对象 S02）

目前幸福食堂的为老工作服务主要围绕老年人的需求开展工作。无论对于社工还是服务协助人员，都缺乏新知识的获取，其服务认知和能力都停留在服务要求的基础水准，而对于非幸福食堂服务人员和志愿者等，还没建立专门的管理体系，也缺乏对志愿者的奖惩措施。首先，志愿者更多出于公益心态来参与幸福食堂的为老服务活动，志愿服务本身就具备不连贯性和稳定性；其次，参与志愿服务活动的人群主要也是健康的老年人、留守妇女、青少年和儿童，他们在时间选择上也具有很大的不稳定性，队伍不稳定，缺乏专业性和组织性，无法为农村老年人提供持续、系统的服务。随着农村老年人养老需求日趋多元化、个性化和层次化，在农村地区组建能力强、稳定性高的为老服务队伍是大势所趋。

（三）模式优化

1. 政府层面

（1）明确多元主体职能，坚持主导地位

明确多元主体的职能定位是完善农村养老服务供给主体多元化发展的前提和基础。福利多元主义强调了社会福利服务供给的多元主体化，不同的供给主体在福利供给中要想明确自身的职能定位就必须做到分权和参与，只有这样才能合理划分不同福利供给主体的责任范围。

政府作为我国农村居家养老服务供给的主体，公共服务所具有的特性决定了政府应该在居家养老服务中发挥主导作用。在城乡二元结构的影响下，我国农村地区的公共服务发展缓慢，尤其是农村养老服务事业，这样反映出农村的居家养老服务事业需要引起政府的高度重视和大力支持。这种重视和支持应该体现在财政资金、顶层设计、政策制定和实施以及监督管理等方面。然而，政府起主导作用不代表政府把居家养老服务供给揽于一身，垄断居家养老服务，而是要在强化自身应有的服务责任的基础上，贯彻服务型政府的理念，转变服务职能，推动和引导其他参与主体协同参与居家养老服务。因此，政府应该发挥主导作用，结合农村地区的实际情况，健全和完善相关条款和规定，建立监测评估机制，完善监督管理体系。用扎实管用的政策举措推动社会服务组织更好地参与农村居家养老服务。有机结合政府监督、社会监督、村委监督和村民监督，实现对居家养老服务的全方面、多主体的监管。

（2）重视养老服务设施建设，健全监督管理体系

一方面，政府要秉持服务型政府的服务理念，转变服务职能，充分利用好农村闲置资源，鼓励资源共建共享。在农村中普遍已经建成各类体育健身设施、文化休闲场所等，可以为村里的老年人提供甚为宽敞的娱乐和健身空间，同时农村也存在一些闲置的资源，例如篮球场、空房间和废弃民房等，利用好这些农村闲置资源，可以为农村老年社会工作服务提供更多活动场所，也可以充分利用村里的文化阅读室和村民议事厅，定期开放居家养老服务，促进村里内部资源的有效使用。

另一方面，政府也要拓展农村社工站的服务功能，虽然村里具有相对卫生、健康的基础医疗条件，也具备相对专业的居家养老服务人员，但这些服务和条件不能很好地满足村里老年人的需求。因此，政府可以考虑引入一些医疗机构，将城区医疗服务机构向乡村拓展，也鼓励城区医疗服务机构的人员对村里的居家养老服务人员开展专业的服务培训；此外，也可以动员和号召社会企业开展养老共建服务，充分利用好外部资源和社区内部资源，提升农村居家养老服务设施的利用率，提高居家养老服务质量。

（3）加大财政投入，多方筹集资金支持

首先，增加财政支持投入，建立专项资金、专款专用，稳定和充足的资金是农村老年社会工作服务得以持续开展的基础和保障。在资金支持上，政府也要发挥自身的主导作用，明确自身的责任，充分利用好社会资金，强调社会力量参与的同时，也不能忽视加大财政支持的作用。只有积极、稳定的财政投入与广泛、充分的社会资金相结合，农村居家养老服务才会朝着更加有序、稳定的方向发展。此外，政府也要制订比较全面的财政预算计划，将农村居家养老服务列入政府的事实工作，并给予高度的重视。

其次，政府也可以通过文化倡导和鼓励创收等举措来吸引社会资金的投入。例如，通过政府营造和宣传“德孝”文化氛围，弘扬敬老孝老爱老

的优秀传统文化，号召和动员非营利组织、慈善组织、社会企业等对幸福食堂进行捐赠或者对农村集体经济进行帮扶，从而增加养老服务收入；幸福食堂也依靠老年人的传统手工艺进行创收服务，比如绣香囊、地方特色美食制作、山歌表演等方式，形成以老年人为主体的地方特色活动，吸引旅游观光等休闲产业的关注，增加幸福食堂的收入。

最后，在政府稳定的财政支持的基础上，积极引导和鼓励社会力量的参与，鼓励社会组织和个人进行捐赠，倡导居家养老服务社会化、资金来源多元化。此外，也要与周边的企业进行合作，毕竟社会爱心企业和人士的资金支持不能“取之不尽用之不竭”。政府在倡导居家养老服务供给多元化时，也要保证参与的社会力量能享受到一定的奖励和回报，这样才能吸引更多社会组织、社会企业、民营企业等参与农村居家养老服务。在与社会力量进行合作时，要建立完善的工作规范制度和监督管理机制，以保证服务能持续、健康地发展。

2. 社区和家庭层面

（1）增进社区文化认同，营造和睦氛围

德孝文化是中华传统文化瑰宝的重要组成部分，无论是在城市还是在乡村，德孝文化都受到极高的重视，因此必须加强社区、家庭中的德孝文化作用。首先，应大力弘扬敬老爱老孝老的传统美德，鼓励村民尽孝道、懂美德的行为，社区可以定期举办相关的座谈会和讲座等活动，支持和鼓励村民参与其中，在活动中要强调老年人对家庭的付出和贡献以及得到家庭关爱的需求，让村民认识到德孝文化的重要性。同时，农村社区工作人员也要定期与家庭赡养老人的村民进行沟通，了解老年人的需求以及赡养人所面临的困难，并及时帮助其解决。然后，重视德孝文化的宣传，目前我国国内各大媒体通过电视、广播和报刊等形式，为社会传递了孝文化等内容，体现了社会各界对于孝文化的高度重视，随着互联网和电子科技设备的普及，社区也可以利用手机、电脑等网络媒介，宣传德孝文化的重要作用，提高村民对于德孝文化的认识和理解，让村民耳濡目染，增强德孝文化的影响力。最后，社区要惩罚违背德孝文化的行为主体。对于一些虐待老人、不赡养、不看望老人的人进行相应的警告和惩罚，根据相应的村约民约，去制止这种社会不良风气。

（2）发挥整合作用，利用闲置资源

社区作为弥补家庭养老服务功能弱化的重要补充，随着新农村建设和乡村振兴战略的持续推进，农村社区的基础服务设施逐步有了改善，基本配备了医务室、图书室和文娱活动室等，这也为社区提供居家养老服务提供了物质基础。一方面，社区除可以为村居老年人提供生活照顾、医疗保健、文娱服务等服务外，还可以与其他主体进行合作，把自身当作一个服务传递的平台，把政府、市场和服务组织等多元主体提供的资源和服务进行协调并传递。

另一方面，农村社区可以借鉴城市社区服务的经验，充分利用好村居闲置的资源，例如无人居住的旧楼、村民健身广场等场域，弥补幸福食堂面积狭小、可容纳人数不多等问题。还可以号召组织社区内的党员和年轻人、身体健康状况较为良好的老年人，通过“时间银行”“积分奖励”等方式，让村民参与到养老服务供给中。

3. 社会组织层面

（1）完善沟通机制，精准采集老年人需求

信息的收集和反馈不能仅仅依靠服务对象的主动提出，完善信息沟通机制就是要“广纳良言，博采众长”，既要热情邀请老年人针对幸福食堂提出反馈意见，也要自己主动深入老年人的生活去了解对于服务的评价，同时也能提升社工的专业能力。通过这样的方式，增加与服务对象以及外界的互动和反馈，才能更好地实现老年人日益增长的对于美好生活的向往需求。乡村社工站虽然为服务对象提供了一个征询和反馈意见的平台，但是村居的很多老年人依然受制于自身的健康状况、文化程度、经济能力、性格特点和家庭因素等影响，需要社工积极主动去与服务对象进行沟通和互动，同时也得使用多种宣传和收集资料的手段，针对不同的老年人的服务需求，完善其服务上的细节，这样能让更多的老年人主动参与到幸福食堂的服务中，也能使为老服务更接地气，更贴近民心。

（2）增强社区信任，完善社区规范

社区信任及社区规范是社会资本的重要构成要素，社会资本的实现也依赖于信任关系和社区规范的建立。首先，社会组织在参与农村服务时，要积极开展形式各样的公共活动，逐步提高村民的参与感，增强村民的信任度和认同感，搭建相互沟通和交流的平台。例如在幸福食堂服务提供中，社会组织可以让村民积极提出建议和对策，认真听取村民的意见和需求，从村民的需求出发。此外，也要与其他组织一起合作，促进资源的共享，满足村民的多样化需求，逐步获得村民的支持和信任。其次，也要制定社区规范，尤其是发挥规章制度的作用，在幸福食堂服务运行机制中，社会组织要通过规章制度的完善来参与服务，将责任与义务落实，坚持政府的主导地位，明确自身和其他参与主体的职责，当其他组织与村民出现利益纠纷时，及时处理，切实维护村民的利益。同时也要加大幸福食堂各项规章制度的宣传，加深村民对于规章制度的理解，促使其遵守相关的服务规定。最后，社会组织要通过村里的村规民约建立相关惩戒和奖励制度，完善激励机制，结合幸福食堂的发展情况，在幸福食堂开展的活动中，奖励优秀志愿者、团体、组织等，并加大对其服务事迹的宣传力度，让村民全身心融入其中。

（3）聚焦能力提升，培育专业队伍

专业服务人才是推进农村服务工作有效、良性发展的重要资源。为进一步扩大专业服务队伍力量，政府部门可以与这些专业服务机构进行合作，将专业的服务知识从培训学校转移到农村基层，从当地选拔优秀人才进行专业的服务培训，如此一来，一方面可以吸纳当地的剩余劳动力，增加就业。同时，在这种情况下培养起来的专业服务者，熟知本地情况，对于老年人所在地区的语言、文化比较熟悉，在今后的服务过程中，也更利于服务的展开①。

在推进服务队伍建设上，农村社工站等服务机构要有足够的服务人

① 胡天才．农村居家养老服务的实践研究［D］．南京：南京农业大学，2017.

员，不断提高专业服务人员的专业能力。可以通过一批学历较高、有特长、年轻优秀的人才充实到农村为老服务队伍中，如校园招聘、定点培养等方式。在人才培训考核方面，可以让人力资源部门成立专项的培训服务。例如针对为老服务的内容，进行选拔测试，通过考核后方能上岗，同时根据其在服务中的个人能力和表现进行评价。此外，也可以与医疗卫生中心、高校、艺术团等组织和团体开展合作，对服务人员进行定期的培训，确保服务人员掌握基本的服务技能。

（4）弘扬志愿精神，扩大志愿队伍

志愿者作为居家养老服务的重要服务力量，就目前农村地区志愿服务队伍建设情况来看，志愿服务队伍的建设普遍落后，志愿服务活动并不积极。就目前农村人员分布情况来看，留守老人、留守妇女和儿童依然是主力军。因此，幸福食堂可以结合农村地区拥有大量空闲妇女、身体健康的老年人以及寒暑假期的儿童和青少年，完善和培训三支具有“传帮带”作用的志愿服务队伍。这种方式不但能解决老年人多样化的需求，而且也能促进服务队伍人员的多元化。此外，也要结合当地农村的实际情况，例如村干部、党员同志积极带头，通过宣传“邻里互助”的优良传统，鼓励和激励低龄老年人、热心中青年加入到志愿服务的队伍中，还可以吸纳周边中高等院校的学生加入到志愿服务中，组建一支高校志愿对口志愿服务队。

4. 市场层面

（1）积极参与农村养老服务，促进良性竞争

市场作为居家养老服务供给的重要补充主体，可以为老年人提供多层次和独特性的养老服务，能够满足农村老年人多样化和个性化的服务需求。根据多元福利主义的观点，在市场机制的推动下，幸福食堂的承接机构在彼此的竞争中能提升养老服务产品的质量，推动养老服务产业的发展，同时也可以与政府达成广泛合作，发挥自身的效率优势。除此之外，市场也具有专业性强的优势，可以为老年人提供更加丰富、专业的养老服务，扩大老年人对养老服务的选择覆盖面，拓宽了农村养老服务资源的供

给渠道和资金来源，让幸福食堂的养老服务规模得以扩大。

目前，从化区农村幸福食堂中市场养老服务供给的参与数量极少且参与程度也极低，更多地依靠村居社工站去运营和管理，因此需要利用好市场角色，发挥老年服务市场的力量，努力提升市场参与幸福食堂服务多元化供给的程度。

（2）明确服务需求，加强社会责任感

老年人需求是引导养老服务发展的方向，承接幸福食堂的市场主体要明确村居；老年人的服务需求，要找准自身定位，不断创新服务理念，从简单的助餐配餐服务、家政服务逐步向多元化方向发展，既为村居老年人提供家政、配餐、医疗等居家养老式服务，也为其提供康复医疗、精神慰藉等专业性服务，满足老年人多元化的养老需求。最需要引起注意的是，市场在提供养老服务时，除了自身的营利目的之外，也要提升自身的社会责任感，提升员工职业方面的素养，保证服务的质量，提升老年人对于养老服务的体验。此外，也要规范自身的服务流程，严格规范具体的操作标准，建立相应的奖惩机制，增强自身服务社会的意识。

第六章　从化农村妇女社区社会组织培育模式

近年来，社区社会组织的独特优势在社会转型过程中的积极作用日益凸显，成为我国创新社区治理，推动社区发展和提升社区服务的重要力量。社区社会组织的优异表现吸引了党和政府的高度关注，并通过行政力量制定和出台相关政策措施。党的十六届四中全会、十八届三中全会和党的十九大报告中均指出社会组织对促进社会发展和建设的重要性。党的十九大后，民政部发布了《关于大力培育发展社区社会组织的意见》，提出到2020年，实现每个农村社区平均拥有不少于5个社区社会组织的目标①。2018年，中共中央、国务院印发了《关于实施乡村振兴战略的意见》，明确要求“要大力培育服务性、公益性、互助性农村社会组织”②。为进一步推动社区社会组织的高质量发展，2020年，民政部印发《培育发展社区社会组织专项行动方案（2021—2023年）》，该专项行动中多处明确提及社会工作，强调要注重发现和培养农村社区社会组织骨干人才，加强农村社区社会工作人才队伍建设，做好农村社区社会组织培育等内容③。

随着经济的发展和社会的转型，农村社区建设和发展速度不断加快，村民的需求更加个性化和多元化，以往依靠政府力量唱“独角戏”的方式

① 民政部．关于大力培育发展社区社会组织的意见［J］．中国社会组织，2018，2：25.

② 詹成付．推进社区社会组织培育工作 努力开创社区社会组织发展新局面——在全国社区社会组织改革发展经验交流暨工作推进会上的讲话［J］．中国社会组织，2018，22：9.

③ 民政部办公厅．培育发展社区社会组织专项行动方案（2021—2023年）的通知［J］．社会与公益，2020，11：1-3.

已无法满足村民日益增长的需求。处于农村场域的社区社会组织作为一种内生性的社会组织，其架起基层政府与村民交流及沟通的平台，在解决村庄矛盾、促进村民乡村参与和参与乡村治理方面发挥着重要作用。近年来，在政府行政力量的推动下，我国社区社会组织培育工作取得了初步成效。然而，我国的农村社区社会组织起步较晚，囿于农村经济和文化相对落后其内生动力不足，农村社区社会组织数量少、发展缓慢。在此情况下，政府高度关注农村社区社会组织的培育与发展问题，通过向社会工作机构购买服务等方式引进社会工作专业力量来推进农村社区社会组织的培育与发展工作。

从化区作为广州市农村地域面积最大的行政区，是广东社会工作改革试点之一，更是推动社区治理创新和实施乡村振兴战略的重要阵地。2019年12月，从化区被中央农办等6部委确定为全国乡村治理体系建设试点，从化区主动作为，政府通过购买服务，在从化区D村开展H社会服务项目（以下简称H项目），项目以“探索从化区社会工作出新出彩的品牌模式”为目标，将培育和发展农村社区社会组织作为项目的重要内容，并在培育过程中形成了从化农村妇女社区社会组织的“1144”培育模式（以下简称“1144”培育模式。“1144”培育模式中，第一个“1”指一条培育主线，第二个“1”指一个培育平台，第一个“4”指政府力量、市场力量、社会力量、智力力量四支培育力量，第二个“4”指运作保障、团队建设、资源支持、品牌建设四大培育支柱）。

一、模式形成的背景及过程

（一）模式形成的背景

从化区良好的政策环境、地方高校资源充沛、H项目契机和D村的内需影响是推动从化培育D村妇女社区社会组织模式形成的四个关键因素。

（1）从化区良好的政策环境

作为广州市农村地域面积最大的行政区，从化区于2009年向广东绿耕社会工作发展中心购买社会工作服务项目，开始探索本土化的农村社会工作发展模式，将社会工作作为民政助手助力乡村振兴。经过 10 多年的探索和发展，逐渐形成了具有从化特色的社会工作发展道路。2019 年，从化区被列为广东社会工作改革试点之一。2019 年 12 月，从化区被中央农办等 6 部委确定为全国乡村治理体系建设试点，从化区提前布局，主动作为，依托从化区丰富的农村社会工作服务经验，加快推进社区社会组织的培育和发展工作。

一方面，从化区将社区社会组织的培育和发展列入从化区基层治理的重要工作内容，将探索社区社会组织参与乡村治理纳入从化区创建乡村治理体系建设国家试点示范区工作实施方案中。另一方面，从化区召开系列社区社会组织培育和发展工作推进会，将成立区社会组织联合会、建设区级社会组织培育基地、推进乡村社会工作试点、组织乡村社会组织公益创投和培育一批乡村社区社会组织等十大行动列入从化区社会组织工作 10 大重点任务。其中培育一批乡村社区社会组织工作任务中明确提出，每个镇街至少要培育 5 个乡村社区社会组织。这些方案的出台和措施的制定都为培育乡村社区社会组织提供了良好的政策环境①。

“从化区发展农村社会工作已经很多年了，之前也有在相应的乡村尝试培育社区社会组织，但效果都不大理想。后来从化区被市民政局列为广东社会工作改革的试点，接着被中央农办等部门确定为全国乡村治理体系的建设试点，借助这些契机，从化区从顶层设计方面着手，不断推进乡村社区社会组织的培育和发展工作。”（访谈编号：DT18，2020 年 5 月 18 日）

可见，从化区在培育和发展农村社区社会组织方面具有强烈的行政需求，这些行政需求将促使政府重视并投入大量的资源在农村社区社会组织的培育和发展工作上。政府大力推动农村社区社会组织的培育和发展工

① 广州市社会组织联合会．从化区社会组织联合会正式挂牌，首届乡村社会组织微公益创投大赛培育营开营［EB/OL］.（2020-4-27）. https：//www. sohu. com/a/391693899_ 806491.

作，目的在于通过培育农村社区社会组织，推动其参与乡村治理，从而完善乡村治理体系。

（2）地方高校资源充沛

广州市内各类高校集聚，其中中山大学、华南理工大学、华南农业大学等重点高校是广东省内社会工作教育和社会工作实务的先行者，这些高校设立本硕不同层次的社会工作专业，拥有丰富的社会工作专业人才和专家资源。从化区一直紧密联系高校共同合作发展农村社会工作，依托高校强大的人力资源为从化区社会工作的发展提供智力支持以及深入开展农村社会工作领域的学术研究。从化区利用地域优势，与相关高校开展合作，将从化区的社会工作推向更高质量和高层次的方向。

“我们一直有跟高校合作，特别是那些社会工作资源比较丰富的高校。像之前我们就有跟中山大学合作，依托广东绿耕社会工作发展中心帮助试点的村庄成立各类村民组织。另外，我们也跟市内其他高校开展不同程度的项目合作，利用高校充沛的智力资源来推动从化区农村社会工作的发展。”（访谈编号：DT18，2020 年 5 月 18 日）

农村社区社会组织的培育是一项复杂的工程，需要有专业的人力资源支撑和智力资源支持，而广州市丰富的高校社会工作资源恰恰能够为从化区培育农村社区社会组织提供专业资源支持。

（3）H 项目契机

H 项目是从化区民政局通过向 H 社会工作机构购买服务项目，依托 H 高校丰富的社会工作资源，与 H 社会工作机构、H 高校合作开展的社会服务项目。项目以“探索从化区社会工作出新出彩的品牌模式”为目标，选取从化区 D 村作为先行试点，建立乡村社会工作服务站点，发挥社会工作的驻点优势和枢纽作用，运用社会工作理念和方法，以期探索出创新基层社会治理、提升民政专业水平的社会工作具体模式，推动从化区乡村治理体系和治理能力的现代化。

H 项目将 D 村社区社会组织的培育工作作为项目的核心内容之一，聚焦农村社区社会组织的培育和发展，建立农村社区社会组织培育基地，将

D村社工站作为枢纽平台，开展农村社区社会组织的培育工作，孵化服务性、公益性、互助性的农村社区社会组织。项目将政府和社会资源进行整合，项目运作模式体现了市场化和社会化的特征，调动了政府、村委会、企业、社工、区社联会和高校等多元主体的力量协同培育农村社区社会组织，形成了政社合作、资源整合、协同培育的局面，给农村社区社会组织的蓬勃发展提供了契机。

“H项目是我们今年重点开展的项目，我们不仅向专业的社会工作机构购买服务项目，还跟H高校建立了合作关系，依托项目和高校资源推动从化区乡村社区社会组织的培育和发展。另外，这个项目以‘探索从化区社会工作出新出彩的品牌模式’为目标是希望在推动乡村社区社会组织培育工作中，能够提炼出符合从化农村特色的社区社会组织培育模式，从而助力从化区农村社区社会组织培育工作的快速发展。”（访谈编号：DT18，2020年5月18日）

由此可见，H项目作为政府推动农村社区社会组织培育工作的重要助力，直接促成了D村花木兰志愿队的培育，项目提出“探索从化区社会工作出新出彩的品牌模式”的目标也为从化培育农村妇女社区社会组织模式的形成播撒下“种子”。

（4）D村的内需影响

D村作为传统的村落，以自给自足的农业种植为主，现有总人口2048人，除部分青壮年外出务工外，留守村庄的基本都是老人、妇女及儿童，在村庄德孝文化的熏陶下，村庄内部孝亲敬老和爱护幼小的氛围较为浓厚。随着村民需求的增长及村庄“空心化”影响，D村内部渴望成立一支能够互帮互助的村民组织。

一方面，D村的留守妇女群体，她们亲和力强，有时间、有热情、有能力、有爱心，有意愿帮助其他有需要的村民，为建设美丽的乡村奉献自己的力量，却碍于D村尚未有成型的社区社会组织或村民组织，缺乏参与的公共平台，陷入了“巧妇难为无米之炊”的局面，她们极度渴望和支持村庄成立社区社会组织。另一方面，由于村委会行政事务繁杂，工作压力大，加之村委干部时间和精力有限，村委会无法针对村民的需求提供更加多元化的服务，他们希望能够像其他乡村一样培育内生性的社区社会组织，给村民搭建参与村庄公共事务的平台，满足村民内在需求，减轻村委会的工作压力，促进乡村的发展。

“村民经常跟我们村委干部反映，希望村里能够组建一些村民组织，让他们能够通过组织实现互帮互助。现在，村里就只有我们之前成立的青年志愿者队和中老年志愿者队，不过这两支队伍也没怎么运作了，有活动的时候就喊下他们过来帮忙，但基本都是零零散散的。青年志愿者队的队员都是一些大学生，只有寒暑假才会回来村里，而且一毕业就基本不会再来当志愿者了。虽然我们也有跟从化区关工委和志愿者协会合作，偶尔在村里开展下活动，但他们毕竟不是村内的组织，无法长期待在村里，对村里的情况也不是很熟悉。我们自己的工作都忙不完，也很希望村里能够成立一些村民组织帮我们分担一下工作，还能服务村民。”（访谈编号：DT08，2020 年 10 月 20 日）

D 村尚未有成型的社区社会组织，而村委会和村民对于在村庄内部成立社区社会组织的需求强烈，这种强烈的需求为 D 村花木兰志愿服务队的培育提供了内在驱动力，同时也为村委会和村民主动作为 D 村花木兰志愿服务队的培育力量和支持力量奠定了基础。

（二）模式形成的过程

2020 年 2 月，从化区民政局通过向 H 社会工作机构购买 H 项目，与 H 高校合作共建 D 村社工站，派驻专业社工扎根乡村社工站，以期探索从化区社会工作出新出彩的品牌模式。笔者以实习社工的身份进驻 D 村社工站，参与社区社会组织的培育工作。在实习期间，笔者发现 D 村花木兰志愿服务队的培育模式与其他农村社区社会组织的培育模式有所不同，是一种以社会工作力量为主导，彰显从化地域特色的培育模式，因此笔者在参与 D 村花木兰志愿服务队的培育实践过程中尝试对该培育模式进行研究和总结。

随着培育工作的开展，笔者不断深入接触 D 村花木兰志愿服务队的培育工作，了解社工培育D村花木兰志愿服务队的方法和运作方式等相关内容，记录和收集D村花木兰志愿服务队培育的一手资料，对相关资料和数据进行分析，在确保资料和数据真实、有效的基础上，总结归纳出从化农村妇女社区社会组织的“1144”培育模式。该模式经历了“提出—实践—完善—推广”等过程。在培育前期，培育模式还未成型，社工对D村花木兰志愿服务的培育工作是在摸索中前进的。在培育中期，笔者在社工的帮助下，对D村花木兰志愿服务队的培育模式进行了相关研究，初步总结出培育模式的雏形，并在后续的培育过程中对模式不断进行完善。

二、模式的主要内容

（一）模式框架

从化农村妇女社区社会组织的“1144”培育模式由四个部分组成，第一个“1”指一条培育主线，第二个“1”指一个培育平台，第一个“4”指政府力量、市场力量、社会力量、智力力量四支培育力量，第二个“4”指运作保障、团队建设、资源支持、品牌建设四大培育支柱。

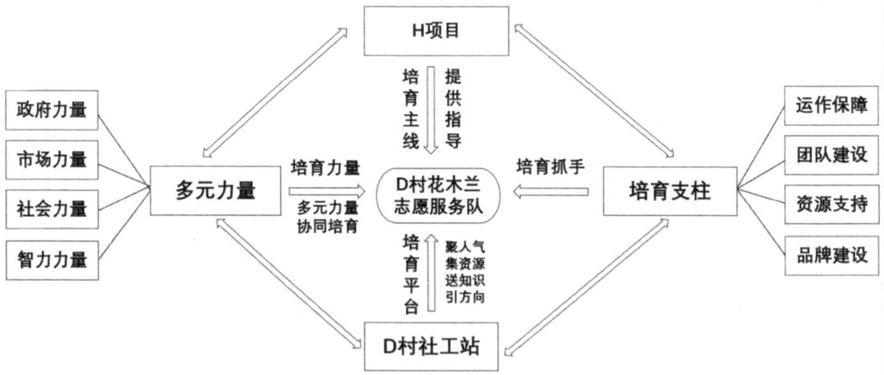

图6-1 “1144”培育模式框架图

从我国社区社会组织实践层面来看，政府与社会为共同主体的双向培育路径的培育效果更好。① 从化农村妇女社区社会组织的“1144”培育模式实质上即是政府行政力量自上而下和社会力量自下而上双向联动的政社合作培育模式。其是根据从化区实际区情形成的农村妇女社区社会组织特有的培育模式，以满足村民参与本土志愿服务和精神文化服务需求为导向，以培育村民的主体意识和奉献精神，促进乡村邻里互助、自助自治，推动乡村基层治理和社会服务创新为重点，在政府的推动下，通过社会工作力量撬动农村留守妇女群体，发挥政府、村委会、企业、社工、区社联会、高校等为代表的政府、市场、社会和智力等多元力量协同培育农村妇女社区社会组织。

（二）模式的运作方式

“1144”培育模式的运作方式即是D村花木兰志愿服务队培育中所采取的方法和形式，该培育模式的运作方式主要以项目作为培育主线，以社工站作为培育平台，以四支力量作为培育主体，以四大支柱作为培育抓手。这种运作方式在解决D村花木兰志愿服务队从无到有的问题基础上，还助力实现D村花木兰志愿服务队的优化和升级，为组织夯实可持续发展的基础。

（1）以项目为培育主线

项目是指独特的、复杂的并相互关联的系列活动，这些活动具有明确的目的或目标，还须在约定的时间、经费预算和限定资源内，依据所制定的规范完成。在实践层面，项目的形式在社会工作领域被广泛应用，“项目制”更是成为推动社区社会组织培育和发展的一种新型运作模式，② 同时项目化思维能够帮助社会工作在培育农村妇女社区社会组织时更加高效和系统。

---

① 方亚琴．社会资本视角下社区社会组织培育模式探讨——以浙江省H市SC区XY街道为例［J］．城市观察，2017，5：115.

② 张琼文，韦克难，陈家建．项目化运作对社区社会组织发展的影响［J］．城市问题，2015，11：79.

H 项目的启动是促成 D 村花木兰志愿服务队成立的直接动力。该项目将培育农村社区社会组织作为子项目之一，以聚焦 D 村社区社会组织的培育和发展，根据乡村实际，发挥社会工作专业力量，将 D 村社工站作为培育的枢纽平台，依托社工站建立社区社会组织培育基地，孵化和培育服务性、公益性、互助性社区社会组织，提高村民参与乡村治理的意识及能力，营造邻里互帮互助的乡村氛围为总目标。具体目标则包括培育农村社区社会组织领袖、开展农村社区社会组织能力建设、开展关爱弱势群体系列服务活动、推动社区社会组织参与乡村治理四个方面。

H 项目明确了培育时间、培育目标、培育方法、培育平台和培育内容等，即“谁来培育、怎么培育、培育成效如何”。D 村花木兰志愿服务队的培育便是以 H 项目作为培育的主线，为组织的培育提供了方向和指导。一方面，社工围绕项目的服务目标，根据项目的要求、时限、标准等制定培育方案和落地培育组织，推动培育的科学化、规范化和专业化，项目的定期考核和评估还能够保证组织培育的稳定性和有序性。另一方面，H 项目以整个 D 村的农村社会工作为总体服务目标，农村社区社会组织培育不仅是其中的子项目，更是农村社会工作服务的重要内容，因而以项目作为 D 村花木兰志愿服务队的培育主线，与其他子项目和服务进行优势互补和相互支持，形成农村社区社会组织培育的强大合力，提高培育的效率和质量。

（2）以社工站为培育平台

D 村社工站是从化区民政局与 H 社会工作机构以及 H 高校合作共建的村级社工站试点，站点配有 3 名持有社会工作者职业证书的专业社工和 2 名就读 H 高校社会工作专业的研究生担任实习社工。同时，社工站集村民议事基地、志愿服务基地、社区社会组织培育基地和城乡融合实践基地为一体。社工站坐落在 D 村村民居住集中的文化广场附近，毗邻村庄图书馆，具有天然“亲近”村民优势。D 村社工站作为培育花木兰志愿服务队的平台，充分发挥社工站作为枢纽性平台的“聚人气、集资源、送知识、引方向”四大作用。

一是聚人气方面，D 村社工站通过在村庄提供专业的社会工作服务和开展一系列村民喜闻乐见的活动，吸引村民走进社工站，促进社工站不断积聚人气。社工从这些村民中挖掘和调动活跃分子，适时地将她们培育成花木兰志愿服务队队员，扩大组织队伍。

二是集资源方面，社工站熟悉政府关于民政方面的各项政策法规。掌握 D 村困境村民的基本信息，了解村民的内在需求，本身就是一个信息资源库。除此之外，社工站作为资源集聚点，其向上联系政府、村委会和归属的社工机构，向下与村民打成一片，向内挖掘和盘活 D 村各类资源，向外链接企业和社会资源输入 D 村，为花木兰志愿服务队的培育提供坚实的资源基础。

三是送知识方面，社工站的社工都是持有社会工作者职业证书和具备丰富实务经验的专业社会工作者，实习社工也是就读于 H 高校社会工作专业的研究生。这些社会工作人才利用专业的知识为花木兰志愿服务队提供专业性的培训以及开展个人能力和组织能力的建设，为组织的培育输入专业知识。

四是引方向方面，D 村花木兰志愿服务队的培育定位是打造服务性、公益性和互助性的社区社会组织。队员们都是文化水平不高的留守妇女，她们为村民和乡村服务的热情高涨，但受限于自身能力问题在开展志愿服务或活动时容易陷入不知所措的境地，可能还会碍于人情关系做出一些不符合组织宗旨和定位的事情，社工站具备专业的社会工作人才资源，恰恰能够为花木兰志愿服务队指引发展方向，引导组织有所为和有所不为。

（3）以四支力量为培育主体

协同治理强调社会治理过程需要由多个相关利益主体的共同参与，通过共同协商、集体决策和协同行动等来弥补单一主体在社会治理中的有限性，从而达到最优化的社会治理效果。随着我国基层社会治理的推进和深入，政府不再是唯一的社会治理主体和服务提供主体，社会和市场等力量的加入，使我国的社会治理体系呈现出以政府为主导，社会多元力量协同共治的特征。这种多元力量协同参与社会治理的体系为农村社区社会组织的培育提供了动力支持。更重要的是，在协同治理理论的指导下，政府、市场、社会和智力等多元力量协同参与到组织的培育中是农村社区社会组织理想的培育模式。D村花木兰志愿服务队的培育即是多元力量通过确立培育组织的共同目标，以共同协商、相互配合等方式协同培育的结果。这种多元力量的协同培育优势在于充分调动了农村社区社会组织利益相关者的力量，实现组织培育效果的最优化。

本章所指的四支培育力量分别指由政府、村委会组成的政府力量，企业组成的市场力量，D村社工和从化区社会组织联会合组成的社会力量以及高校社会工作专家和人才组成的智力力量，这些多元培育力量实质上是D村花木兰志愿服务队的培育主体。这些培育主体各自承担了不同的培育角色，发挥了不同的培育功能和作用，利用自身的优势和资源为D村花木兰志愿服务队的培育提供支持，推动其持续健康发展。其中，在多元力量的协同培育中，D村社工受政府委托与授权作为D村花木兰志愿服务队的直接培育主体，其他多元力量则作为间接培育主体协同参与培育工作。

第一，由政府和村委会组成的政府力量是D村花木兰志愿服务队培育的内外部行政推力。政府作为外部行政力量，一方面制定和出台一系列关于社区社会组织培育和管理等方面的法规政策，为D村花木兰志愿服务队的培育提供规范化和方向性的指导，促使组织的培育更具合理性。另一方面，政府通过购买H项目，为D村花木兰志愿服务队的培育提供资金来源。此外，政府对D村花木兰志愿服务队进行监督和管理，保证组织运作的规范性和有序性，推动组织向既定培育的方向发展。

村委会作为政府设立在农村的基层群众性自治组织，是政府在农村的重要行政执行主体，也是推动D村花木兰志愿服务队培育的内部行政力量。一方面，村委会除了在村庄中做好社区社会组织相关政策和法规的宣传，帮助村民深化对组织的认识外，还引导D村花木兰志愿服务队理解和认识政府的相关政策，确保政府的相关政策在农村中得以落地执行。另一方面，村委会掌握着农村的各类资源，其为D村花木兰志愿服务队的培育提供了办公场地、活动场地等硬件资源以及动员村民、整合农村人力资源等软件资源，为组织的培育提供必要的资源支持。

第二，由企业代表的市场力量是D村花木兰志愿服务队培育的重要资源来源。企业不仅为D村花木兰志愿服务队的培育输入资金和物资等资源，还利用企业自身成熟的管理经验和技术优势为组织的培育提供组织管理经验、宣传经验和直播带货等技能培训资源，为组织的培育和发展持续“供血”。

第三，由区社联会和D村社工组成的社会力量是D村花木兰志愿服务队培育的重要枢纽和专业支撑。区社联会为D村花木兰志愿服务队搭建了家园型、桥梁型和融合型三个平台。一是作为区级枢纽型平台，搭建“社会组织之家”，让D村花木兰志愿服务队找到大家庭，为组织的培育和发展提供专业性的培训和指导，增强组织的凝聚力；二是搭建政府与组织、组织与组织之间的“对话”桥梁，通过区社联会这个大家庭，D村花木兰志愿服务队不仅能够及时明晰政府关于社区社会组织培育和管理的相关政策，还能够与其他社区社会组织进行交流互动；三是搭建共享共创平台，为D村花木兰志愿服务队提供展示组织风采和服务成果，加强与其他社区社会组织的交流，学习其他优秀社区社会组织管理经验的平台，从而推动D村花木兰志愿服务队的良性发展。

社工作为培育的直接主体对D村花木兰志愿服务队的培育和发展起着至关重要的作用。一方面，社工作为土生土长的专业社会工作人才熟悉村情文化，掌握本土语言，了解村民真实需求，借助“本地人”身份拉近与村民的距离，建立起良好的信任感，为D村花木兰志愿服务队培育提供专业性的方法、服务指导和项目规划等专业资源，确保组织的培育质量。另一方面，社工作为D村花木兰志愿服务队培育的同行者，贯穿组织培育的全过程，利用专业优势支持和帮助组织克服重重困难，完善组织的管理和运作。此外，社工作为D村花木兰志愿服务队培育的执行者，熟悉组织的培育和运作情况，联动政府、村委会、企业、区社联会、高校等多元培育主体，形成合力共同培育组织，推动D村花木兰志愿服务队的培育和发展。

第四，由高校社会工作专家和人才组成的智力力量是D村花木兰志愿服务队的重要智力支持。从化区民政局与H高校合作共建村级社工站，在D村社工站建立H高校学生实践基地，由H高校派驻优秀的社会工作专业学生到社工站进行实习。他们一方面利用高校社会工作的专业教育为社工和组织开展专业化指导，指导社工如何更好地运用社会工作专业知识和方法推动组织的培育，引导组织如何优化内部运作。另一方面，开展农村社区社会组织主题相关的学术研究，发现组织培育过程中的问题，提出解决问题的方案，总结研究成果，为D村花木兰志愿服务队的培育提供学术性指导，为政府开展社区社会组织培育工作建言献策。此外，H高校社会工作专业的研究生作为一种人力资源入驻D村社工站，为D村花木兰志愿服务队的培育补充专业人才资源。

（4）以四大支柱为培育抓手

农村妇女社区社会组织的培育关键在于找准培育抓手，才能提高培育的针对性和有效性，D村花木兰志愿服务队的培育则是以运作保障、团队建设、资源支持和品牌建设四大支柱作为培育抓手，从而推动组织的成立、成长和学会“自我造血”。

支柱一：运作保障

良好的运作机制和保障机制是农村社区社会组织持续平稳发展的重要保障，这种运作保障包括建立多元力量协同培育的运行机制和保障机制两个方面。一是建立“政府—市场—社会—智力”多元力量协同培育的运行机制。协同治理理论强调多元主体间需要确立共同目标，以协同行动形成一种相互配合、共同协商的伙伴关系。D村花木兰志愿服务队的培育虽然是由政府购买服务项目直接促成的，但无论是组织培育方案的设计，还是组织培育的实际执行都是由社工推动完成的，社工在培育D村花木兰志愿服务队的过程中，通过链接D村内外部力量和资源，联动村委会、企业、区社联会、高校等多元力量凝聚共识，确立合作培育D村花木兰志愿服务队的共同目标，逐步形成了“政府—市场—社会—智力”多元力量协同培育的运行机制，即政府推动、项目带动、多方参与、资源整合的协同培育机制。在这个运行机制中，政府以购买服务项目的方式促成政社合作，社工以专业支撑直接推动D村花木兰志愿服务队的培育，村委会、企业、区社联会、高校等多元力量则分别以村庄资源支持、外部资源输入、专业资源支持和专业智力支持等发挥各自的优势协同行动。二是建立D村花木兰志愿服务队保障机制。社工联动政府、村委会、企业、区社联会和高校等多元力量共同协商，建立包括人员保障、经费保障和制度保障等在内的保障机制，从而保障D村花木兰志愿服务队培育的稳定性，提高组织发展的独立性。

支柱二：团队建设

团队建设是D村花木兰志愿服务队培育的重要内容，社工作为培育的直接主体，其将培育过程设计成四个阶段，在不同的培育阶段中社工扮演不同的角色，利用社会工作的方法加强团队建设逐步推动组织的发展壮大，这种团队建设实质上是社工培育D村花木兰志愿服务队的增权行动。

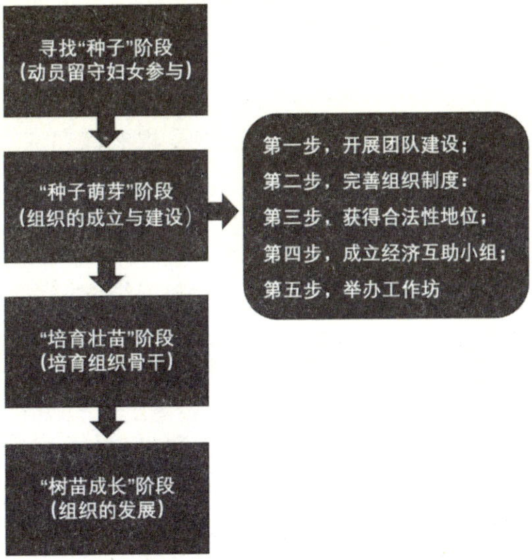

图6-2 团队建设流程图

寻找“种子”阶段——动员留守妇女参与。社工进驻社工站后，发现虽然在村委会的推动下D村已经成立了青年志愿者队和中老年志愿者队两支志愿服务队伍，由于管理和运作不善，两支服务队伍名存实亡。经过近半个月的走访和调研，社工发现D村作为传统的村落，“三留守”人员数量庞大，“三留守”问题突出，留守妇女虽然文化水平较为低下，但她们有爱心、有热情、有时间、有能力和有意愿做志愿服务却苦于缺乏参与的公共平台。因此，社工瞄准留守妇女群体，通过与村民建立关系，以D村妇女代表为基础，以开展D村妇女春耕摄影比赛为契机，动员留守妇女加入花木兰志愿服务队。

“种子萌芽”阶段——组织的成立与建设。社工通过村委会的帮助，以村民自荐、公开招募及入户动员等方式，初步组建起D村花木兰志愿服务队。一个刚成立的组织往往基础不牢固，组织的凝聚力也较为薄弱，在这种情况下急需促进组织层面的增权来保证组织培育的稳步推进。因此，社工制订了“五步走”的D村乡村学堂妇女服务计划。

第一步，开展团队建设。社工在培育D村花木兰志愿服务队的过程中，通过运用社会工作的小组方法，开展团队沟通协作与组织策划等小组对D村花木兰志愿服务队进行团队建设以及服务能力建设等，激发队员的潜能，帮助队员认识自我、认识组织，提升队员各方面的能力，提高队员的自我效能感，促使队员形成组织意识。

第二步，完善组织制度。社工带领组织外展参观学习，链接区社联会的资源，为组织提供其他优秀社区社会组织的培育经验，支持和帮助D村花木兰志愿服务队搭建完善的组织架构、建立组织管理制度、激励制度和财务制度等。

第三步，获得合法性地位。社工通过倡导，在村委会的帮助下推动D村花木兰志愿服务队在村委会和区民政局登记备案，使其成为具备合法性地位的农村社区社会组织，推动组织向规范化和专业化方向发展。

第四步，成立经济互助小组。在社工的引导和村委会的支持下，D村花木兰志愿服务队队员自主经营和管理美丽超市、微店，建立城乡融合交流群等售卖队员自己种植的农副产品和制作的香囊包，增加队员的经济收入，同时售出的一部分利润归入D村花木兰志愿服务队的组织经费，为组织持续“供血”和自我“造血”，保障组织资金的稳定性。

第五步，举办工作坊。社工每两周举办一次花木兰工作坊，工作坊内容分为两个环节，环节一是总结和反思近期组织的各项工作，队员之间交流和分享参与服务的感受，针对组织建设或开展服务出现的问题提出建议等。环节二则由社工根据D村花木兰志愿服务队队员的需求，为其提供亲子教育、夫妻关系辅导、兴趣技能培训等，以此丰富花木兰志愿者的精神生活。

“培育壮苗”阶段——培育组织骨干。骨干是一个组织中的灵魂人物。受传统观念和环境的影响，D村花木兰志愿服务队的骨干自信心不强，自我效能感不足，经常向社工倾诉担忧自身无法做好骨干角色。针对这种情况，社工运用社会工作个案工作方法，采用倾听和鼓励等手段培育组织骨干，注重为骨干提供领导能力、文书能力、组织策划能力和电脑操作技能等支持性服务和教育培训，提高骨干的公共事务参与意识及技能，增强骨干的自信心，提升骨干的自我效能感，引导骨干在组织中实现自身的价值。可见，在组织培育的初期和队伍建设过程中，社工扮演的是使能者、教育者、服务提供者和资源链接者的角色。

“树苗成长”阶段——组织的发展。当D村花木兰志愿服务队培育有一定的基础时，发展便成了组织的头等大事。在这个阶段中，社工运用社区工作方法，引导和帮助D村花木兰志愿服务队自主策划和组织开展村庄志愿服务活动，经过队员的调研和讨论制订了D村老人关爱服务计划、妇女关爱服务计划、留守儿童关爱服务计划和困境村民关爱服务计划四大服务内容。

D村花木兰志愿服务队按照既定的服务计划在村庄开展一系列的志愿服务活动，不断推动组织的良性发展。一方面，随着志愿服务的开展，队员学习和掌握了志愿服务的技巧，实现了自我价值，增强了效能感，强化了队员的组织意识，逐渐提高队伍凝聚力。另一方面，社工帮助D村花木兰志愿服务队链接村庄外部资源，补充开展志愿服务所需的资金和物资。在社工与D村花木兰志愿服务队的共同努力下，组织开展的服务逐渐被村民认可和接受，与村民建立了良好关系，吸引了更多留守妇女加入组织，组织由原先的12名队员发展为35名队员，组织规模进一步扩大。随着组织影响力的扩大还带动了其他村民共同参与志愿服务活动，树立了D村花木兰志愿服务队的良好形象。在组织发展阶段中，社工主要扮演中介者和同行者的角色，一边指导D村花木兰志愿服务队的发展，一边为D村花木兰志愿服务队链接资源。

支柱三：资源支持

资源是农村社区社会组织是否能够长久生存、发展的基础和动力，因而充足的资源可以推动农村社区社会组织的培育和发展。D村花木兰志愿服务队的培育有赖于资源的支持，这种资源支持体现在社工作为资源链接者和整合者的角色，通过整合村庄资源和链接外部资源，形成培育D村花木兰志愿服务队的资源库。

在整合村庄资源方面，社工与村委会合作，针对组织培育和发展需求，带领D村花木兰志愿服务队队员盘点和筛选对组织培育有利的村庄资源并进行资源的整合。一是整合场地资源。利用D村文化广场、图书馆等场地为花木兰志愿服务队提供活动场地。二是整合村民资源。利用村民在村庄德孝文化的熏陶下和在长期互动过程中建立起的良好关系网络，为花木兰志愿服务队的培育提供人员基础。同时在这种关系网络下，村民更易接受和认可花木兰志愿服务队开展的服务及活动，从而调动村民参与志愿服务的积极性。三是整合行政资源。利用村委会行政力量的支持，帮助社工融入村庄、挖掘潜在的志愿者和骨干、动员村民参与、指导组织完成登记备案，依托敬老节等大型活动为花木兰志愿服务队提供更多参与村庄志愿服务的平台和机会。四是整合资金资源。利用花木兰志愿服务队与村委会及村民建立起的信任关系，推动D村社区慈善基金为组织开展关爱老人和为老服务时提供充足的资金支持。

在链接外部资源方面，社工帮助D村花木兰志愿服务队与企业、区社联会和高校等多元主体进行交流和互动，并从中引入这种互动关系网络所带来的社会资源，以弥补村庄资源的不足。一是链接高校社会工作专家和人才资源。在社工站配备3名社工基础上，链接H高校2名社会工作专业的研究生以实习社工的身份进驻D村社工站，为花木兰志愿服务队的培育提供更充足的专业人才资源。同时，联动H高校社会工作专家对花木兰志愿服务队的培育进行督导，为社工提供组织培育的方法与经验。二是链接项目资源和资金资源。社工协助花木兰志愿服务队骨干参与由区社联会和广州市社会创新中心举办的“探索乡村力量”——和美乡村木兰建公益创投项目，获得对应的项目资源和专项公益培育资金。此外，社工还帮助花木兰志愿服务队撬动投身于社会公益的企业提供资金和物资支持，为花木兰志愿服务队的培育提供坚实资源保障。三是链接培训资源和学习资源。社工通过链接区社联会资源，引导花木兰志愿服务队走出乡村参与由区社联会举办的能力提升培训、公益论坛、创新沙龙、专家一对一咨询督导等活动，同时引入企业资源，企业通过派遣优秀的工作人员走进D村，为花木兰志愿服务队员开展直播带货技巧和短视频拍摄与制作等专题培训，提升花木兰志愿服务队员各方面的能力，从而推动花木兰志愿服务队的培育。

支柱四：品牌建设

品牌是一种无形资产，也是一种知名度。当组织有了知名度自然就更具有凝聚力与影响力，因而对组织的品牌进行建设能够传播组织服务理念和公益精神，塑造组织良好的形象。尤其是在信息化建设落后的乡村，村民获取信息的方式依赖于熟人间的口口相传。在这种情况下，更需要通过不同的方式加强组织的品牌建设，提高村民对组织的认识，从而提升组织的影响力。在D村花木兰志愿服务队培育之初，社工便联同从化区民政局和H高校专家协商制订花木兰志愿服务队的培育方案，方案的核心内容之一便是打造D村花木兰志愿服务队品牌和培育乡村花木兰精神。社工通过联动多元主体对花木兰志愿服务队开展品牌建设，吸引村民及社会各界的关注，扩大组织的知名度和影响力，促使D村花木兰志愿服务队队员不断深化对组织和自我价值的认同，增强对组织的归属感，这实质上也是对花木兰志愿者个人和组织的增权过程。

在品牌建设过程中，社工发挥合作者的角色，协同村委会、企业与D村花木兰志愿服务队共同搭建宣传平台，营造浓厚的志愿服务氛围。D村花木兰志愿服务队的品牌建设分两步走：第一步，打造D村花木兰志愿服务队的系列品牌服务和活动。一是开展幸福食堂助餐配餐服务。在社工和村委会的支持下，花木兰志愿服务队依托D村幸福食堂平台，多名队员参与协助幸福食堂的运营，协助食堂清洗食材，开展配餐送餐等服务。二是开展关爱老人服务。社工引导花木兰志愿服务队根据村委会提供的村庄情况，针对村庄老人的需求开展系列为老服务。这些关爱老人的服务包括为困境老人购买生活用品、为老人清洁卫生、陪伴老人聊天等日常探访活动，为老人送上慰问品、慰问金和节日祝福等节日探访活动，组织村庄老人参与游戏互动、齐跳保健操等聚会活动，为同个月份生日的老人举办月度生日会等庆祝活动。三是开展关爱困境儿童服务。社工与花木兰志愿服务队共同合作为村庄留守困境儿童提供学业辅导、防疫知识辅导、社会规则意识培养、良好行为习惯引导、情感陪伴以及组织留守困境儿童与花木兰志愿者组成亲子探访小组开展村庄的为老服务。四是开展关爱妇女服务。D村留守妇女人数众多，她们极其渴望能够参与一些文娱活动，针对这个需求，在社工的倡导下，花木兰志愿服务队在队内推选出一位有舞蹈基础的队员，组建“帝田之恋”广场舞小组，使原本入夜后黑暗寂静的文化广场集聚人气，亮起灯光和响起音乐，为留守妇女提供文娱活动的参与平台。

第二步，打造D村花木兰志愿服务队的宣传矩阵。社工联动企业与花木兰志愿服务队共同讨论和制订组织的宣传方案，以线上和线下等宣传方式形成组织的宣传矩阵。在线上宣传方面，顺应“互联网+志愿服务”的潮流和发展理念，企业帮助组织开通抖音号，社工帮助组织建立村民服务群，引导组织借助广州从化乡村社工、从化民政、从化区社会组织联合会等官方微信公众号和信息时报、广州日报、南方都市报、广州市人民政府网、从化区人民政府网以及学习强国等媒体平台，形成“一抖两群三微+N网”的线上宣传模式，展示D村花木兰志愿服务队的服务风采，讲好花木兰志愿服务队的故事，引起社会各界的关注，提高花木兰志愿服务队的知名度和影响力。在线下宣传方面，社工引导组织要针对村民的认知习惯，以实物标识宣传为主，企业则通过帮助组织制作D村社区报、花木兰志愿服务队队旗和宣传展板，印制花木兰志愿服务队宣传手册和志愿者服，以“一报一旗一展一册一服”的方式对花木兰志愿服务队展开宣传，提高村民对花木兰志愿服务队的知晓度和认知度，营造D村良好的志愿服务氛围。

三、模式的特点及成效

（一）模式的特点

1. 培育需求在地化

需求为本是社会工作的专业体现。农村是以血缘和地缘等关系为主导的熟人社会，因而社会工作在培育农村社区社会组织时须因地制宜，培育出具有在地化特点的农村社区社会组织，才能使组织被村民所认可和接纳。社工在培育D村花木兰志愿服务队时充分结合D村村情和实际需求，通过筛选培育对象、定位组织类型和采用本土社工等方式来培育出适切性和在地化的农村社区社会组织。

（1）培育对象的选择

随着城镇化的发展，农村地区的青壮年大多外出务工，导致留守老人、留守妇女和留守儿童等群体不断增量。在培育对象的选择过程中，社工发挥调查者角色，联动区民政局人员、H高校专家、村委会干部深入村庄走访和调研。经过调研发现D村德孝文化氛围浓厚，留守妇女人数众多，具有亲和力、热情和富有爱心等品质，在日常生活中她们照顾老人、关爱儿童，是“三留守”群体的中坚力量。社工、区民政局人员、H高校专家与村委会干部在调研的基础上进行协商和讨论，委托社工将留守妇女作为D村社区社会组织的培育对象，社工在社会工作理念的指导下，抛开以往的问题视角和弱势视角，充分挖掘留守妇女的优势和潜能，发挥留守妇女作为乡村内生力量的作用。

“我们在进驻村庄前就跟政府相关人员、高校专家和村委会干部一起到村庄走访调研，在走访过程中，经常能够看到村里的留守妇女们帮助老人家，经过与留守妇女交流，发现她们一直都有在做一些比较零散和小范围的志愿服务。我们从村委那里也了解到村里的留守妇女人数比较多，平时的闲暇时光主要靠邻里间的聊天打发，后来经过与政府人员、高校专家、村委会干部的讨论，决定选择村里的留守妇女作为社区社会组织的培育对象。”（访谈编号：DT13，2020 年 10 月 15 日）

留守妇女自身对参与志愿服务的需求以及留守妇女的时间与能力优势是其被选择作为农村社区社会组织培育对象的重要影响因素，可见，找准培育对象不仅能充分发挥培育对象本身的潜能与优势，还能为组织的培育奠定强大的人员基础。

（2）组织的类型定位

随着经济的快速发展和村民生活水平的提高，村民的需求日益多元化和个性化，留守老人和留守儿童等弱势群体在生活照顾和情感慰藉等方面的需求得不到满足，留守妇女有时间、有意愿参与志愿服务却缺乏参与的平台。因此，社工在培育 D 村花木兰志愿服务队时，发挥沟通者角色，与区民政局人员、高校专家、村委会干部进行沟通，结合 D 村村情和村民内在需求，提出将花木兰志愿服务队的类型定位为公益志愿类组织，以营造乡村自助互助共助的氛围，得到区民政局人员等认可，花木兰志愿服务队的名称应运而生。

（3）本土社工的采用

社工作为 D 村花木兰志愿服务队的直接培育主体，其与村民是否建立良好的互动关系决定了培育工作能否顺利推进。本土社工因与村民有共通的语言和共同的文化，更易理解村庄的权力结构、运作情况和村民需求，具有天然的优势和联系，相较于外来社会工作者这些“陌生”人而言，村民更容易接纳“熟人”。D 村社工站的社工都是从本村村民或在附近村庄生活的社工招募而来，通过采用本土社工的方式提高 D 村花木兰志愿服务队培育的效率。

“乡村不同于城市，他们有自己的村庄文化。一般外来的社工是不容易被村民接纳和认可的，如果村民都不接纳社工，那我们的服务自然就无法在村里开展。所以我们不仅与政府合作共建村级社工站，还建议要招募村里土生土长或者在附近村庄生活的社工进驻社工站，这样社工才能比较快地跟村民建立关系。”（访谈编号：DT21，2020 年 10 月 25 日）

本土社工相较于外来社工而言，在融入村庄以及与村民建立关系方面具有独特的优势，采用本土社工培育组织，可以加快组织的培育进程。

2. 培育平台立体化

培育平台是社区社会组织培育的起点和发展的基点，一个好的培育平台能够保障组织的顺利培育，推动组织的发展。D 村社工站是区民政局、H 社会工作机构和 H 高校三方合作共建，扎根于乡村，集党建、基地、专业和资源四位一体的社工站，为 D 村花木兰志愿服务队的培育搭建立体化的培育平台。

（1）党建引领平台

从化区在建设 D 村社工站时，不仅将其定位为服务村民的平台，还将其深化为党建工作站，通过党建引领拓宽社工站的社会资源，引领社工建立村民网络，提升社工的服务效能。这种党建引领平台为 D 村花木兰志愿服务队提供正向且符合村民意愿的服务思想指引，推动党员社工发挥自身的特长、能力及服务意识，带领 D 村花木兰志愿服务队走近村民、贴近村民，积极参与村庄公共事务和为困境村民提供服务。

（2）基地建设平台

D 村社工站集村民议事基地、志愿服务基地、社区社会组织培育基地和城乡融合实践基地为一体。社工在其中发挥管理者的角色，管理好各类基地的建设，推动社工站的多元化基地建设，为 D 村花木兰志愿服务队的培育提供更多元化的资源支持和交流。

（3）专业输出平台

D村社工站配备3名持证的专业社工和2名就读H高校社会工作专业的研究生担任实习社工以及2名高校社会工作专家担任督导，这些专业的人才资源进驻社工站，为D村花木兰志愿服务队的培育输送专业“血液”。一方面，社工发挥教育者的角色，依托专业的社会工作理念和方法，为D村花木兰志愿服务队提供专业的培训、指导和开展各项支持性服务，培养队员的组织意识、服务意识，促进D村花木兰志愿服务队的服务更为专业化。另一方面，社工发挥引导者角色，为D村花木兰志愿服务队的发展指引方向，引导D村花木兰志愿服务队按照组织的发展目标开展服务或活动，带领组织往更精细化方向发展。此外，高校社会工作专家以督导的身份参与D村花木兰志愿服务队的培育，为社工及花木兰志愿者提供更加系统化和专业化的督导。

（4）资源集聚平台

D村社工站作为花木兰志愿服务队与村庄内外部沟通和交流的桥梁，社工在其中承担了资源链接者的角色，帮助组织链接村庄内外部资源。在内部资源方面，社工通过在村庄开展系列的服务或活动，与村民建立良好的网络关系，增强村民对社工的信任感，为社工站集聚人气，并从这些“人气”中挖掘有热情、有能力和有意愿的村民加入花木兰志愿服务队，壮大组织队伍。同时，社工与村民良好的网络关系间接提高了村民对花木兰志愿服务队的认识和信任，为花木兰组织在村庄开展服务和活动奠定一定的信任基础。此外，随着社工在村庄服务的深入，社工站逐渐受到村委会的关注，社工利用与村委会的合作关系，整合村委会的行政资源，为花木兰志愿服务队的培育提供活动场地、动员村民参与和提供备案登记等行政支持，夯实花木兰志愿服务队在村庄内部的资源基础。

在外部资源方面，社工站与政府、企业、区社联会、高校等多元培育力量建立良好的沟通和互动机制，协同行动为培育D村花木兰志愿服务队链接和输入政策、资金、物资、人力和智力等资源。从社工站来讲，其本身就是一个强大的资源库。一方面，社工通过走访调研和服务村民的过程中积累和掌握了村庄发展的情况、村民的信息及需求，形成一个强大的信息库。这个信息库能够帮助D村花木兰志愿服务队了解村民的真实需求，制订符合村民需求的服务计划，开展村民喜闻乐见的活动。另一方面，幸福食堂与美丽超市都设立在社工站，为D村花木兰志愿服务队提供一个参与幸福食堂配餐助餐志愿服务和运营管理美丽超市的平台，帮助组织和队员补充一定的经济收入，加强组织的自我“造血”功能。此外，社工站依托重大节日开展大型服务活动或会演活动，在开展这些服务或活动的过程中，与D村花木兰志愿服务队进行合作，不仅补充了开展服务所需的志愿力量，还为D村花木兰志愿服务队提供了一个参与志愿服务的资源载体，展现了花木兰志愿者的风采。

3. 培育力量多元化

当前，我国社会治理呈现出多元主体协同治理的新格局，这种新格局的出现与农村社区社会组织的培育极为契合，以往政府单一力量培育和社会单一力量培育社区社会组织都体现出各自的局限性。从大量的实践来看，政府和社会力量共同合作培育社区社会组织的模式是较为理想的。社工在培育D村花木兰志愿服务队过程中，发挥中介者的角色，逐步撬动村委会、企业、区社联会、高校等多元主体，形成“政府—市场—社会—智力”等多元力量协同培育组织的局面，这种培育力量的多元化呈现出培育主体覆盖面广和协同性等特征。

“我们行政工作比较多，没有太多时间关注这些项目，在项目启动之后基本都是依靠社工去培育组织。当然项目资源毕竟是有限的，我们也希望能够在既定时间内培育出满意的农村社区社会组织，所以我们会提供像企业、区社联会这些资源给社工，让社工根据培育需求找这些企业或单位提供资源，至于需要政府这边提供什么资源或者帮助，就看社工的反馈了。”（访谈编号：DT18，2020年5月18日）

对于政府来说，政府也希望社工能够发挥专业优势，联动更多的力量推动组织的培育工作来满足自身的行政需求，社工在政府的支持下，更容易撬动其他多元主体协同参与组织的培育工作。

（1）培育主体覆盖面广

从现有的实践案例来看，不同的地方或机构在培育社区社会组织时，虽然联动政府、居（村）委会、社工等多元主体合作培育，但碍于多元主体的覆盖面较窄导致了培育资源的有限性。从化区作为广东社会工作改革试点之一，拥有丰富的农村社会工作经验，在推动农村社会工作发展的同时与社会工作机构、企业和高校等建立了紧密的合作关系。在这种背景下，社工通过内联外引的方式，推动D村花木兰志愿服务队的培育主体覆盖以政府、村委会为代表的政府力量，以企业为代表的市场力量，以区社联会和社工为代表的社会力量和以高校为代表的智力力量，这些培育主体整合培育D村花木兰志愿服务队必备的人力、物力、财力和智力等资源，从而实现培育资源的最大集聚效果。

（2）培育主体的协同性

多元力量协同是培育社区社会组织的必由之路。协同治理理论认为多个利益相关主体需要共同参与、共同决策和互动，才能达到最佳的目标效果。政府、市场、社会和智力等力量都是分散独立的，如何发挥多元力量的协同培育效果关键在于形成一套多元力量培育组织的协同机制。在D村花木兰志愿服务队的培育中，形成了一套以政府、村委会、企业、社工、区社联会和高校为代表的政府、市场、社会和智力等多元力量协同的培育机制。政府作为推动者，利用社会工作培育社区社会组织的专业优势，将社工作为直接培育主体，其他多元主体作为间接培育主体，这些多元主体在协同培育过程中，利用各自的优势和资源，承担不同的培育角色，发挥不同的培育功能和作用，形成强大的培育合力，保障了D村花木兰志愿服务队的培育质量和培育效果。

4. 培育方式多样化

传统的社区社会组织大多采用社会工作方法进行培育，虽然成效显著，但随着社会的发展与进步，对社区社会组织的培育条件和要求日益提高，以单一的社会工作方法培育社区社会组织显然无法推动社区社会组织的高质量培育和发展。鉴于此种情况，社工在培育D村花木兰志愿服务队过程中，发挥教育者的角色和作用，以开放性的态度吸收和采用运作项目化、手段专业化、跨界合作创新化等多样化的方式对组织进行培育。

（1）运作项目化

当前，政府以项目为载体购买服务，通过项目化的方式培育社区社会组织。从D村花木兰志愿服务队的培育实际来说，社工通过项目化的方式推动组织的培育，这种项目化的培育不仅包括从化区民政局购买的H项目，还包括参加从化区社联会与广州市社创中心共同举办的“探索乡村力量”——“和美乡村木兰建”公益创投项目，这种双项目的培育以增量资源的方式有效促进D村花木兰志愿服务队的培育。同时，以项目化的方式进行培育，能够以明确的目标、规定的时间、规范的流程、整合的资源、合理的预算以及清晰的指标等规范和引导D村花木兰志愿服务队的培育，推动培育工作的有序进行。

（2）手段专业化

社会工作是一种在科学理论和方法指导下的专业助人活动，其在培育社区社会组织方面具有独特的专业优势。在培育D村花木兰志愿服务队方面，社工受政府委托和授权作为直接培育主体，其根据培育实际需求，运用社会工作的个案、小组、社区和行政等专业方法开展D村花木兰志愿服务队的团队建设、能力建设和团队管理，培育组织骨干的领导能力和组织能力，借助社会工作专业优势，促使培育的手段更加专业化，从而实实在在推动D村花木兰志愿服务队的培育。

（3）跨界合作创新化

随着社会环境的不断变化，运用传统的社会工作方法培育社区社会组织已无法满足培育高质量社区社会组织的需求，这就要求社会工作开展跨领域合作，构建领域合作和支援体系。这种跨领域合作培育的方式在D村花木兰志愿服务队的培育中有所体现。社工除采用传统社会工作方法培育组织外，还注重D村花木兰志愿服务队的品牌建设和传播，因而社工发挥合作者的角色，通过与企业合作打造D村花木兰志愿服务队的系列品牌服务和宣传矩阵，形成社会工作与传播学的跨领域合作，利用传播学方法和知识支援D村花木兰志愿服务队的培育，不断提升D村花木兰志愿服务队的品牌知名度，扩大组织影响力。

“参与公益事业和履行社会责任一直是我们公司关注的重要内容，社工跟我们反馈花木兰志愿服务队的培育需要一些品牌建设与宣传方面的资源，刚好我们公司有直播、视频拍摄与制作技术资源以及品牌宣传经验，所以我们与社工合作，派了一些工作人员去到村里给组织做一些相关培训。”（访谈编号：DT20，2020年10月16日）

在社会信息化高度发达的背景下，社工需要集思广益，积极与热心公益事业的企业开展合作，创新组织的培育方式，借助企业丰富的信息技术资源和成熟的管理与宣传经验，实现双方优势互补与资源共享，从而推动组织的高质量培育。

5. 培育过程规范化

农村的相对封闭性和村民素质较低容易使农村社会出现无序和混乱的状态，因而基于农村场域培育社区社会组织需要考虑如何推动社区社会组织培育的有序性，这就要求在培育农村社区社会组织的过程中要更加规范化。D村花木兰志愿服务队的培育便构建了一套规范化的培育过程，这种规范化体现在培育流程、资源运用、培育方法三个方面。

（1）培育流程渐进化

D村花木兰志愿服务队的培育以从化区民政局购买的H项目为培育主线，社工按照项目的要求同步开展组织的培育工作，将D村花木兰志愿服务队的培育分为前期、中期和后期三个阶段的“246”模式。培育前期，社工利用2个月的时间，走访和调研D村内部需求，对需求进行分析，筛选合适的培育对象，与村民建立关系，动员村民参与并成立D村花木兰志愿服务队。培育中期以4个月的时间，通过挖掘D村内外部资源，盘点利于组织培育的资源，培养组织骨干和队员的服务意识，加强组织能力建设和凝聚力建设，对组织开展基础性的培训和规范性的指导，完善和优化组织架构与组织制度等。在培育后期则以半年的时间推动D村花木兰志愿服务队进行发展性的探索，社工在这一阶段逐渐淡化培育主体的角色，转变成合作者和同行者的角色，引导 D 村花木兰志愿服务队自主运作和管理组织。

（2）资源运用合理化

任何资源只有经过合理的分配，使资源用在刀刃上才能发挥资源利用的最大化。D 村花木兰志愿服务队的培育集聚了由政府力量、市场力量、社会力量和智力力量等多元力量提供的政策、人力、财力、物力、智力等资源支持，社工作为直接培育主体，坚持“助人自助”的基本原则，发挥指导者角色，指导 D 村花木兰志愿服务队合理运用资源。尤其是在资金运用方面，社工引导 D 村花木兰志愿服务队秉持“花在哪里、怎么花、花多少”的理念，合理化地使用有限的资金资源，从而保障 D 村花木兰志愿服务队培育工作的稳步进行。

（3）培育方法分层化

在 D 村花木兰志愿服务队的培育过程中，社工作为使能者，在增权理论的指导下，利用社会工作的专业价值理念和方法对组织进行分层化的培育。首先，社工通过运用小组工作方法，开展系列团队建设活动，引导花木兰志愿者发现和认识自身的潜能，提高队员的效能感和组织意识，加强组织的能力建设，从组织层面进行增权。其次，社工运用个案工作方法，针对具有骨干气质和潜力的花木兰志愿者开展支持性服务，提高她们的自尊自信和组织领导能力等，从个体层面进行增权，以此培育 D 村花木兰志愿服务队的中坚骨干。此外，社工还通过社区工作方法和品牌宣传等，引导 D 村花木兰志愿服务队在村庄开展各项志愿服务和活动、参与村庄议事会、社区慈善基金讨论会等，推动花木兰志愿服务队参与村庄公共事务，提高村民对花木兰志愿服务队的认识和认可，同时通过线上线下等渠道宣传花木兰志愿者的服务风采，扩大花木兰组织在村庄内外的影响力，从社区层面对其进行增权，促进 D 村花木兰志愿服务队的良性发展。

6. 资源来源多渠道

社区社会组织的培育离不开资源支持，甚至可以说各类资源是支撑社区社会组织可持续发展的重要保障。对于资源比较匮乏的农村来说，充足的资源是其发展社区社会组织的动脉，D 村花木兰志愿服务队的培育模式就是一种立足于社会工作专业资源基础上，活化善用村庄内部资源，整合输入外部资源双轨并行的资源支持体系。社工作为中介者，帮助 D 村花木兰志愿服务队链接村庄内外部资源，形成村庄内外部资源互通、资源共享的良性对话机制。这种内外部的资源来源也是多渠道的，可以将其细分为行政渠道和非行政渠道。

（1）内部资源的活化善用

社工致力于将 D 村花木兰志愿服务队打造成一支适应本土发展的公益志愿类社区社会组织，社工进驻 D 村后，依托 D 村花木兰志愿服务队队员与村委会及村民建立的关系网络，挖掘和盘点村庄内部资源，对以村委会为行政渠道提供的相关政策解读、备案登记手续、场地资源、权威资源以及以村庄德孝文化为联结纽带的文化资源、村民人力资源等非行政渠道资源进行活化和运用，为 D 村花木兰志愿服务队的培育夯实好内部资源支持基础。

（2）外部资源的整合输入

外部资源的持续性输入可以说是 D 村花木兰志愿服务队培育成功和发展的重要因素。社工作为 D 村花木兰志愿服务队与村庄外部沟通的桥梁，发挥资源链接者的角色，利用与多元力量形成的协同培育关系，持续整合和输入外部资源。这种外部资源包括以政府为代表的行政渠道提供的相关政策支持和购买服务项目支持，以区社联会、企业、高校等非行政渠道提供的公益创投项目支持、资金支持、专业咨询与指导等资源，这些外部资源的整合和输入为 D 村花木兰志愿服务队的培育提供了强大的资源保障，激发组织持续发展的活力。

7. 培育路径双向性

目前我国培育社区社会组织的路径主要包括以政府为主导的自上而下培育路径、以社会力量为主导的自下而上培育路径、以政府与社会为合作主体的双向培育路径。[1] 从现有的实践结果来看，以政府为主导的培育路径带有强烈的行政色彩，不利于社区社会组织自主性和独立性发展，以社会力量为主导的培育路径，虽然能有效激活组织活力，但缺少政府行政力量的支持与政策引导则容易出现无序和混乱现象。综合来看，政府自上而下与社会力量自下而上的双向培育路径能够使政府与社会力量之间形成优势互补，资源互通，对于社区社会组织来说培育效果更好。D村花木兰志愿服务队便是典型的在政社合作模式下培育出的结果。

（1）自上而下的政府推动

社区社会组织的培育和发展实质是因应需求而生。近年来，党和国家从顶层设计层面制定、出台一系列推动社区社会组织培育和发展的相关政策及文件，以期通过行政力量推进我国社区社会组织的发展，体现了一种自上而下的行政需求。从化区作为广东社会工作改革试点和全国乡村治理体系建设试点，响应国家和省的号召，提前布局筹划，全力推进从化区社区社会组织的培育和发展工作，D村花木兰志愿服务队的培育即是政府行政需求的产出结果。从化区政府通过开展社区社会组织推进会、建立区社会组织联合会、购买H项目、与高校合作共建村级社工站等方式，以行政力量自上而下推动D村花木兰志愿服务队的培育。

（2）自下而上的社会协同

从社区社会组织发展的动力源来看，其也是基于社会需求而产生。D村作为典型的传统村落，各类资源匮乏，“三留守”群体问题突出，迫切需要具有本土化特征的社区社会组织满足他们的服务需求，这种内在需求成为培育D村花木兰志愿服务队的内驱动力。在D村花木兰志愿服务队的培育过程中，除了村民的积极参与外，社工的专业支撑、企业的资源输入以及高校的智力支持等形成一股强大的社会力量和社会资源自下而上推动D村花木兰志愿服务队的培育。

---

① 方亚琴．社会资本视角下社区社会组织培育模式探讨——以浙江省H市SC区XY街道为例［J］．城市观察，2017，5：115.

（二）模式的成效

目前，D 村花木兰志愿服务队是广州市从化区 D 村唯一一个由留守妇女组成的志愿服务类社区社会组织，已在 D 村村委会和区民政局进行备案登记。组织设立活动策划、宣传联络、财务管理、行政后勤四个部门和“帝田之恋”广场舞小组、合唱小组两个小组。组织现有队员 35 人，队长负责统筹协调组织的整体事务，3 名副队长分管对应的部门和小组。花木兰志愿服务队队员不仅是 D 村留守妇女，还同时拥有 D 村党员、妇女主任、村委会干部、妇女代表、社长、村医、图书馆管理员等身份。D 村花木兰志愿服务队组织结构图如下：

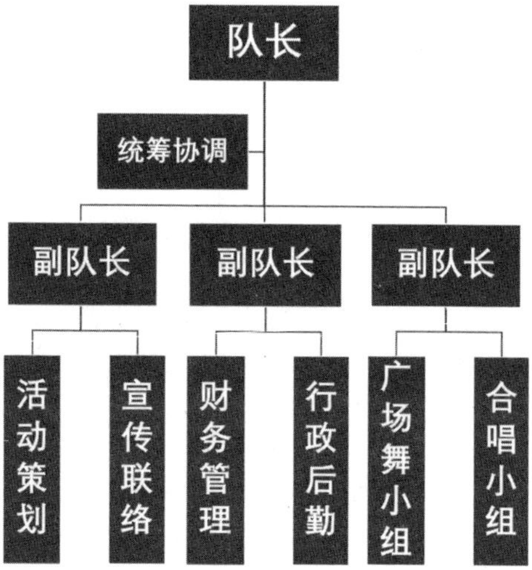

图 6-3　D 村花木兰志愿服务队组织结构图

D 村花木兰志愿服务队坚持“我志愿，我快乐；我志愿，我光荣”的服务宗旨，在 D 村开展系列留守老人关爱服务、留守困境儿童关爱服务、幸福食堂助餐配餐服务、运营具有公益性成分的美丽超市以及参与乡村公共事务等，受到村民及社会各界的好评。2020 年 4 月，该组织还申报并完成了从化区乡建乡创微公益创投项目，通过项目运作和多元力量的协同培育，花木兰志愿服务队日趋成熟，成为宣传 D 村德孝文化、弘扬公益服务精神和推动乡村治理的中坚力量。

社工依托H项目和从化区丰富的农村社会工作经验，因地制宜和因势利导，联动政府、市场、社会和智力等多元力量协同培育D村花木兰志愿服务队，形成从化农村妇女社区社会组织的“1144”培育模式，对该培育模式的成效进行总结有助于呈现培育的整体效果以及检验社会工作培育的成果。

1. 组织层面：组织稳定发展，成为乡村名片

D村花木兰志愿服务队经历了从无到有，从有到好，在村庄中逐渐凸显其独特的功能与作用，成为村庄一张亮丽的名片。这些得益于社工在增权理论的指导下，注重对组织层面进行增权，促使组织获得更多的发展技巧和发展能力，使得组织能够稳定发展。一方面，在社工的引导和帮助下，D村花木兰志愿服务队不再依赖于社工，组织能够独立运行，自主策划和开展了包括节日探访长者、帮助困境长者采购生活物资、辅导困境儿童学习、入户宣传垃圾分类、举办文艺会演等28场志愿服务和活动，累计服务困境村民超800人次，形成了为老、爱幼、关爱困境村民等常态化服务和品牌活动。组织架构和内部管理日趋完善，骨干间分工明确，队员间联系紧密，资金管理稳定，队伍人员不断扩大。另一方面，在社工的支持下，D村花木兰志愿服务队的服务能力逐渐提升，服务范围不断扩大，其从最初以探访和慰问老人为主的活动，不断延伸服务范围，目前服务涉及为老服务、帮扶困境儿童、关爱困境村民、筹集善款、举办各类文化娱乐活动等。同时，在前期社工专业理念和方法的培训及指导下，组织的服务理念更加专业化，组织在独立运行后能够运用社会工作专业的相关方法开展各类志愿服务活动。

“我要为花木兰组织点赞！她们很给力，不仅帮助村里的老人、小孩，关心困难的村民，还带领村民们跳起了广场舞。现在村里大大小小的活动都能看到花木兰志愿者的身影，村民看到她们也是称赞得不得了，好多媒体也会跑到村里采访她们，有时候在电视上、报纸上都能看到组织的报道，真是为我们村添光彩，说她们是我们村的名片一点也不为过。”（访谈

编号：DT08，2020 年 10 月 20 日）

随着 D 村花木兰志愿服务队服务的不断深入，村民间的交流互动更加频繁，村民参与志愿服务的热情更加高涨，加上 D 村花木兰志愿服务队队员大多是村庄文化中心的骨干，在这种频繁的互动过程中，组织逐渐成为村庄文化的交流平台之一。尤其是 D 村花木兰志愿服务队在长期开展的志愿服务中形成的乡村花木兰精神不仅是对村庄德孝文化的传承，也是对公益志愿服务精神的弘扬。这种乡村花木兰精神和服务风采受到广东省民政厅副厅长陈奇、从化区民政局的肯定及主流媒体的报道，花木兰志愿服务队逐渐走出村庄，成为乡村的名片。

2. 社区层面：活化乡村内生力量，营造和美乡风

“1144”培育模式通过 D 村花木兰志愿服务队的实践，活化了乡村内生力量，推动村民积极参与村庄公共事务，创造组织与队员参与村庄决策的机会，实现组织在社区层面的增权，营造了和美乡风。

一是村民的多样化需求得到一定的满足。一方面，社工与政府、H 高校社会工作专家深入 D 村走访调研，发现留守妇女有参与志愿服务和村庄公共事务的需求，其从优势视角和增权视角出发，将留守妇女作为 D 村社区社会组织培育的对象，通过为组织和队员个人开展能力建设与支持性服务，挖掘和激发留守妇女的潜能与优势，培育和壮大组织。同时引导 D 村花木兰志愿服务队自主运作和管理组织，增强队员的自尊自信，通过参与志愿服务队员实现了自我价值，满足了精神文化需求。另一方面，D 村花木兰志愿服务队作为乡村的内生性组织，其队员皆是由村民组成，较为了解其他村民的真正需求，结合村民的需求与爱好，D 村花木兰志愿服务队开设广场舞以及开展一系列关爱老人、儿童和困境村民的服务，帮助村民解决一些基本的生活需求和带去情感慰藉，满足了村民的多样化需求。

二是提升乡村志愿服务的质量和效率。在花木兰志愿服务队未成立前，D 村的志愿服务活动非常少，村委会疲于应付繁杂的行政工作，在关爱弱势群体方面，主要在重大节日时送上一些慰问品或慰问金。在花木兰志愿服务队成立后，其不仅定期开展探访和慰问困境老人等活动，还与留

守儿童组成亲子探访小组、亲子互助小组，为留守困境儿童提供生活照顾、情感陪伴和教育引导等，同时撬动留守老人与留守儿童一起制作用于公益售卖的德孝香囊，不断深化服务的内容和创新服务的形式以及扩大志愿服务的群体。D村花木兰志愿服务队开展的这些服务和活动真正受益于村民，提高村民参与志愿服务的积极性，有效提升了乡村志愿服务的质量和效率。

“我原本是村庄某经济社的社长，在社工的鼓励下，我竞选了花木兰志愿服务队的队长，虽然感觉压力好大，但是能够为村民们做些力所能及的事情，真的很开心。在组织没成立前，我们妇女之间都是靠聊天打发时间，有了组织之后，我们参加村庄的议事会和讨论会，队员和村民也会主动将发现的村庄问题反馈给我们，收到这些反馈后，我们尽自己所能解决村庄问题，满足村民需求，促进村庄的建设与发展。现在大家的交流越来越多，村里越来越热闹，有啥事情，大家都很主动地帮忙。”（访谈编号：DT01，2020年10月25日）

三是组织成为乡村多元治理主体的一部分。一方面，随着花木兰志愿服务队的发展壮大，其在村庄发挥的作用显著增强，加之组织的队员同时还是村庄的经济社社长、党员、村医、图书馆管理员等，D村花木兰志愿服务队的影响力逐渐渗透到村庄的各个方面。村委会将村庄敬老节、元旦会演等重大活动交由花木兰志愿服务队协同承办，邀请花木兰志愿服务队骨干参与村庄的议事会和社区慈善基金讨论会等。另一方面，组织的队员来自村庄的热心村民，当发现村庄的问题与需求时，队员能够通过组织及时反馈到村委会，其他村民基于信任也会经常向组织反映需求，在收到村民的反馈后，花木兰志愿服务队积极协助村民解决问题，在自身无法解决的情况下则会寻求村委会的帮助，花木兰志愿服务队俨然成为村情民意的反馈平台。在这种有意无意的服务和影响中，D村花木兰志愿服务队不仅仅是一个公益志愿服务的载体，更成为乡村多元治理主体的一部分。

“花木兰志愿者人很好，之前经常来探望我，帮我采购一些生活物品，陪我聊聊天，我感觉很温暖。后来，听说村里要成立夕阳红志愿服务队，也是像花木兰组织一样开展志愿服务，我觉得自己也没啥事干，如果能像花木兰志愿者一样帮助有需要的村民，那肯定很好。所以我报名参加了夕阳红志愿服务队，感觉生活很充实很开心。”（访谈编号：DT16，2020 年 10 月 25 日）

四是促进村民的乡村参与。花木兰志愿服务队的培育实质上是为村民搭建了参与村庄公共事务的平台，留守妇女加入组织后在村庄组织开展各项志愿服务活动，不仅丰富了村民的精神文化生活，还带动了其他村民参与志愿服务的热情。在花木兰志愿服务队的影响下，D 村相继成立了以留守老人为主体的夕阳红志愿服务队和以留守儿童为主体的小哪吒志愿服务队。这些参与组织的留守老人和留守儿童从被帮助的弱势群体转变成为帮助他人的志愿者，既活化了村庄的内生力量，提高了村民对村庄的认同感和归属感，促进村民的自我管理和自我服务，还推动了村民的乡村参与，营造了自助互助共助的和美乡风。

3. 社会层面：多元力量协同行动，实现组织的高质量培育

“1144”培育模式撬动了多元力量协同培育 D 村花木兰志愿服务队，推动社会层面参与农村妇女社区社会组织的培育。社工在培育 D 村花木兰志愿服务队的过程中，联动政府、市场、社会和智力等多元力量形成协同培育的运行机制，通过外部力量的协同推动以及整合外部力量的资源，帮助组织提升专业技能、增强管理经验、加强组织对外交流合作与宣传等，实现 D 村花木兰志愿服务队的高质量培育。

“像我们企业一般参与公益事业大多通过捐赠资金和物资等方式，在社工的联动下，我们除了提供资金和物资支持外，还为 D 村花木兰志愿服务队的培育提供团队管理经验以及组织品牌建设与宣传等知识培训。能够协同参与 D 村花木兰志愿服务队的培育，也为我们企业提供了参与社会基层治理和履行社会责任的新路径。现在 D 村花木兰志愿服务队培育卓有成效，这给我们后续参与农村社区社会组织的培育工作提供了很大的信心。”（访谈编号：DT20，2020 年 10 月 16 日）

一是搭建平台聚合力，实现多元力量有效协同。多元力量的协同意味

着培育力量的多元化和培育资源的最大限度整合，从而为培育农村妇女社区社会组织提供肥沃的生长土壤。社工因势利导，将培育D村花木兰志愿服务队作为协同平台，联动政府力量、市场力量、社会力量和智力力量等以培育组织为共同目标，利用各自的优势和资源协同行动培育组织，形成政府推动、项目带动、多方参与、资源整合的协同培育机制，实现多元力量的有效协同。这种多元力量的有效协同为培育D村花木兰志愿服务队提供充足的人力、物力、财力和智力资源支持，从而保证D村花木兰志愿服务队的培育质量，达到最优的培育效果。

二是多元力量协同，打造组织品牌形象。在D村花木兰志愿服务队的培育中，除了以传统的政府、村委会和社工等主体作为组织的培育力量外，区社联会、企业和高校等多元主体也作为培育力量协同参与D村花木兰志愿服务队的培育。这些多元培育力量拥有培育社区社会组织的各项资源，特别是区社联会、企业和高校在协同培育过程中，利用自身的资源和经验与社工共同合作，帮助D村花木兰志愿服务队搭建线上线下双线联动的组织宣传矩阵。宣传矩阵以线上打造广州从化乡村社工微信公众号和抖音号等媒体平台，链接其他权威的媒体资源，在村庄内外宣传花木兰志愿服务队的服务风采，指导线下派发社区报、制作组织旗帜、队服和宣传手册等，加强村民对花木兰志愿服务队的认识，传播乡村花木兰精神，树立D村花木兰志愿服务队的品牌形象，不断扩大组织的影响力，推动组织的持续健康发展。

四、模式的升级

（一）模式的问题

D村花木兰志愿服务队是“1144”培育模式实践的结果，在培育实践过程中运用模式能提高培育D村花木兰志愿服务队的效率和质量，但是在培育模式运行过程中仍然出现了一些问题。

1. 社工的专业优势与作用未能完全发挥

社工秉持“助人自助”的宗旨与理念，掌握社会工作的理论与知识，能够用科学的方法与手段培育农村妇女社区社会组织。然而，在D村花木兰志愿服务队的培育过程中，社工的专业优势与作用未能完全发挥出来。

“我们在培育花木兰志愿服务队的过程中也遇到了许多棘手问题，比如在培育过程中出现了队员分工不合理、队伍内部出现矛盾、队员个人求助等情况。有时候因为工作太多，只能优先做其他紧急的事情，花木兰组织这边难免会顾及不了。有时候遇到一些因自身能力和经验有限解决不了的问题，只能求助于督导或者区社联会。另外，有些社工同事因为各种原因离开了工作岗位，我们剩下的社工就得分摊和接手她的工作，这时候难免会出现工作衔接的问题。虽然我们也很想发挥自身的专业优势与作用培育好花木兰志愿服务队，但有时候确实力不从心。”（访谈编号：DT14，2021年2月15日）

“有时候，我们队伍内部出现了一些分歧或者队员个人有些技能方面的需求需要咨询社工，社工也很乐于帮助我们，但有时候看她们确实忙得不可开交，也不好意思打扰她们，有些事情没办法解决的也只能不了了之。”（访谈编号：DT07，2020年10月25日）

社区社会组织的培育是一项较为复杂的系统工程，社工作为直接培育主体，无论是队伍的管理与建设，还是队员个人需求的满足都需要其发挥一定的作用，但社工碍于人手不足、工作繁重、能力和经验欠缺等问题，使得社工的专业优势凸显与作用发挥未能达到理想状态，这在一定程度上也会阻碍队伍的培育和发展进程。

2. 内部管理和建设不完善

D村花木兰志愿服务队内部管理和建设不完善主要体现在三个方面：一是组织化、制度化程度较低；二是组织的财务管理不规范；三是自组织能力相对缺乏。

“花木兰志愿服务队的培育成效虽然显著，但是我们也发现，服务队的组织架构、人员分工、制度建设、能力建设和财务管理等方面还存在不足。如服务队没有养成书面文件和对外公开财务信息的习惯，内部讨论或是队员请假那些都只是通过口头协商的方式，在语言表达能力和文书撰写方面比较薄弱，财务管理方面也有点混乱，还是有很多需要完善的地方。”（访谈编号：DT14，2021 年 2 月 15 日）

在组织化和制度化方面，D 村花木兰志愿服务队的组织架构、职能分工、人员配备等还不完善，相应的制度建设还有待加强。如组织举办内部讨论会、培训会或对外开展服务时，部分队员缺乏组织意识和集体意识，出现迟到或不参加不请假等现象。在制度建设方面，D 村花木兰志愿服务队只制定了较为完备的激励制度，以评选“优秀志愿者”等精神激励和提供志愿服务时长，志愿服务积分兑换实物、兑换就餐和兑换相应的服务等物质激励相结合，但仍未常态化落地实施该制度。此外，D 村花木兰志愿服务队作为在村委会和民政局备案的农村社区社会组织，在组织的内部尚未形成书面的管理制度，即使是人事管理、场地管理和活动管理等制度方面也仅仅是队员间的口头协商，并未形成规范的书面文件。

在财务管理方面，D 村花木兰志愿服务队由一名副队长专门负责组织的财务管理，资金的使用也会经过组织的整体讨论，但财务的收支情况未以书面的形式记录下来，在财务管理方面较为混乱。此外，D 村花木兰志愿服务队未形成财务信息对外公开的习惯，缺乏必要的内外部监督。

在自组织能力方面，D 村花木兰志愿服务队及其队员的村庄公共事务参与能力，包括交流洽谈等语言表达能力、组织策划服务活动能力以及文书撰写能力等都较为缺乏，大多时候队员都是通过口头交流与协商的形式进行，当组织自身解决不了的时候，则会寻求社工或村委会的帮助。此外，由于自组织能力相对缺乏，D 村花木兰志愿服务队动员村民加入队伍的能力也相对有限，导致队伍发展规模的壮大较为缓慢。

3. 行政色彩浓厚

从化区民政局通过购买 H 项目，与 H 高校合作共建村级社工站，推动农村社区社会组织的培育和发展，并希望以此推动乡村的“善治”，在组织的培育上政府拥有较大的话语权。在这种行政背景下，D 村花木兰志愿服务队的培育不免受到政府行政化的干预和限制。

“我们在培育组织的过程中也会遇到一些比较难处理的问题，像在制订组织培育方案或者是服务方案时，不仅要考虑村民的需求，还要考虑政府的需求或者项目的规定。一般政府就比较希望组织开展的服务或者活动能够减轻村委会工作压力，推动村庄的管理，所以有时候也没办法按照实际的培育需求来。另外，D村作为试点，经常有人过来参观，我们参与接待也会耗费一些时间。”（访谈编号：DT14，2021年2月15日）

社工在培育D村花木兰志愿服务队的过程中，需要按照政府制定的项目目标和要求执行，配合政府的行政工作，社工的专业性在一定程度上也受限于政府的行政性。加之D村花木兰志愿服务队培育的资金、人员和资源等大部分来自政府，依赖于政府，组织各项服务及活动的开展和决策的制定往往受到政府指向性的干预，极不利于D村花木兰志愿服务队独立性的形成和表达自身的利益诉求。此外，D村作为从化区社会服务项目的试点之一，经常需要接待来自社会各界的参观，导致社工、花木兰志愿服务队需要耗费一些时间和精力在接待及政府工作宣传上。

4. 多元培育力量协同不顺畅

政府、市场、社会、智力等多元力量的协同是培育D村花木兰志愿服务队的重要支撑。政府通过购买服务项目，依托社会工作专业和优势，以社工为直接培育主体推动D村花木兰志愿服务队的培育。在培育的过程中，社工不断发挥资源链接者和协同者的角色，引入村委会、企业、区社联会、高校为代表的政府、市场、社会和智力力量，形成了政府推动、项目带动、多方参与、资源整合的协同培育机制。

“村委会、企业、区社联会这些主体是通过我们的链接和联动才参与D村花木兰志愿服务队的培育。随着培育的深入，我们逐渐形成了政府、市场、社会和智力等多元力量协同培育的机制，他们提供了很多的培育资源和经验，提高了培育的效率和质量，但因为合作时间比较短，交流比较少，D村花木兰志愿服务队的培育还是主要依靠我们社工的推动。”（访谈编号：DT15，2021年2月15日）

由于多元力量间的磨合时间较短，协同培育的运行机制还不完善，多元力量的协同明显不足。作为直接培育主体的社工，一方面用实际行动持续推进D村花木兰志愿服务队的培育，另一方面还要联动其他多元力量参与协同培育。可见，其他多元力量更多的是依靠社工的推进与反馈参与组织的培育，多元力量对自身角色不明晰、协同意识薄弱，参与培育的程度不平衡，缺少整体性的联动和协同，呈现出离散化和碎片化的状态，看起来更像是社工在“单打独斗”，较难发挥出多元力量协同培育的有效合力。

（二）原因分析

针对“1144”培育模式在实践中存在的问题，本章节主要从社工、组织内部、相关多元主体等角度对在实践中产生问题的原因进行分析。

1. 社工在培育过程中面临困境

社工作为培育的直接主体，运用社会工作专业的理念和方法在D村花木兰志愿服务队的培育中发挥了巨大的作用，但社工在培育过程中由于各种复杂的因素面临许多困境。一是社工培育经验的有限性。当前我国农村社区社会组织的发展仍处于起步阶段，缺少可参考和借鉴的农村社区社会组织培育模式和经验，加上D村部分社工是大学刚毕业出来的，缺少一定的实务经验，在培育组织过程中难免因为培育经验的不足遇到一些棘手问题。二是专业社工的流动性。在D村花木兰志愿服务队的培育过程中，曾由一位李姓社工主要负责组织的培育工作，其他两位社工协助培育，但因李姓社工个人原因，调离了工作岗位，只能换成其他社工接手组织培育工作，导致社工团队出现人手不足问题。专业社工的流动也使得接手培育工作的社工需要花费一定的时间了解组织的培育情况，以及重新建立与志愿者的关系，在一定程度上影响了组织培育的效果。三是社工时间精力的有限性。农村社区社会组织的培育只是H项目的子项目之一，社工除了要负责组织的培育工作之外，还要开展其他的服务和活动，繁杂的工作使得社工无法全身心投入到组织的培育工作当中，因而社工投入培育工作的时间和精力自然也有限。同时，在这种工作压力下，社工不一定能够及时向社会工作机构或政府反馈组织培育的需求、问题或进展情况等，在一定程度上也会阻碍组织的培育进度。

2. 组织的自主发展意识薄弱

长期以来，我国的社会治理都是政府占据主导地位，为鼓励和培养社会力量参与社会治理，政府从培育和发展社区社会组织着手。如D村花木兰志愿服务队就是在政府的推动下和社工实际培育下所产出的结果，因而在其培育和发展过程中不可避免地受到政府和社工的影响，尤其是在资金和资源方面依赖于政府和其他多元力量，在组织活动和服务开展等方面则依赖于社工。

自主发展意识对于组织的发展具有根本性和长远意义，也是组织实现与政府有效对话和协商的重要基础。D村花木兰志愿服务队队员大多为文化水平不高的留守妇女，一方面受自给自足的小农观念影响，队员自身较为松散，缺乏合作意识、组织意识和集体意识，加之在农村熟人社会的氛围影响下，队员参加组织活动或请假较为随意，仅仅通过与组织骨干进行口头说明，组织骨干碍于熟人关系一般也是不了了之。同时，组织骨干由于自身综合素质不高，未能充分认识到组织需要自主发展和建设这一关键问题，缺乏对组织规范化和系统化的管理。另一方面，由于政府和社工等多元力量在培育前期的大力推动，造成组织在发展过程中惯性依赖于外在力量的支持，处于一种被动的发展状态。从总体上来看，D村花木兰志愿服务队对组织自身的定位不明晰，未能充分认识到组织在乡村发展和乡村治理中的功能与作用，缺乏必要的自主发展意识，组织投入大量的时间、精力和资源用于开展村庄志愿服务和活动方面，却忽略了内部管理和建设的根本性问题，在一定程度上也影响了组织在乡村治理方面发挥的效能。

3. 政府的话语权较强

从实际情况来看，我国的社区社会组织发展迅猛，在当前还是“强政府弱社会”背景下，我国社区社会组织的发展仍然依赖于政府行政力量的强力推动，政府从顶层设计层面着手，制定和出台了一系列培育和发展社区社会组织相关的政策及指导意见，可见政府在我国社区社会组织培育工作中具有较强的话语权。

如D村花木兰志愿服务队虽然是由政府自上而下推动和社会力量自下

而上协同的政社合作培育模式培育而成，但从实际培育情况来看，政府的自上而下推动才是培育的重要推动力。无论是政府购买H项目、与H高校合作共建D村社工站，还是政府使用行政力量推动社工联动村委会、企业、区社联会和高校等多元主体参与D村花木兰志愿服务队的培育，都可见政府的行政推力贯穿于组织培育的整个过程，拥有着较强的话语权。但政府的这种行政推力与过度“关照”可能会给D村花木兰志愿服务队的培育抹上浓厚的行政色彩。基于契约原则，社工为了配合政府的行政工作，自然得按照政府的行政需求培育出政府眼中“合格”的农村妇女社区社会组织。如在培育的过程中，社工凡事只能以政府和项目规定的要求为先，当实际问题与政府及项目规定有所冲突时，社工往往会优先考虑政府的要求和项目进展，无法完全从社会工作专业的角度出发，按照D村花木兰志愿服务队的实际情况提供相应的培育服务和指导。

4. 多元力量协同培育机制的不完善

多元力量协同培育机制的不完善则无法充分体现协同治理理论强调的协同作用，甚至会阻碍组织培育的进展。D村花木兰志愿服务队的培育是由政府、市场、社会和智力等多元力量协同培育的，但这种多元力量的协同培育并非一开始便存在，其是在政府的行政推动下，社工在实际培育过程中逐步联动村委会、企业、区社联会和高校等多元主体协同参与培育，从而形成政府推动、项目带动、多方参与、资源整合的协同培育机制。

在这个培育机制中，社工作为直接培育主体，利用社会工作的专业力量推动D村花木兰志愿服务队的培育，其他多元主体则作为间接的培育主体，依托自身的优势为组织的培育提供各项资源，在实际培育过程中这种多元力量协同培育的机制没有形成一个系统性和整体性的互动，更多是以零散性和阶段性的互动为主。如村委会作为培育力量之一，主要是在D村花木兰志愿服务队的培育前期提供场地资源和动员村民参与等支持。在培育后期帮助D村花木兰志愿服务队完成登记备案手续等，并没有持续性地参与组织的培育且只限于与社工或者政府等培育力量进行互动，与其他培育力量基本没有形成互动关系。

总体来说，多元力量协同培育机制的不完善主要体现在三个方面。

一是多元力量协同培育的理念未完全树立。政府作为组织培育的推动者自然不遗余力地支持D村花木兰志愿服务队的培育，社工作为培育的直接主体也在全力推进组织的培育，村委会、企业、区社联会和高校等间接培育主体虽然有意识地根据自身的优势为组织培育提供一定的资源支持，但仍然处于被动的协同状态，缺少合作意识，多元力量间尚未真正树立协同培育的理念。

二是各培育主体的角色定位不明晰。在D村花木兰志愿服务队的培育中，政府作为培育的推动者和扶持者，社工则承担实际的培育工作，扮演使能者、教育者、资源链接者和协调者等角色，其他多元培育力量则都归类为支持者的角色，实际上这种支持者的角色是较为笼统和模糊的，具体提供什么样的支持，支持的力度如何都没有明确的规定。在培育主体职责不清晰的情况下，并不能有效整合D村花木兰志愿服务队的培育资源，更无法形成有效的培育合力。

三是多元力量协同培育的运行机制不健全。在培育D村花木兰志愿服务队的过程中，虽然形成了“政府—市场—社会—智力”等多元力量协同培育的运行机制，由于培育具有周期性，加上多元力量间互动不紧密，尚未建立良好的协同关系，除政府和社工外的其他多元力量大多是被动参与培育，可以说各培育主体的力量是失衡的。在这种运行机制下，过多依赖于社工的实际培育，必然会产生一些不可避免的问题。如社工除了培育农村妇女社区社会组织的工作外，还要开展其他的社会服务；因而只能投入有限的时间、精力在D村花木兰志愿服务队的培育当中。

此外，D村社工虽然拥有丰富的社会工作实务经验，掌握一定的社会工作方法，但在培育社区社会组织的经验方面较为欠缺。尤其是处于农村场域的社区社会组织，在其培育过程中更需要注重本土化和在地化的培育。社工进驻村庄后碍于工作内容繁重无法全身心投入培育工作当中，区社联会和H高校等具备培育社区社会组织的专业资源，却苦于不了解D村花木兰志愿服务队的实际培育进程、发展状况以及远离村庄等因素，无法及时为D村花木兰志愿服务队的培育提供专业指导和咨询。

(三) 模式的优化

“1144”培育模式在运行过程中，社工面临的困境、组织自主发展意识薄弱、行政色彩浓厚、多元力量协同培育机制不健全等问题，仍然亟待解决。本章节从政府力量层面、市场力量层面、社会力量层面、智力力量层面以及组织自身层面，针对“1144”培育模式在实践中产生的问题提出优化对策，其中政府力量、市场力量、社会力量、智力力量是D村花木兰志愿服务队的多元协同培育力量，也是其外力推动模式下的主要增权路径，从各培育力量的角度提出优化对策，有利于实现协同治理理论强调的多元主体以组织培育为共同目标，相互配合、协同行动，达到组织培育最优化效果的观点。同时，这些多元培育力量作为外部力量对组织的培育发挥了推动和促进作用，从外力推动路径实现对组织的增权，组织自身层面则是个体主动模式下的增权路径。

1. 政府力量层面

政府力量是推动和支持D村花木兰志愿服务队培育的重要力量，政府力量层面主要包括作为外部行政力量的政府和内部行政力量的村委会，其可以通过转变观念、完善多元力量协同培育的长效机制等发挥政府力量层面的作用。

(1) 转变政府观念

从D村花木兰志愿服务队的培育模式来看，这种政社合作培育农村妇女社区社会组织的模式是较为理想化的，但在这种模式中政府体现出的浓厚行政色彩，往往使政府与其他培育力量无法处于平等的合作关系，自然无法充分激发社会力量的活力来共同培育农村妇女社区社会组织，因而政府需要积极转变观念，把握好行政力量关注和支持社区社会组织培育工作的度。

一是做好行政干预的“减法”。由于政府对农村社区社会组织的培育和发展规律认识具有一定的滞后性，过多的行政干预反而会阻碍组织的培育和发展，因而政府要做好行政干预的“减法”。政府在把握好农村妇女社区社会组织培育的方向性基础上，减少不必要的干预，为农村妇女社区社会组织创造良好的培育和发展环境。同时，发挥引导者与监管者的角色，引导农村妇女社区社会组织往良性方向发展，放权给社工等培育主体，给予社工发挥社会工作专业的空间，给予农村妇女社区社会组织更多自主发展的空间和保持自身发展的独立性，调动组织自身的力量进行自主发展，从而实现政社之间的良性互动。

二是做好资源支持的“加法”。政府作为社会资源配置的主体，可以充分发挥资源配置的作用，为农村妇女社区社会组织的培育提供充足的资源支持。这种资源支持不仅仅是资金支持，更是专业资源支持、政策资源支持、人力资源支持和软硬件资源支持等。

在专业资源支持方面，首先，可以指派政府相关工作人员深入农村，指导社区社会组织做好登记注册工作，为社区社会组织提供合法化地位。同时收集社工及社区社会组织在资源需求方面的反馈，并及时做好回应。其次，利用政府的行政力量，搭建农村妇女社区社会组织交流与互动的平台，为农村妇女社区社会组织提供优质的学习资源和管理经验。最后，政府还可以与高校专家合作，针对农村妇女社区社会组织培育的相关主题进行研究，为农村妇女社区社会组织的培育提供学术指导。

在政策资源支持方面，一方面政府可以针对我国缺乏农村社区社会组织培育和发展相关的政策法规这一情况，建立符合实际需求的地方性政策法规，明确农村妇女社区社会组织的法律地位，为其提供法律保障，为农村妇女社区社会组织的培育和发展营造良好的制度环境。另一方面，政府要不断完善社工的薪资福利等保障制度或者在购买服务项目时建立社工专项的激励机制，提高社工的社会辨识度和社会地位，留住专业社工人才，推动组织培育工作的有序发展。此外，村委会还要引导组织理解和认识相关的政策法规，做好社区社会组织相关政策法规的解释和宣传工作，在村庄相关政策方面可以适当地向农村妇女社区社会组织倾斜，加强对组织的政策资源支持。

在人力资源支持方面，村委会依托其在村庄的权威地位，对村庄的人力资源进行整合，一是积极动员留守妇女加入农村妇女社区社会组织，二是积极动员村民参与农村妇女社区社会组织开展的各项志愿服务和活动，三是积极发动党员参与组织的服务，四是积极联络与村委会建立良好关系的志愿者协会、慈善会、医院等组织，为农村妇女社区社会组织扩大队伍规模和开展志愿服务补充优质的人力资源。

在软硬件资源支持方面，村委会根据组织的培育和发展需要，提供必要的办公场地、活动场地和物资等硬件资源。除此之外，村委会可以与农村妇女社区社会组织合作，提供活动等软件资源的支持，将村庄内部的各类庆祝活动交予组织协助承办，减轻村委会的工作压力，还可以与组织合作在村庄内部设立“村民时间储蓄银行”（即村民以自身的志愿服务时间兑换相应物资或他人帮助的活动），由组织主要负责“村民时间储蓄银行”的日常管理与运作，吸引更多的村民参与到社区的服务与建设中来。

（2）完善多元力量协同培育的长效机制

多元主体为了共同的目标进行协同和互动是协同治理理论强调的核心思想。在培育农村妇女社区社会组织时，如何进行有效的协同与互动关键在于建立起完善的多元力量协同培育的长效机制，笔者认为可以从树理念、明角色、建机制和常对话四个方面出发，并且这四者之间是渐进式的过程。

第一，树立多元力量协同培育的理念。随着多元主体的协同参与，我国的基层社会治理呈现出了新的体系和格局，除政府以外的社会力量在参与社会治理和培育社区社会组织方面都展现出巨大的潜能和活力。无论是以政府和村委会为代表的政府力量，还是以企业为代表的市场力量，抑或是以社工和区社联会为代表的社会力量，以及以高校为代表的智力力量，这些力量都拥有着各自领域的资源，如何整合这些多元力量的资源，形成培育农村妇女社区社会组织的合力，前提是要树立多元力量协同培育的理念，并且这种理念的树立需要从政府层面进行推动。首先，政府需要主动转变观念，改变传统的管理思维和管理模式，释放更多可以让其他多元力量参与培育农村妇女社区社会组织的空间。其次，主动作为，加强与市场、社会和智力等多元力量的交流与沟通，听取多元力量的想法和建议，激励和引导这些多元力量共同参与培育农村妇女社区社会组织，强化多元力量的合作意识，树立多元力量协同培育的理念。

第二，明确各培育力量的角色定位。政府、市场、社会和智力等多元培育力量的优势和资源不一，只有明确各培育力量的角色定位，促使多元力量从被动协同培育转变成主动协同培育，才能使各培育力量在协同培育农村妇女社区社会组织过程中发挥出最大的功能和作用。

政府力量方面，政府可以承担组织的扶持者和监督者角色，村委会则发挥政策引导者和资源提供者角色；市场力量方面，企业可以作为重要的资源提供者；社会力量方面，区社联承担资源提供者和中介者角色，社工则根据不同的培育阶段扮演使能者、教育者、资源链接者、支持者、协调者、同行者和合作者等不同的角色；智力力量方面，高校可以发挥专业资源补充者的角色。

第三，从顶层设计层面建立多元力量协同培育的运行机制。在 D 村花木兰志愿服务队培育的过程中，虽然在政府的推动下，社工联动村委会、企业、区社联会和高校等为代表的政府、市场、社会和智力等多元力量协同参与培育，形成政府推动、项目带动、多方参与、资源整合的协同培育机制。由于该机制是在培育过程中由社工协作促成的，缺少政府权威力量的推动和支持，多元力量之间缺少协同合作的共识和整体性的互动，运行机制并不完善。政府作为拥有较多资源和权力的主体，应该发挥行政力量的号召作用，从顶层设计层面着手，引导和推动多元力量共同参与农村妇女社区社会组织的培育工作，不断完善“政府—市场—社会—智力”多元力量协同培育农村妇女社区社会组织的运行机制，整合多元力量的资源，形成培育农村妇女社区社会组织的最大合力。

第四，建立良好的对话沟通机制。多元力量协同培育农村妇女社区社会组织离不开良好的对话沟通机制，在这个对话沟通机制中，主要指多元力量之间以及多元力量与农村妇女社区社会组织之间的对话沟通。建立良好的对话沟通机制，一方面能够消除各培育力量之间的信息壁垒，不断发现并解决多元力量在协同培育中出现的问题，实现多元力量之间的信息共享和资源共享，从而不断优化多元力量协同培育的运行机制，推动多元力量的互联互通。另一方面，这种机制架起了多元力量与农村妇女社区社会组织之间对话沟通的桥梁，帮助多元力量了解农村妇女社区社会组织真正的培育需求和发展需求，促使多元力量根据需求有针对性地提供培育资源和调整培育措施，从而提高多元力量协同培育的有效性，推动农村妇女社区社会组织的高质量培育。

2. 市场力量层面

市场力量是参与D村花木兰志愿服务队培育的重要支撑力量，市场力量层面主要指村庄内外部的企业，其可以通过积极参与组织培育、增强组织发展能力等发挥市场力量层面的作用。

（1）积极参与组织培育

目前，市场力量参与农村社区社会组织的培育较少，而企业作为市场经济的主体，具备丰富的人财物资源、技术资源和团队管理与建设经验等，这些恰恰是农村社区社会组织培育的所需资源。协同治理理论强调多元主体间的互动与协同行动，市场力量作为D村花木兰志愿服务队的培育力量之一，需要积极发挥市场力量的优势与作用，主动参与组织的培育。

企业积极参与组织培育，可以通过利用企业自身的优势与资源，为组织的培育提供各类资源支撑。一方面，企业可以为组织提供成熟的团队管理经验、活动策划经验、品牌建设与宣传经验以及“直播带货”、视频制作技能等相关培训，帮助组织完善自身能力建设，提高组织的自组织能力，增强组织的宣传能力和技能操作能力。另一方面，企业可以为组织提供人财物资源，发动员工作为志愿者协助组织开展各项志愿服务和活动，壮大组织的志愿服务力量，提供资金和物资，为组织服务的开展与持续发展提供保障。

（2）增强组织发展能力

企业除了通过提供各类资源参与和支持组织的培育外，还可以利用企业独特的优势与组织开展各种形式的合作，从而增强组织的发展能力。一是提供资金设立公益创投项目或通过在D村社区慈善基金设立组织建设专项，推动组织承接相关项目，帮助组织在村庄开展垃圾分类、美化村庄环境、探访留守老人等服务和项目过程中提高组织的运作能力，提高组织和企业的知名度。另一方面，企业可以与组织合作开展各类公益活动，如一起为村民提供义修、义剪、义卖、义演、公益摄影、法律政策咨询等服务，拓宽组织志愿服务的范围和形式。此外，企业可以依托自身的人脉资源和平台，帮助组织打通对外交流的渠道以及建立香囊等手工艺品和农副产品的对外销售渠道，同时村庄的内部企业还可以为组织的队员提供合适的就业岗位，提高组织和队员的创收能力，从而不断增强组织的发展能力。

3. 社会力量层面

社会力量是推动D村花木兰志愿服务队培育的专业力量，社会力量层面主要包括作为直接培育主体的社工和作为专业枢纽的区社联会。社会力量可以通过提升社工的专业化能力、采取合适的培育手段和理念、加强组织规范化建设、推动建立有效的培育需求反馈与回应机制等发挥社会力量层面的作用。

（1）提升社工的专业化能力

社区社会组织的培育工作要求社工具备较高的专业化能力，尤其在我国农村社区社会组织的培育工作仍处于起步阶段的背景下，缺乏可借鉴的培育经验，因而社工要加强自身专业化能力的建设。一方面，社工要主动学习国内外与农村社会工作、农村社区社会组织培育相关的理论与知识，提高自身的科学文化素养和专业化程度，为更加专业和有效指导农村社区社会组织的培育夯实基础。另一方面，社工要向国内外优秀的社工前辈学习，通过与具有丰富的农村社区社会组织培育经验的社工交流，不断吸收农村社区社会组织培育的有益经验。此外，社工要在日常的培育工作实践中，注重使用专业化理念和方法开展组织培育工作，善于发现培育过程中出现的问题、运用专业知识和方法解决问题、总结培育工作的相关经验，从而不断提升自身的专业化能力。

（2）采取合适的培育手段和理念

社工由于自身工作繁杂，往往难以投入大量的时间和精力在组织的培育工作上，加之组织培育的最终目标是使组织自身能够自主管理和独立运作，因而社工在培育组织的过程中要注重采取合适的培育手段和理念。社工要把握正确的培育理念，坚持“授人以渔而不是授人以鱼”，明晰自身在整个组织培育过程中的职责，在培育前期引导组织的起步发展，帮助组织建立团队和组织框架，加强组织的管理和能力建设，引领组织开展志愿服务活动，到了培育中后期，则要及时转变角色，从引领者转变为幕后协助者，将培育工作聚焦于培养组织和队员自主管理、自主发展、自主运作的能力和意识上，培养组织发展的独立性和积极性，防止组织对社工产生依赖，引导组织健康有序发展。

如针对当前我国农村场域的社区社会组织培育经验较为欠缺这一情况，社工不能仅以城市社区社会组织的培育方案为借鉴或者采用通用的社区社会组织培育方案来培育组织，更不能为了满足政府行政需求而制订忽略组织实际需求的培育方案。农村通常拥有自身的权力结构、村民关系网络、村庄文化以及村民需求与认知结构等，这些都是社工在实际培育过程中会遇到的复杂情况，因而社工要制订具有针对性和专业性的培育方案，并在培育过程中根据实际情况调整和优化培育方案。在培育初期，社工可以按照项目事先拟订的培育方案对组织进行培育，一旦发现培育方案与实际情况不适应时，则要及时调整和优化培育方案，推动培育方案与实际培育相接轨。当然，社工作为政府委托和授权的培育主体，在调整和优化培育方案时，需要在遵循政府方向性要求的前提下，主要对培育的方法和内容进行调整和优化。

（3）加强组织规范化建设

从我国社区社会组织培育和发展的总体情况来看，组织的增长数量迅猛，但这些组织大多都是规模小、能力弱的组织，基本难以保持长期发展态势，究其原因主要在于组织自身建设不够规范，管理水平有限，身处农村场域的社区社会组织由于自身资源和认知水平有限，更需要社工和区社联会帮助其提高自身规范化建设水平，以获得组织长期、健康的发展。社工和区社联会可以从以下两个方面着手。一方面，帮助组织完善和优化内部管理结构。社工和区社联会针对组织发展需求引导组织不断优化组织架构和明确人员分工，使内部管理结构与组织的发展相适应，从建立组织章程着手，以书面化的形式明确组织宗旨和人员分工并推动组织落地执行，强化队员的组织意识和责任感，保证组织内部的高效运转。另一方面，帮助组织加强制度建设。制度化是社区社会组织发展和成熟的必经过程，也是组织内部规范化和有序化的重要推动力。社工和区社联会帮助组织加强制度建设，一是要引导组织建立起一套包括组织管理制度、财务管理制度、重大事项讨论制度、激励与惩罚制度等在内的完整的组织制度体系；二是要引导组织建立严格的财务管理制度，组织的财务须由专人管理，建立清晰的工作台账，定期通过组织线上宣传平台和线下的公告栏等方式公开财务信息，有效接受组织内外的监督；三是要引导组织建立完备的激励和评估制度，根据队员在组织的表现和参与服务的积极性等情况对表现较为突出的队员予以适当的物质和精神激励，调动队员的积极性，营造模范引领、互相共进的组织氛围。

此外，D 村花木兰志愿服务队目前只在民政部门和村委会备案登记，社工和区社联会可以通过引导，帮助组织了解登记注册的要求和条件，并推动组织在民政部门正式登记注册以确立组织的合法化地位，为组织的长期发展打好基础。这种合法化地位不仅能够使组织具有承接政府服务项目的资格和条件，还能够促使组织更加有意识地按照民政部门的相关规定规范自身的管理和建设，使组织的发展更加系统化和规范化。

（4）推动建立有效的培育需求反馈与回应机制

政府掌握着较多的资源和权力，往往只从顶层设计和培育方向方面着手，对组织的实际培育情况了解较少，除了提供项目列明的资源外，对组织实际的培育需求一无所知，项目成果的验收也主要依赖于第三方评估机构对培育项目进行中期和末期评估，政府与项目执行主体间并未形成良好的沟通和反馈机制。这样，易产生政府提供的资源支持与实际培育的需求不一定相符，阻碍组织培育的进程。如 D 村花木兰志愿服务队作为公益志愿服务类的社区社会组织，除了需要常规的人财物等资源支持外，还需要提供专业化的志愿服务理念讲解和知识培训，以及提供组织与外界同类型社区社会组织交流的平台和机会。这些既是社区社会组织在实际培育当中产生的需求，也是政府行政力量范围内可以提供的资源支持。因而在相对封闭和资源较匮乏的农村场域中培育社区社会组织关键要关注组织的实际培育需求，才能培育出与农村建设和发展相适应的社区社会组织。社工作为服务承接者和直接培育主体，熟悉实际的培育情况和需求。社工要发挥倡导者作用，推动建立购买方政府与培育执行主体社工之间的培育需求反馈与回应机制，形成社工自下而上的培育需求反馈，政府自上而下的需求回应。这种双向的反馈与回应机制需要贯穿于培育的整个过程，形成一个动态的优化过程。政府根据社工的反馈，能够充分了解组织真正的培育需求，使政策的制定和资源的提供更加符合组织培育的需求意愿，从而有效推动农村妇女社区社会组织的培育和高质量发展。同时，为保证组织培育质量与效果，社工还可以倡导政府等购买方在培育项目结束后建立跟踪反馈机制，通过政府工作人员、区社联会、村委会或驻点的社工定期跟踪组织的发展动态，了解和掌握组织发展情况，必要时进行扶持。这种跟踪反馈机制实质上也是一种延续性培育，在一定程度上可以弥补项目结束后所产生的弊端。

（四）智力力量层面

智力力量是培育 D 村花木兰志愿服务队的专业支持力量。智力力量层面主要包括高校社会工作专家和社会工作研究生，可以通过提供专业资源支持、加强组织人才队伍的梯队建设等发挥智力力量层面的作用。

1. 提供专业资源支持

高校社会工作专家和社会工作研究生具备专业的知识体系以及掌握专业的学术资源，能够为组织的培育提供专业资源支持。一方面，社会工作研究生可以到组织进行实习，为组织的管理和建设提供一定的专业指导，帮助组织提升自身的能力，为组织的培育提供专业人才资源支持。另一方面，高校社会工作专家作为督导的身份，为社工培育组织提供专业指导，纠正社工在培育过程中出现的问题，从专业角度提供解决问题的建议；为社工提供农村社区社会组织培育的相关理论知识和实践案例等学术资源，通过专业培训提升社工的专业化能力。同时，高校社会工作专家还可以为组织的管理与建设提供专业指导，如指导组织的运作与发展，引导组织完善组织架构和管理机制，指导组织开发项目、组织策划活动，提高组织的自组织能力，对组织的志愿者招募与管理、档案管理、财务管理等进行规范化指导，推动组织步入发展的正轨。此外，高校社会工作专家可以与政府、社工等合作，开展以农村妇女社区社会组织培育为主题的相关学术研究，为农村妇女社区社会组织的培育提供学术指导，为政府推动农村妇女社区社会组织的培育和发展工作建言献策，贡献高校的智力力量。

2. 加强组织人才队伍的梯队建设

人才是推动农村妇女社区社会组织长远发展的重要人力资源，也是推动组织能力提升的重要力量。高校社会工作专家具备丰富的专业理论知识和实务经验，可以帮助组织加强人才队伍的梯队建设。当然，由于组织的构成特性，高校社会工作专家在加强组织人才队伍建设过程中需要针对组织骨干、普通队员的角色需求以及新队员的吸收等方面帮助组织开展队伍的梯队建设。首先，在组织骨干层面，高校社会工作专家要侧重于对组织骨干的价值观、领导能力、组织能力、专业能力和管理水平等方面进行塑造和培训，提高组织骨干的综合能力，引导骨干树立组织自主发展的意识，以系统化和规范化的要求管理组织。其次，在普通队员层面，高校社会工作专家要着重培养队员的组织意识、纪律意识和合作意识，增强队员对志愿服务的理解，提高队员的服务意识和服务水平，引导组织通过精神激励和物质激励等方式调动队员参与志愿服务的积极性。同时，高校社会工作专家还要引导组织有计划地在普通队员中挑选并培养下一届骨干，做好人才储备工作。此外，在吸收新队员层面，高校社会工作专家可以引导组织通过动员和鼓励村庄中的党员、教师、乡贤等文化知识水平和口碑威望较高以及志愿服务经验丰富的人员加入组织，为组织的发展补充优质的人力资源。

（五）组织自身层面

增权理论强调个体主动增权和外力推动增权两种增权模式，个体主动增权模式强调在增权过程中起决定作用的是个人或组织，当个人或组织通过增权获得良好的自我效能感、自我价值和自我发展能力时，也就意味着个人或组织具备更多的解决和处理各项事务和人际关系的知识技巧、机会和资源。因此，可以从组织自身层面着手，通过加强队员的自我肯定和增强组织凝聚力、拓展组织多元发展渠道，从而增强组织自身能力建设，实现对组织和队员的增权。

1. 加强队员的自我肯定和增强组织凝聚力

第一，加强队员的自我肯定。个人有自尊自信、自我效能和掌控感，并且能够自行规划目标及采取相应的行动是个体层面权能感的体现。D村花木兰志愿服务队目前已育有35位队员，由于这些队员都是村庄的留守妇女，大部分队员的文化水平不高，受个人的自信心、能力和家庭等因素影响自我效能感较低。如在组织推选队长、对外交流等方面，队员较为被动，害怕自身无法做好队长一职，畏惧与外界的交流，这些都是源于队员缺少自我肯定，认为自身能力不足。因此，组织要注重加强队员的自信心建设和能力建设，加强队员的自我肯定。

第二，增强组织凝聚力。组织凝聚力代表着队员对于组织的归属感和认可度，其不仅是组织长期稳定发展的重要保障，更能帮助组织提高自信心和能力，推动组织在村庄中开展更多的服务和承担更多的责任，促使组织拥有更多的权力。增强组织的凝聚力，首先，可以通过开展团队建设活动、小组活动等加强队员之间的互动，建立起队员之间的信任感。其次，在促进队员之间友好互动的基础上，建立组织内部良好的沟通机制，减少因沟通问题带来队员之间的矛盾。最后，注重对组织的文化建设，将组织的文化贯穿于组织管理和建设的日常，通过文化认可带动队员对组织的认可，建立队员共同的文化价值认同，从而在组织文化上增进对组织的认同感和归属感①。

① 郭爽．社区社会组织培育：专业社会工作介入策略及过程研究［D］．北京：中国青年政治学院，2018.

2. 拓展组织多元发展渠道

农村妇女社区社会组织想要获得可持续发展必然要树立自主发展意识，减少对政府和社工等多元培育主体的依赖，立足于组织自身，拓展多元发展渠道是组织强化自身能力和获得新技巧的有效方式，通过组织自我能力的改变，从而改善自身的权力状况。

一是增强组织的自我“造血”功能。任何培育力量对组织的资源提供和支持都是有限的，组织只有增强自我“造血”功能才能保证自身的持续运转。社工在培育D村花木兰志愿服务队的过程中，帮助组织建立了经济互助小组，组织依托经济互助小组成立微店、建立城乡融合交流群和美丽超市等售卖农副产品和德孝香囊，为组织和队员补充了一定的经济收入。但这种尝试仍处于探索阶段，尚未形成系统化和规模化的操作，因而组织要充分挖掘队员的特长，利用队员的手艺制作特色手工艺品，梳理和盘点村庄特色的农副产品，借助线上线下等渠道宣传和售卖特色产品，为组织的发展提供源源不断的“血液”。

二是参与公益创投项目。公益创投是一种新型的政府购买服务方式，组织通过积极参与公益创投项目，不仅可以帮助组织获得政府项目资源的支持，在开展公益创投项目的过程中，还可以接受到专业社工或专业社会组织的培训，帮助组织提升专业化的服务能力。当组织意识到公益创投所带来的益处时，为了承接更多的公益创投项目，增加组织的资源性输入，组织会有意识地对自身的长期发展进行规划，促使组织的发展更加稳定。

三是加强与其他社区社会组织的交流与合作。一方面，组织要定期与村庄内部的其他社区社会组织进行交流，增进组织间的认识，建立良好的关系网络，加强与其他组织在志愿服务和活动方面的合作，形成组织间的强强合力。另一方面，组织要主动与村庄外部的社区社会组织进行交流与合作，在交流过程中学习其他组织先进、专业的管理和建设经验，在合作过程中与其他组织进行优势互补，不断提升自身的专业化水平。

附　录

引用社工服务站文书资料一览表

序号	活动类型	活动名称	文书编码
1	社区活动	F村乡村社会组织成立大会暨春耕图摄影比赛颁奖会	HC-FE-2020-A-06
2	社区活动	F村“老少同乐，邻里和谐”安全教育活动社区活动	HC-FE-2020-A-15
3	社区活动	花木兰亲子同乐，美德共传——F村困难长者探访活动	HC-FE-2020-A-16
4	小组活动	F村义路有你——青年志愿者成长小组	HC-FE-2020-G-03
5	小组活动	D村花木兰艺术团成长小组	HC-DT-2020-G-04
6	小组活动	D村德孝香囊小组	HC-DT-2020-G-08
7	项目评估	和美乡风项目2020—2021年度社会工作专项服务——项目评估工作中期自评报告	/
8	项目评估	和美乡风项目2020—2021年度社会工作专项服务——项目评估工作末期自评报告	/

引用访谈对象一览表

访谈编号	姓名	所属类别	访谈时间	访谈地点
CM005	刘＊＊	村民	2020. 09. 23	村中公共广场
CM014	林＊＊	村民	2020. 09. 15	路边随访
CM018	李＊＊	村民	2020. 09. 26	路边随访
JG004	周＊＊	机构 & 项目核心管理层	2020. 10. 28	社工站办公室
MZ001	谭＊＊	民政干部	2020. 09. 24	社工站办公室
MZ002	钟＊＊	民政干部	2020. 09. 24	社工站办公室
SG001	谭＊＊	项目一线社工（D 村）	2020. 10. 21	社工站办公室
SG002	朱＊＊	项目一线社工（D 村）	2020. 09. 20	社工站办公室
SG004	李＊＊	项目一线社工（F 村）	2020. 10. 21	社工站办公室
SG005	李＊＊	项目一线社工（F 村）	2020. 10. 22	社工站办公室
SG006	李＊＊	项目一线社工（F 村）	2020. 10. 22	社工站办公室
SG007	吴＊＊	项目一线社工（F 村）	2020. 09. 17	社工站办公室

注：按访谈对象的访谈编号字母来逐一排序。

访谈对象基本信息

编号	职务	性别	学历	年龄	访谈时间	访谈地点
DT01	花木兰志愿服务队骨干	女	初中	38	2020. 10. 25	D 村文化广场
DT02	花木兰志愿服务队骨干	女	小学	48	2020. 10. 22	D 村图书馆
DT03	花木兰志愿服务队骨干	女	初中	25	2020. 10. 22	D 村图书馆
DT04	花木兰志愿服务队骨干	女	初中	43	2020. 10. 22	D 村图书馆
DT05	花木兰志愿服务队队员	女	初中	36	2020. 10. 25	D 村文化广场
DT06	花木兰志愿服务队队员	女	小学	30	2020. 10. 25	D 村文化广场
DT07	花木兰志愿服务队队员	女	小学	37	2020. 10. 25	D 村文化广场
DT08	D 村书记	男	初中	64	2020. 10. 20	D 村村委会
DT09	D 村妇女主任	女	初中	53	2020. 10. 20	D 村村委会
DT10	D 村社工站社工	女	大专	29	2020. 10. 15	D 村社工站
DT11	D 村社工站社工	女	本科	27	2021. 2. 15	D 村社工站
DT12	D 村社工站社工	女	本科	33	2021. 2. 15	D 村社工站
DT13	D 村其他社区社会组织成员	男	初中	65	2020. 10. 25	D 村文化广场
DT14	D 村其他社区社会组织成员	女	小学	14	2020. 10. 25	D 村文化广场
DT15	从化区民政局相关人员	女	本科	34	2020. 5. 18	从化区民政局
DT16	从化区社会组织联合会相关人员	女	本科	31	2020. 5. 18	从化区社联会
DT17	企业相关人员	男	本科	42	2020. 10. 16	D 村社工站
DT18	高校社会工作专家	男	博士	50	2020. 10. 25	D 村社工站

访谈提纲

访谈对象	主要访谈提纲
花木兰志愿服务队骨干、队员	1. 您是什么时候加入花木兰志愿服务队的？在组织中您担任什么职务？是什么原因促使您加入组织？ 2. 如遇到困难时，队员之间是否会相互给予支持？主要是什么样的支持？ 3. 您认为在培育服务队方面，社工发挥了什么作用？社工在哪些方面做得好？哪些方面需要改善？ 4. 参加这个组织，对您自身有什么影响？您觉得对其他队员会有什么影响？对D村有什么影响？您能举例说明下吗？ 5. 您觉得目前组织发展面临的问题或需要改善的地方有哪些？哪些条件或因素限制了组织的发展？你们期望得到来自哪个培育主体提供的哪些支持？
村委会干部	1. 请您介绍一下D村社区社会组织的基本状况，包括数量、种类等。 2. 咱们社区社会组织注册备案的程序烦琐吗？大概有哪些流程？花木兰志愿服务队是否在村委会登记备案？ 3. 在花木兰志愿服务队培育方面，村委会有无相关的资源支持（如资金、场地等）或政策支持等？ 4. 您认为花木兰志愿服务队在村庄建设和发展中承担什么样的角色？发挥什么作用？ 5. 您期望花木兰志愿服务队在D村内的发展是一个什么样的状态？

续表

访谈对象	主要访谈提纲
社工	1. 发起成立花木兰志愿服务队的缘由是什么？成立的目标是什么？ 2. 社工是怎么对服务队进行培育的？（如如何挖掘骨干和培育骨干？组织架构如何建立？服务宗旨或愿景等是如何确定的？主要培育内容包括哪些？是如何宣传该组织的？有哪些激励措施？） 3. 在培育花木兰志愿服务队过程中是否遇到困难？如有的话，是怎么解决的？ 4. 花木兰志愿服务队在 D 村开展了哪些服务？影响或效果怎么样？ 5. 目前，花木兰志愿服务队取得了哪些成效？实现了哪些目标？在 D 村发展方面，有什么影响？对村民关系有哪些影响？在队员个人能力提升方面有哪些影响？能否举例说明？ 6. 您觉得政府、区社联会、企业、村委会、社工、村民等在培育服务队方面，分别承担了什么角色？发挥了什么作用？ 7. 您觉得在培育花木兰志愿服务队过程中有哪些需要改善的地方？
其他组织队员	1. 您是否听说过花木兰志愿服务队？是通过什么途径了解的？知道这个服务队主要是做什么的吗？ 2. 您所在的组织是否有与花木兰志愿服务队一起开展过服务或活动？组织之间的联系多吗？频率怎么样？主要沟通联系内容是什么？ 3. 当遇到困难或问题时，组织之间是否会相互帮助或支持？帮助或支持的内容主要是什么？ 4. 您觉得花木兰志愿服务队在 D 村中发挥了什么作用？（如对村民关系的影响、对社区弱势群体的影响、对乡村氛围的影响等）
从化区民政局相关人员	1. 政府有无相关的资源或政策支持花木兰志愿服务队的培育和发展？ 2. 到 2020 年，政府要求每个农村社区至少发展 5 个社区社会组织，在发展社区社会组织方面，据您了解村委会目前的进展怎么样？村委会在社区社会组织培育方面主要做了哪些工作？效果如何？遇到什么困难？ 3. 政府期望社工在培育花木兰志愿服务队方面发挥什么作用？ 4. 您认为目前花木兰志愿服务队发展面临的问题有哪些？哪些因素制约了花木兰志愿服务队的发展？针对这些问题，政府方面有什么计划？ 5. 政府希望花木兰志愿服务队在乡村建设中承担什么样的角色，发挥什么样的作用？

续表

访谈对象	主要访谈提纲
从化区社会组织联合会相关人员	1. 社联会有无相关的资源或政策支持花木兰志愿服务队的培育和发展？（资金、场地、培训等） 2. 您认为社联会在培育花木兰志愿服务队方面是作为一个什么样的角色？发挥什么样的作用？ 3. 社联会通过“探索乡村力量”公益创投项目，想要对花木兰志愿服务队的培育起到一个什么样的作用？ 4. 社联会是否作为政府和服务队进行联系沟通的桥梁和纽带？主要联系沟通的内容是什么？ 5. 社联会希望花木兰志愿服务队在乡村建设中承担什么样的角色？发挥什么样的作用？
企业	1. 了解花木兰志愿服务队吗？参与培育花木兰志愿服务队的原因是什么？ 2. 企业有无相关的资源支持花木兰志愿服务队的培育和发展？（如资金、培训、管理经验等） 3. 您认为企业在培育花木兰志愿服务队方面是作为一个什么样的角色？发挥什么样的作用？ 4. 目前花木兰志愿服务队的培育效果是否达到了预期的目标？
高校社会工作专家	1. 高校有无相关的资源支持花木兰志愿服务队的培育和发展？（如专业知识、培训、学术研究等智力支持，社工人才资源等） 2. 您认为高校在培育花木兰志愿服务队方面是作为一个什么样的角色？发挥什么样的作用？ 3. 您觉得花木兰志愿服务队在D村中发挥了什么作用？（如对村民关系的影响、对社区弱势群体的影响、对乡村氛围的影响等） 4. 您认为目前花木兰志愿服务队发展面临的问题有哪些？哪些因素制约了花木兰志愿服务队的发展？针对这些问题，高校方面有什么计划？

从化农村社会工作服务梦想：从化模式的初心

一、鳌头镇帝田村：我的奋斗梦！

我爱农村，更爱农村社会工作。2020 年 2 月 11 日，我初次踏上了从化帝田村这片土地。这是我的奋斗之地，这是我梦想之地。帝田村位于鳌头镇西部，这里偏远而宁静，窄窄的村道两旁，是大片耕地，不时看到村民下地耕种。一路前行，蹦跳的心，来到社工站，看着宽敞明亮的站点，我的内心充满了期待和憧憬！

（一）祖国未来，儿童之家

一进门就是儿童之家，第一眼我就被书柜里琳琅满目的书籍所吸引。我期待赶紧约上帝田村的孩子们，在这里指导他们完成作业；我期待赶紧贴上时间安排表，定期安排读书分享会，开阔孩子们的视野！仿佛看见，孩子们已经来到儿童之家，安静地写作业或阅读课外书籍；仿佛听见，在社工和志愿者的指导下，社工站里传出琅琅的读书声和欢笑声！

我的课堂，我的家。我可以教用水、用火、用电安全、交通安全、拐骗预防、食品安全问题，老多了……我可以在这里和他们说悄悄话，举行安全演练，铺设我的支持网络。这里是我的练兵场，是我的演武堂！

（二）老有所依，幸福食堂

离开儿童之家再向里面走，就是在建的幸福食堂了。我好想看到，村子里的爷爷奶奶们，互相搀扶着，带着鸡蛋或者新鲜的农家菜，热热闹闹上门来，他们可以坐在干净整洁的食堂里，吃上香喷喷的公益饭菜。我仿佛看见，他们的脸上洋溢着满足的笑容！我会蒸馒头，一次可以蒸 40 多个，包上红枣，放点榴莲，美滋滋的！

小食堂，大用场。这里也是长者健康知识的课堂，娱乐天地和疗养工厂。

(三) 欢声笑语，文化广场

社工站的右边是一个文化广场，怎么利用这块帝田村的资源呢？我想到了留守在这里的妇女们，我们会充分听取她们的心声，可以在文化广场举办女性知识健康讲座；可以安排歌唱比赛和广场舞教学！我还想到了周末放学或者下班回来的青少年，找个时机，把他们组织起来，开场运动会！我相信到那天，老人家会坐在树下边聊天，边为我们的运动员们打气；小孩儿在老人边上奔跑嬉闹，欢声笑语会响遍村子每个角落！

我更相信，助人自助，把每个人汇聚起来，就是一个团队，一个家！

(四) 德孝传统，心灵滋养

道德净化心灵，孝顺升华人生。我可以在这里尽情打造帝田风味的德孝文化。我可以寻找这里的道德的远古影子，孝顺的历史故事，整理孝子的经典；宣传村支书告诉我的德孝文化，链接资源，开展孝敬长者活动，教老年锻炼，太极一下……我们可以在这里像中央电视台一样，做几场帝田诗词大会，形成德孝文化的氛围，擦亮帝田的文化品牌。

帝田，德孝文化初长成，养在深闺人不识。文化是社会发展的终极动力，没有德孝就像汽车没有了轮子。我走来了！

谁说老人不能年轻化，越活越年轻？我要让这里的好家风美德、美丽乡贤故事迎风荡漾。

(五) 我的梦想，播撒希望

老有所终，壮有所用，幼有所长，鳏寡孤独废疾者，皆有所养，皆有所长，皆能所长，这是我们的梦想。我坚信，在我们社工和志愿者的共同努力下，帝田村一定会焕发出新的生命力。因为投入即美丽，幸福属于我们。

我有低头梦，我有抬头梦。自信人生二百年，会当水击三千里。我的梦是要低头看地，真真切切服务到帝田村民，让大家喜欢我，见到我就高兴；我的梦也是抬头看天，抓起一把实践，形成独特经验，提炼新亮点，就能探索出一条新路子，创造出属于从化的新模式。

帝田，一个养在深闺的小姑娘，我们一定会把她打扮得漂漂亮亮。帝田村，奋斗人生最美丽。我梦想在这里起航！

二、江埔街凤二村：我的乡村梦工厂

有爱才有梦。最近一段时间，我脑海中一直盘旋着我新填写的那首《长相思》，其中有：

山一程，水一程，凤二花海向前行，夜半山歌声。

上一层，看一层，客家文化展览厅，日丽斑鸠吟。

我一直在想，这难道不是农村社会工作的梦想吗？社会工作强调改变，改变的最后境界，不就是要创造出这样一种美好生活吗？

我选择了农村，是因为我有一个农村梦，一个浪漫的农村文化社会工作梦。我的梦想是把乡村传统文化与社会工作嫁接起来，让山歌飞起来，让文化飞起来，让历史飞起来。

农村要留得住乡愁，必须下大力气建设乡土文化。城乡一体化，首先要城乡文化一体化，我是农村社工，就是要把凤二村的悠久传统文化种下去，把积淀了上百年的凤二乡村文化种得深深的。

我的第一个梦就是要建凤二客家山歌馆。非物质文化遗产如何发扬光大是非遗的一个普遍难题；凤二村客家山歌是广州市级非遗。我要把凤二村客家山歌擦亮。山歌馆要记录下昔日唱山歌的打扮服饰，形式各异的山歌种类，歌词，代表歌手、领唱者，山歌历史故事、曲谱等；有录音，有音像；还有唱歌时的程序，它要忠实记录下凤二村山歌走过的足迹，给山歌的未来发展提供启示。歌唱是山歌文化最好的老师，山歌馆还要招揽人气，举办山歌讲座，山歌交流，比赛排演，山歌比赛，甚至到全国各地区演出。我还要培育客家山歌传承家庭，建立客家山歌传承学生组织，客家山歌小主人。山歌不应该是今天凤二村的负担，而应该是启迪理想的云帆。

我的第二个梦就是要建凤二客家文化馆。谁忘记历史，谁就会在灵魂上生病；谁忘记凤二村的文化，也难以成为真正的凤二人。客家文化太丰富了，凤二村虽然小，但不管是客家的农事节气、生态伦理；还是客家的宅院村落、农业景观，不管是客家节庆活动、民间艺术，还是客家祖传家训，乡风民俗，等等，都闪耀着客家文化的鲜明标签，都承载着客家文化生生不息的基因密码，彰显着客家人的思想智慧和精神追求。期望小朋友在这里能够谈笑间，腹有诗书气自华，能够从容吟诵出先辈诗篇。我要让青少年在这里清楚地看到伟大的民族精神、高尚的社会风尚以及那些治国理政的思想精华。凤二村客家英雄文化是凤二村文化的一部分。我要让客家文化馆变成鲜活的教科书，变成无声的清醒剂。我要把各个革命历史时期的凤二英雄和和平建设时期的英雄收集好，整理好。

第三个梦想是扩大凤二村史馆。村里已经有了“凤二村史馆”，但是我觉得那太小，由于初创，里面的村史内容极少。历史和文化是凤二村安身立命、前进发展的基础。我要在这里整理好凤二村的文明史，凤二村近代以来的斗争史，凤二村党组织的奋斗史，凤二村人民的发展史，凤二村企业的创业史，让这些历史活生生地站在凤二村的面前，站在从化区人民的面前，站在广东省人民的面前，把其所经历的罕见困难与风险告诉世界，把其走向现代化、走向复兴的历史进程告诉世界，也把其获得的继往开来的强大动力告诉未来。

凤二村史馆面积小，但是我们可以开凤儿村第二馆、第三馆，甚至鼓励农民自己办家庭博物馆，把爷爷的故事、奶奶的经典历史放进博物馆。

忘记历史就意味着背叛。历史是前人的“百科全书”。凤二村独有的山歌、文化、历史也是我们民族、我们国家的形成发展及其盛衰兴亡的缩影。我要把凤二村祖先、先人、前人各种知识、经验和智慧汇集起来，把凤二村的昨天、今天和明天不割断地组合起来，汇集成凤二村的“百科全书”。这就是我的梦想。

我的梦想就是利用客家文化创造的精神财富精髓来以文化人、以文育人。我的梦想就是让山歌说话，让文化自信人，让历史自豪人，增强做凤二人前进的底气和动力。

实现梦想需要设施。山歌馆、文化馆、历史馆是启迪未来美好生活的营养剂。有场地，我欢呼雀跃；没有场地，我就建在社工站。社工站太小，我就把她当作我工作的灵魂和精髓。

实现梦想需要合作。凤二村我来过多次，每次都是胸怀崇敬之心来，带着憧憬走。凤二村委重视文化和历史，我要在村委的领导之下，利用我们的专业手法和独特优势，和相关组织进行合作。传承、发展、合作、共赢已是文化和历史传承不可逆转的时代潮流。

实现梦想需要奋斗。要做好文化社会工作，不仅要了解凤二村客家人的历史文化，还要了解其他民族的历史文化，从中获得启发，为我凤二村所用。

我的梦想是打造两张金名片。我的梦想是把凤二村的文化打造成我们国家特色小镇中的一张金名片。只要我轻轻走过，文化社会工作就是我的名片，我的金名片。

我的梦想，更重要的是让这些山歌、文化和历史发挥应有的作用。不是躺在家里、放在柜里。发挥作用就是要动起来，活起来，火起来；发挥作用就是能够激励人、感染人、教育人；发挥作用就是推动村民想问题、作决策要有历史和文化眼光，有历史经验和文化智慧。

我深深知道要实现这些目的，需要我付出艰辛努力。要实现自己的梦想，就要进一步山歌充电，文化充电，历史充电，有历史意识和文化自觉，提升历史文化素养。

“宝剑锋从磨砺出，梅花香自苦寒来。”我的凤二梦，我的名片梦，我的中国梦！

三、增收、创收梦：把服务做到老百姓的心坎上

凤二村有了社工，文明程度向前走了一大步。我的梦也跟着走了一大步。

和其他社工一样，我的社工梦是雷锋梦。社工与志愿者不同，社工是

拿工资的雷锋，更是专业雷锋。的确社工很累。要帮助那些需要帮助的人，特别是困难群体和弱势贫困群体。我的工作主要有妇女保护、残疾人照顾、心理辅导、临终关怀、戒赌戒毒、伤残军人权益维护、儿童保护与心理疏导、精神病人回归社会、自杀危机干预、服刑人员社区矫正、农村高龄老人社区照顾、乡镇企业员工帮助等等。社工就是个超级能手。

对我来说，当雷锋是幸福的。因为农村社会工作是由诗和远方组成的，融合着道德情怀和公益情怀，我心里是很快乐的。送人玫瑰，手留有余香啊。

但是我还有一个梦，这个梦就是在做好社工基本服务的基础上，帮助农村社区居民增收、创收。一般都认为社会工作不能帮助人增收、创收。的确，增加经济收入是社会工作的一个“软肋”和忌讳话题。

我的第一个梦想，就是开展理财服务。在农村低收入家庭中，会面临着诸多的财务问题。低收入家庭更渴望能让自己的资产保值增值。期望我运用心理介入方法，以服务对象的优势为出发点，持续教育、激励和支持，使服务对象掌握更多的金融知识，提高理财能力，改善财务状况，提升自我意识和自尊心。

对于中老年群体，侧重点在提高他们的理财意识，增加预防金融诈骗以及金融安全的常识；对于青年人，生活压力比较大，给予心理辅导，组织专业小组进行金融知识学习，并制订个人理财规划；对于低收入群体，根据他们年龄和所处的人生阶段不同，调整普及知识的侧重点。

我的第二个梦是把农村居民组织起来，夯实乡村经济的基础。组织农民，将他们像串珍珠般地串联起来，发展现代农业、克服市场缺陷，形成组织优势和力量优势，建立各种互相切磋、交流技术和信息，为其生产、经营和管理提供服务的平台。

成立社区社会组织。比如培养乡村旅社妇女互助小组、乡村历史文化导赏小组、生态种植小组、养蜂小组、水果加工小组和水果合作社等多类型的村民自组织。锻炼她们的沟通交流能力、社区议事能力和合作能力，提升她们的自信心和主体性。

第三个梦想是把社工站功能分区，建立公益超市平台。

市场经济是信用经济。社工机构作为职业化、专业化的公益组织，信用本身就是其安身立命之所在。社工从服务做起，不断积累声誉，服务能力越强，人气也就越旺。市场经济的因子就越来越成熟。满足需求越大，平台自身的经济价值也就越大。

可以在社工站里面或者以社工站的名义在另外之地建立公益超市平台。建立了平台实际上就是建立了支持系统，为困难群体提供农产品、手工制品助销等支持。社工可以通过对接困难农户，深入村落入户探访，了解有需要的农户农产品的数量、品种以及商讨销售金额、途径等事宜。

平台服务模式多种多样。可以有微信服务模式。买卖双方通过线上微信群开展活动，卖方发布菜品等信息，买方预定并线上付款。线下社工站可以对数量和质量进行管理。

也可以采取线下交易模式。平台可以每周固定一两天开集，农户按时把新鲜肉、菜等送到社工站，买方购买。由社工站监管质量，交易完成之后，社工站把所得资金返还给卖方。这样买方可以实实在在地帮助到卖方。

社工站和社工是绝对不营利的，这是和企业的重大区别。社工站作为中间桥梁，帮助困难农户拓宽销路，买方不用亲自去市场，节省时间；卖方也不用摆摊叫卖，有空照料家庭。社工站就具有公益超市平台的性质，定价、称重、回款等环节都要依赖社工的信用。

公益超市平台具有社区经济拓展功能。一是日用品和农资的统购；二是开办针对农产品种植的培训学校，为农民提供相关的技术培训；三是为农民正确合理使用农资产品提供过程服务和指导；四是可以教农民做淘宝和微商，教他们创新创业，为他们提供服务；五是可以链接省市企业家，开展大众创新、万众创业服务；六是推动城乡社区结对合作，建立共建共赢网络，建立“幸福小屋”和“亲子菜地”等。

第四个梦想开发社区经济项目，建设社区公益金，促进社区经济合作。

制定社区公益金的使用规则，推动社区经济项目，按照一定的比例建立社区公益金。推动形成社区经济互助精神，提高社区经济议事、决策、办事能力，发展社区集体经济和庭院经济。

我的梦不是要当一个企业家，而是要当一个经济社会工作者，一个著名的经济社工，一个著名的经济雷锋。

这个梦就是通过社会工作方法和技巧，让更多的农村居民拥有更多的财产性收入；期望我的奋斗能够丰富中国社会工作的学科版图和实践领域，丰富我国农村社会治理的版图和实践。

夜阑卧听风吹雨，农民赚钱入梦来。我的未来不是梦！

四、乡村花木兰：我的志愿服务梦

把乡村妇女团结起来，组建乡村花木兰志愿服务队，一直是我的梦想。从小时候起，我一直崇敬女英雄花木兰。常香玉的豫剧唱腔经常萦绕在我耳边："刘大哥讲那话理太偏，谁说女子享清闲？男子打仗到边关，女子纺织在家园……有许多女英雄，也把功劳建。为国杀敌，是代代出英贤。这女子们，哪一点儿不如儿男？"

志愿服务我独赞女性，农村女性是我的最爱。我的志愿队名字就叫作乡村花木兰志愿服务队。农村女性感情细腻、热情度高、亲和力强、富有爱心等男人难以企及的特点，是开展志愿服务的天然优势。

农村妇女是农村社会发展的关键环节。农村女性的组织化程度整体低于男性，但这并不代表女性在乡村治理中发挥的作用小于男性。在日益空心化、青壮年男性普遍外出打工的农村，女性成为农业生产、子女教育、赡养老人、乡村建设等方面的关键环节。她们既是乡村公共产品的服务对象，同时也是实施乡村振兴战略的主力军。

我要让花木兰志愿服务队成为村民奉献精神的代表，成为帝田村乡村社会文明水平的标志，成为帝田村社会进步的基石。志愿服务已成为一些国家民众的生活方式，70%以上都从事过志愿活动。我相信我们村庄的村民也不差，我要通过我自己的专业手法，发动70%以上的妇女都从事志愿活动。

我的梦分三步走。

第一步，帝田村花木兰志愿服务队扎根帝田。

以帝田群众实实在在的真实需求为依归，不搞花架子。围绕从村民普遍关心的点滴治理问题入手，在平凡中传递爱心。通过花木兰的无私奉献，使村民感受到公益大爱。通过爱心传播与感染，激发出更多的向善力量，使帝田村成为守望相助的命运共同体，播下花木兰服务的种子。

第二步，带领帝田村花木兰志愿服务队，到凤二村开展志愿服务。

为什么先到凤二村？凤二村客家文化浓厚，唱山歌、民族舞主要还是女性。我们两个村有天然的亲和力，容易得到她们的配合。我们两个村的社工是一家人啊。这样就满足了两个村庄女性喜欢结交新朋友，扩大交际圈，增强客家文化能力的需求。精心组织策划，静待良机。

第三步，带队到附近其他村庄开展活动。

我相信通过这三个步骤，花木兰的社会责任感与奉献精神可以确立了，也培养了一些铁杆花木兰。这个时候，我就可以自豪地说，我们帝田村的花木兰成熟了，我们花木兰的活跃程度就是衡量帝田村现代社会文明进步的一把标尺。

花木兰志愿者富有艺术热情，乐于关爱他人，对劳动强度轻、专业要求不强的服务项目参与度高。我的志愿服务就围绕着这些特点来设计。

花木兰的功能定位主要有三方面：

一是服务大局，共建美丽家园。参与平安建设、乡村振兴等党委政府的中心工作，关爱自然，打造更加整洁、美好、有序的村庄。

二是邻里守望，共建和谐村庄。亲情陪伴，照顾孤寡老人、留守儿童；调节邻里纠纷，管理不良言行，弥补公共产品和服务匮乏，培育文明乡风。

三是丰富文娱，共建文化村落。跳舞唱剧、演小品，宣传正能量，弘扬了奉献、友爱、互助、进步的志愿服务精神，强化传统家庭美德传承。

实践花木兰“八个一”工程。具体来说就是要做到：幸福食堂帮一下，困难家庭助一下，空巢老人看一下，残障人员扶一下，留守儿童探一下，不良行为管一下，邻里纠纷劝一下，个人才艺亮一下。该工程的主要特点是网格化一对一服务模式，对空巢老人、残障人员、留守儿童等重点民政服务对象，划分网格，开展一对一、多对一的经常性志愿帮扶。

我的梦不排斥男性。我是要以女性志愿服务为抓手，带动男性参与志愿服务。农村社会治理的重心在农村社区，农村社区社会服务和志愿能力强了，农村社会治理的基础就实了。仅仅依靠妇女是不行的。志愿服务是涵养社会治理实践的土壤。作为道德实践活动，志愿服务为乡村文明的养成与践行提供了载体，也是社会治理所需要的积善道德内化于心、外化于行的重要途径。

我的梦最根本的目的是要使帝田村的志愿服务成为从化的标杆，或者先行示范区，在志愿服务的重要领域和关键环节形成可复制、可推广的经验做法，为走中国特色社会主义乡村善治之路探索新路子、创造新模式、提炼新亮点。

推动花木兰成长必须要精准服务。要提升其参与治理与化解矛盾能力，必须要打造“有素质”的花木兰志愿群体；要弥补市场缺位与政府失灵，必须要提供“有温度”的公共志愿产品；要改善村容村貌与树立乡风文明，必须要树立“有温情”的志愿新风尚。我要整合村中女干部、女能人、女党员、女代表等各行各业的妇女骨干，首先建立“妇女之家”，然后再在培育“妇女之家”的基础上组建花木兰志愿服务队，参与乡村治理。

我的未来不是梦，我的心跟着希望在动。但愿通过艰苦探索，我能够在从化的天空上画上一道美丽的弧线，期望我的梦能够尽早实现。

五、我的社工展览梦：《从化美丽乡村上河图》

《清明上河图》是我国十大传世名画之一。北宋画家张择端这幅存世精品，生动展示了北宋时东京的城市面貌和当时人们的生活状况，是当年繁荣的见证，也是北宋城市经济情况的写照。

我是社工，不是画家，但我心中也有一幅《清明上河图》。我更有一个梦想，把我心中的《清明上河图》生动地展现给大家，告诉人们我们的美好生活。我心中默默地和张择端对话，描绘我从化版本的《清明上河图》，那就是《从化美丽乡村上河图》，是我服务从化的成就画卷和见证。我的《从化美丽乡村上河图》要通过展览展示给大家观赏。

梦由情生，梦由爱生。我的梦就是期待着有一天能把帝田和凤二这两个古老而有活力的村落，把我们所有的成果，所有的自豪都一一展现出来。展览是一滴水，一滴水就能折射出美丽从化、幸福从化，折射出华南农业大学的鼎力支持。我要把这一滴水打造成具有强烈视觉冲击力和艺术感染力的展览，汇聚成我的《从化美丽乡村上河图》。

我展览的《从化美丽乡村上河图》，就是要通过逼真的实物模型、翔实的图片图表、丰富的视频资料，吸引了参观者的目光，让他们不时停下脚步仔细观看，犹豫了又犹豫，徘徊了又徘徊。

我展览的《从化美丽乡村上河图》需要有两层楼的展览馆，2000 平方米的展馆面积。展览馆展品的来源，一是我们自己的资料，二是街道、村委会等闲余的材料，三是农家捐赠或个人的收藏。

我展览的《从化美丽乡村上河图》是恒常性的展览，能吸引大量观众，扩大影响，提高展览馆的社会地位。推动展览馆开展各项业务工作，展览馆走出去，吸引外国人来欣赏。

我展览的《从化美丽乡村上河图》是能锻炼提高乡村社工的业务水平和事业心，加强国内外乡村展览馆际交流和了解，期望展览馆能增加门票收入，发展社区基金。

（一）缅怀过去，感恩先辈：帝田村凤二村人文历史展区

我展览的《从化美丽乡村上河图》要展现先人的传统美德。一个帝田秀才的对联“帝王将相本无种，田舍男儿当自强”，曾激励了多少代帝田人闻鸡起舞，奋发图强。我要整理展览农家人胸怀大志的故事，让后人品读；我要把帝田村过去的名人事迹，德孝文化，一笔一画刻录在红木框里，石雕板上；把邻舍互助故事、帝田村传统的农耕社会情境用大油画展示出来；把先辈的勤俭生活，曾经用过的物品存放在玻璃展柜展示出来。

只有让每个帝田村人了解先辈的故事，才能把先辈的优秀文化装到心里。凤二村共有十四个姓氏，多为名门之后。各姓氏诗书传家，忠孝为本传统。家训中多有“任由随地立纲常”“晨昏须奉祖炉香”的句子，告诫后人要随遇而安，落地生根。

展现古建筑的历史文化。我要把帝田村“旧围”的青砖瓦房进行浓缩，展现保存如此完整的岭南特色瓦房，让参观者惊叹帝田先人的智慧、精致、亲善。为了防止外贼的入侵，帝田村的先民把黄泥土、禾秆草、竹篾片、石灰等按一定的比例混在一起，筑起一面面厚实稳固的“种墙”；屋檐的顶柱雕刻着各种各样富有诗意的精细花纹，边陲装饰着透显风采的瓦片雕纹；每座房子布局整整齐齐，避免了邻里占道产生矛盾；村落里面设有多个门楼，方便宗族之间串门。

帝田村令人折服惊叹的“旧围”是具有历史悠久、内涵深刻的文化遗产。多么想用画廊展示出它曾经的热闹兴旺。孩子们在小巷道追逐嬉戏，家人在大巷上晾晒衣服，打晒谷子，邻舍之间在巷道攀谈，在石板凳破竹篾编制农具，在瓦房大厅缝补衣服鞋子，等等。同时也展示当前的衰退，唤起人们对文化遗产保护意识。很少人愿意居住在瓦房里面，现在多用来存放农具，关养家禽；有些失修坍塌，屋墙设施无人维护，忍受着风吹雨打、日晒雨淋；有些直接把瓦房拆了建楼房。但愿我的展览能唤醒村民以及社会各界对帝田村古村落的保护意识和关心，让这块古村落继续给后人提供想象力和创造力，佑护帝田后人。

展现凤二客家山歌文化和美食文化。自古代北民南迁就落户从化，客家山歌经历代传承，成为乡村文化瑰宝。我要记录下那高腔高调，让参观者耳边响起劳动歌、劝世歌、行业歌、竹板歌等。我还要展出下凤二客家美食的美味。显示出客家饮食文化的独特之处，以及煎、炸、煮、炆、炖、煲等制作方法。客家人喜爱自酿老酒，喜欢用晒干、盐腌、烟熏来长时间保存食物。

（二）活在当下，感恩有你：社工服务社会治理成效展区

我展览的《从化美丽乡村上河图》要展现帝田村、凤二村金凤凰艺术

团。这是社区居民“草根艺术团”。艺术团丰富了村民精神生活，成为社区文化建设中一道亮丽的风景线。他们的表演越发精彩，村里村外观众越来越多，区里区外舞台也越来越大。这个艺术团有民乐队、舞蹈队等，节目有别具地方特色的划旱船、大头娃娃、鬼打架等艺术形式的表演。

展现帝田、凤二文化大院，展现把农村建设得更像农村的乡村旅社，建立邻里公园，展现村民的自治理念。文化大院形式多样，利用村民闲置的房屋开展文化大院活动，或者家庭，建立励志电影馆、老工匠学习室、书法馆、家族博物馆、乡贤纪念馆，丰富文化广场。假日在不同文化大院举办民间棋艺比赛，为村民提供象棋、扑克等娱乐活动，同时向村里的青少年传授翻花绳、打陀螺、推铁盘、跳皮筋等传统游戏。这些文化由村民自我管理、自我教育、自我服务，推动村民自治深层次发展。展现村委会在社工站设立的民情驿站箱，社工可以将民情反馈给村委会。

把社工带来的改变展现出来。由于社工的参与，村民休闲生活丰富了，村子的生态环境改善了，村里的精神文化升级了，村民的精神面貌改变了；让村民们知道自己精彩的奋斗故事和幸福的源泉；我要把孩子们在社工站学习的成果，游戏时的欢乐，心灵的成长展示出来，让世人知道孩子们生活在帝田、凤二的快乐；我把志愿者服务社区，把乡贤参与社区建设，把村委执政为民的情景，展示出来，让村民们知道美好生活是社会治理的结果。

把帝田人、凤二人热爱家乡的情感展示出来。展示我们编写的帝田村自然教育和科普读物，展示农民画创作画廊；展示帝田村的竹篾工艺品，健康环保的菜篮筐，厚实的竹箩筐，精致的簸箕，作为装饰的竹灯罩，竹编大斗笠。这些都是长辈们传授给年青一代的珍品。为了让村民记得住乡愁，我们发动老一辈村民，与村里孩子、父母共同合作编制出乡村记忆。

我的梦还包括农耕种植 VR 体验馆。在体验馆里，戴上 VR 系统可以体验种植水稻，收割稻谷；体验种植花生，体验拔花生，收获花生；体验种植番薯，体验收获番薯；体验种植甘蔗，体验砍甘蔗，等等。这个体验馆是与村民们一起努力打造的，是为了让孩子们能体验到耕种的辛劳和收获的幸福，希望他们能保持勤俭节约的品质。我们期望假期村里村外的孩子都能体验一把。可以蒙上孩子的双眼，在黑夜中体验鸣叫虫子的种类；打开双眼，让孩子们识别身边的植物和随手可得的药材。

把社工依赖的力量展现出来。社工依赖的力量多种多样。展现老党员、老专家、老教师、老战士、老模范在乡村治理中发挥的独特作用。展现巾帼爱心调解队，让世人看到妇女在处理村庄事务、邻里纠纷时具有的显著性别优势。村委直接给了社工站强大动力。社工和他们沟通频繁，他们也是社工发挥作用的有力杠杆。收集社情民意，解决邻里矛盾，身体力行传递正能量，是这些力量的共同特点。

我还要展示社工站的经济功能。社工站是忌讳谈论社会工作助人发家致富的，我们却突出社工站的经济功能突出。如建立公益超市平台，为困难群体提供农产品、手工制品助销等支持。还可以开展日用品和农资的统购，开办针对农产品种植技术的培训，为农民正确合理使用农资产品提供过程服务和指导，教农民做淘宝和微商，开展大众创新、万众创业大赛及其服务，推动城乡社区结对合作，开发经济项目，促进社区经济合作。

帝田村、凤二村的社会治理，少不了每位生活在帝田村村民的努力，少不了每位帝田人、凤二人邻舍相守相望的亲善，少不了每位帝田人、凤二人对社工站的支持。我们要通过作品、照片、视频、道具等展览工具展示出来。

（三）“幸福食堂，颐养天年”：幸福食堂功能展区

幸福食堂项目是我《从化美丽乡村上河图》中的组成部分。

从化幸福食堂项目，通过大力发挥社会工作站的驻点优势和专业作用，体现了一揽子解决农村居家养老问题的改革精神。从化乡村之所以有今天美好的生活，离不开长辈们过去的奋斗打拼。在帝田村、凤二村建立幸福食堂，让老年人享受美好生活，这在帝田村、凤二村历史上，在从化历史上，是绝无仅有的发明创造。

我展览的《从化美丽乡村上河图》，当然要把老年人在幸福食堂吃饭时流露的幸福感，把老年人幸福食堂活动时的欢乐，把老年人在幸福食堂

运动时的活力都抓拍下来展示。展览馆有一个超大显示屏，播放长者在食堂里的各种技能表演，打太极，讲故事，唱歌，播放长者聚集在食堂，看书，闲聊，享受健康美味的情景，有医生给他们测量血压血糖，进行公益治疗时的情景。他们脸上流露出的幸福笑容，是对我们最高的奖赏。幸福食堂里一些展柜，展示老年人们制作的手工艺品，如用藤蔓编织的各种小动物、禾秆编织的各种人物、麻布编织的各种卡通形象等。

到食堂来就餐的，我们欢迎农村无劳动能力、无经济来源、无抚养人和赡养人前来就餐，欢迎纯老、独居、孤寡、计划生育特扶、失能等特殊困难老年人，欢迎从化区开展助老服务的妇女、儿童、志愿者等相关群体。政府会对符合条件就餐人员有补贴和优惠。期望我们的美食能吸引各类人群进入品尝。

我们还展示对幸福食堂爱心捐赠的社会贤达。因为他们的孝心情怀、慷慨捐赠和大力支持，厨师的水平更高，食堂才显得更有特色，餐品更丰富，甚至全部或者部分费用可以忽略不计。他们在社区文明建设中起到了榜样的作用，发挥了言传身教的功能，充分展现了现代精英的风采。赞美他们为社区注入了满满的正能量。

我的展览要突出帝田村、凤二村社会治理重大时间节点、重大历史事件、重大决策部署，展现他们艰苦奋斗、顽强拼搏的精神。紧扣历史纵深感、群众获得感、发展成就感，安排设计主题展区，多角度、全景式集中展示帝田村凤二村发展的历程、成就和经验。展现巨变的乡村诗篇和更加美好的明天。

我展览的《从化美丽乡村上河图》要突出华南农业大学对从化乡村振兴的支持。华南农业大学为帝田村、凤二村培养造就了一支懂农业、爱农村、爱农民的人才队伍，是帝田村、凤二村科技创新和成果供给的重要力量、高层次人才培养集聚的重要来源、体制机制改革的外在动力、政策咨询研究的高端智库。华南农业大学完美诠释了在乡村振兴中的龙头地位、责任和担当。

这些展览就是我心目中的《清明上河图》，就是我梦中的《从化美丽乡村上河图》。我的这幅《从化美丽乡村上河图》，就是要教育、引导广大群众深刻体验到党的关怀和农村现代化建设的光明前景，坚定跟党走的信心和决心。

这就是我的梦想。只不过我的这个梦想无法让张择端来描绘了。我愿用汗水浇灌希望，用笃实成就梦想。我努力描摹，我幸福！我投入描画，我美丽！

这就是我心目中的《清明上河图》，我的中国画。

六、凤二花海向前行：我的超级幸福食堂梦

食堂如春风，一到便繁华。扫开千山雪，出来万国花。

没有无缘无故的梦。常有朋友调侃我："您做了这么久的社工，难道想把自己嫁给社工吗？不后悔吗？"我想回答说，做社工是我读书时向往的工作，因为社工帮助了我。这就是社工的魅力。用生命影响生命，用智慧点燃智慧，用行动带动行动，社工就是这样的工作，一份知道她、熟悉她就会迷上她、爱上她的工作；一份帮助他人，幸福自己，带着使命前行的工作。

幸福食堂就是这样一份工作。我的乡村社工梦，就是要打造一座令老人们吃得安心、让年轻人们看着放心、把孩子们逗得开心的"超级幸福食堂"。之所以是超级食堂，就在于食堂不仅仅具有吃饭功能，而是融娱乐、饮食、增收、文化等多种因素为一体的幸福食堂。不是吃完就走的流水席，而是乡亲家长里短、流连忘返的"榕树头"；不是惨淡经营的"下场"，而是党员干部引领、驻村社工协作，全体村民参与的"利民工程——都江堰"。

我梦中的超级幸福食堂的香味和特色不输市场化餐厅。这就要求提升厨房与烹饪技术篇，坐实食堂兴隆的根本篇；不强调什么都有，做好食谱特色篇；烹饪时间和耗损适中，满足应餐人员需求篇；做得好还要广而告之，搞好推销篇；推出"本周特餐"制度，建立客源档案，做好大数据处理篇；搞好经营资金来源多元化，抓实"造血"持续发展动力篇；适合当

地就餐人员的习惯，抓好心理和服务篇；内部管理有条不紊，赠券赠品表谢意，做好抱怨处理，做好精细管理篇。

超级幸福食堂是公益性食堂。公益食堂的主要服务对象是无劳动能力、无经济来源、无抚养人和赡养人的“三无”人员；是纯老、独居、孤寡、计划生育特扶、失能等特殊困难老年人；是开展助老服务的妇女、儿童、志愿者等相关群体。

我梦中的超级幸福食堂中要建立一个凤二美丽超市。美丽超市把公益超市和美丽银行融为一体。在美丽超市里，村民们可以带着自家农产品来到幸福食堂换取等额的餐费，用于食堂的消费。也可以带一些农产品到超市售卖，换取资金。志愿者将参与公益服务的时间或者次数存进超市，累积“美丽银行”的积分，换取物品或支取服务。接受爱心企业、公益组织、热心人士和村民实现定向式和定制式捐赠，超市既可以接受爱心企业、公益组织、热心人士可以通过“美丽超市”平台捐赠特定物资给特定的人群，也可以定期征集村民所需的物品，链接慈善资源。村民看到超市里想要的物品，可以用等额物品进行交换。

我梦中的超级幸福食堂要建立社区幸福基金。众人拾柴火焰高。我希望争取社区爱心企业和爱心人士的大力支持，向里面注入资金。该基金用于助力从化乡村幸福食堂的可持续发展，帮助老人开展创新创业活动，重点帮扶老年村民发展庭院经济，建立邻居花园。基金设立基金管理小组，负责管理和监督基金的运转使用。

我梦中的超级幸福食堂依靠三种力量——邻里互助、志愿巾帼和德孝乡贤。

第一种力量邻里互助。邻里互助，就是要强化村民社区网络支持体系。邻里和睦是基层治理、社会和谐的重要基础。我们以幸福食堂为载体，创办凤二村邻里节，组织丰富多彩、喜闻乐见的乡村活动，搭建村民们沟通交流的活动平台，吸引村民走出家门，拉拉家常谈谈心，加强互动交流，密切邻里关系，增强村民对本村的归属感和认同感，促进邻里和睦与社会和谐。

第二种力量志愿巾帼。我们要动员组织妇女们成立凤二村花木兰乡村志愿服务队，参与幸福食堂的管理与运营。巾帼不让须眉，红颜更胜儿郎。幸福食堂的运营要常规化、常态化，就必须依靠凤二村自身内驱动力。她们将是开启幸福食堂梦的重要密钥。对优秀的巾帼英雄，我们要把她们的事迹展示在荣誉墙上，弘扬正能量。

第三种力量德孝乡贤。我们要挖掘乡村乡贤文化，号召乡贤们有钱出钱、有力出力，共同建设好幸福食堂，造福村民。邀请有学识的乡贤到幸福食堂中的乡村学堂传授知识和技能；邀请有威望的乡贤参与我们的社工服务，调解村民矛盾，树立文明乡风；推动企业家乡贤到幸福食堂中的创业学堂讲课，带动村民发家致富，促进乡村振兴；邀请富裕的乡贤精准帮扶困难村民；发掘和培育一批能干事、想干事、敢干事的乡贤，充分调动乡贤群体的积极性，助推乡村振兴。

特别需要指出的是，华南农业大学是华南地区乡村振兴的翘楚。由于立体式、链条式、递升式型支持体系，华农已经成为凤二村和帝田村，成为从化社会建设创新驱动和农业跃升发展的引擎和推动力量。超级幸福食堂从本质上改变了农村社会工作的学习方法，在高校人才培养上掀起了范式创新。我们将继续寻求华南农业大学的深度支持和倾力帮助。

我的幸福食堂梦，是和党建服务连在一起的。吃水不忘挖井人。我们和华南农业大学社会工作系党支部建立互帮互学体制，推动我们的党支部发挥战斗堡垒作用，充分发挥党支部的引领作用，宣传党的好政策，感恩伟大祖国。播放红色电影，传播党建知识，以党建助推服务村民群众，开展困难群众兜底服务，促进村民精神富足和经济增收。

我的幸福食堂梦，是和凤二村社工服务捆在一起的。授人以鱼不如授人以渔。社工是一门助人的专业，也是一种助人的职业。社工不同于义工，社工服务的本质是助人自助，就是帮助村民群众解决困难，并且让他有帮助自己的能力，最终实现自助。开展社工服务，首先，我们可以重点关注凤二村里留守的老人、妇女和儿童，定期对他们进行探访，有困难的家庭可以链接多方资源共同帮扶；其次，我们以凤二村特色产业和特色文化为突破口，培育一大批村民自治组织，如凤二经济合作互助组织、巾帼手工艺组织、花木兰志愿服务队等，带动凤二村村民经济的发展和促进优秀传统客家文化的传承。

我的超级幸福食堂梦，要提供健康管理服务。健康管理是以预防和控制疾病发生与发展，降低村民医疗费用，提高村民生命质量为目的的活动。我们可以联合广州省市医院、从化区医院，链接江埔街道卫生院、凤二村卫生站，聘请有健康管理资质的专业人员，为凤二村民们建立个人健康档案，定期对村民群众进行健康评估和提供健康生活方式指导，实时监测健康危险因素。邀请当地有名的健康管理专家为凤二村民们开展健康管理小组、健康讲座、健康户外拓展等活动。只有为村民的生活注入了健康，我们的超级幸福食堂才更有幸福的内涵。

我的超级幸福食堂梦，就是幸福食堂也是乡村学堂。活到老，学到老。乡村学堂不仅适用于凤二的留守老人们，也适用于留守的孩童们，更适用于留守的妇女们。希望乡村学堂充分发挥传播知识和教育的功能。在非用餐时间，我们化为乡村学堂，邀请大学生志愿者过来给老人们开办智能手机学习班、防范诈骗知识学习班等，与时俱进，共享新科技革命成果。在学堂里，链接公益组织资源，将客家文化与艺术教育相结合，开办儿童艺术教育班，丰富留守儿童业余生活，提高综合文化水平。

我的超级幸福食堂梦，就是要充分利用好传统节庆。以幸福食堂为载体，结合凤二村凤宴、山歌等本土活动，开办村庄节庆系列活动，城乡融合，举村同欢。独乐乐不如众乐乐。春节、元宵、端午、中秋、重阳等皆为我国重大传统节日，我们可以根据不同的传统节日设计不同主题的村庄节庆活动，号召外出打工的村民回乡帮忙，增强村庄节庆的浓厚氛围。发展特色乡村旅游，吸引外地游客，为村民开拓更多增收创收的途径。

“凤二在何处，低头弄莲子。南风知我意，吹梦到江埔。”我相信这些梦想不仅是我们驻村社工的梦，更是风二村对未来美好生活的向往。只要我们齐心协力，风雨同舟，就一定能催开超级幸福食堂这朵美丽的花。

后记

从事农村社会工作实务必须要有一颗强大的心脏。有时候工作顺利，宛若阳光普照；有时候充满着无比痛苦的纠葛，甚至可以用摧残来加以形容。但不管怎样，这个过程是幸福的。就像我学写的《望月》：

月未到羊城，先到花仙谷。花仙谷看月，隔几枝修竹。

今有五二零，月晕如玉厚。最幸福时节，总在痛苦后。

虽然我带着社工像蜗牛一样缓慢，静静地向前爬行，但的确是在痛苦中享受着、在快乐中摧残着。在痛苦和摧残的这段时光，有时候突然感觉到如同拨云见日，那灿烂阳光照亮着自己的前行路程。有时突感人生急转而下，痛苦不堪，甚至有潸然泪下的顾城《小巷》情怀：

小巷/又弯又长

没有门/没有窗

我拿把旧钥匙/敲着厚厚的墙

昨夜窗外的阳光忽然变成了一阵风雨敲，在这风雨中我终于快编完这本书了。在本书即将付梓的过程中，我脑海里总是飘出一缕缕思绪。

忘记不了时任从化区副区长谢青梅女士。谢教授是广东省珠江学者、特聘教授，广东省家禽产业技术体系首席专家。她到从化挂职副区长，风风火火，在从化和华农刮起一阵旋风，做了很多暖人心、创新的大事。她待人和蔼，目光坚定，气势恢宏，以身作则，处处体现出“认真”二字。谢教授是很有定力的，她目光中分明透露出的、她一言一行中分明透露出来的就是这种感召力量，使我自我提升境界，学人认真，学事认真。她的指点，她的鼓励，提升了我的认知层次和理论水平，历次品味到了春暖花开之心灵欢乐。谢教授深深地热爱农村，无论多忙，只要有空，甚至是见缝插针，都愿意接受帝田村社工站、凤二村社工站的邀请，去村庄和村民同欢乐，了解村民疾苦。

忘不了从化民政局汪中芳局长。他思维敏捷，指点迷津于不经意间，答惑于经典之中。他谈吐幽默，细心体贴。他性情豪爽，干净利落。经常身居一线，具体督办社工站发展中遇到的问题。忘不了谭秀妹科长，她面目清净，细心体贴。她沟通能力强，是一位优秀的宣传鼓动家。

忘不了昔日两个社工站的员工。周堪照、谭淑娟、李银枝、朱惠琼、李汝金、吴华强，有缘结识的员工，实乃人生一大美好回忆。在服务村民中建立的友谊，将深深珍藏于心间。忘不了凤二村李铝平书记、李学超书记的鼎力支持，忘不了帝田村徐座潮、徐丽书记的大力支持。对了，还有凤二村的社工李思韵，半夜里为了发推文，要求她不到 12 点 1 分不能休息。她给我提供了很多美丽的推文照片。

本书是几个人心血的结晶。第一章由李锦顺、周堪照撰写；第二章、第三章由刘晓雯撰写；第四章由吴曼妮撰写；第五章由张晓钰撰写；第六章由王健美撰写；附录由李锦顺撰写。全书由李锦顺编写提纲，统筹并修改全文。

不经历风雨，何来见彩虹。愿这窗外的风雨，给帮助过我的人，带来丰收、幸福和愉悦！

李锦顺
2021 年 9 月于广州五山